Une histoire
de la Deuxième Guerre mondiale

1944-1945
Le triomphe de la liberté

UNE HISTOIRE
DE LA DEUXIÈME GUERRE MONDIALE

1940, de l'abîme à l'espérance, XO Éditions, 2010
1941, le monde prend feu, XO Éditions, 2011
1942, le jour se lève, XO Éditions, 2011
1943, le souffle de la victoire, XO Éditions, 2011
1944-1945, le triomphe de la liberté, XO Éditions, 2012

Max Gallo
de l'Académie française

Une histoire
de la Deuxième Guerre mondiale

1944-1945

Le triomphe de la liberté

récit

XO
EDITIONS

ISBN : 978-2-84563-522-7

« Je ne peux abandonner la ville qui est la capitale du Reich... Par le sacrifice de nos soldats et ma présence à leurs côtés jusque dans la mort, les semences de l'histoire allemande vont à nouveau germer et donneront lieu à la brillante renaissance du mouvement national-socialiste et à la mise sur pied d'une véritable communauté populaire... »

Adolf HITLER,
Testament politique, 29 avril 1945

« La guerre est gagnée ! Voici la victoire ! C'est la victoire des Nations unies et c'est la victoire de la France. »

Général DE GAULLE,
discours radiodiffusé, 8 mai 1945

« À quoi bon punir les hitlériens pour leurs crimes si le règne de la loi et de la justice ne s'établissait pas, si des gouvernements totalitaires ou policiers devaient prendre la place des envahisseurs allemands... Je vous avais annoncé des choses terribles au début de ces cinq années ; vous n'avez pas faibli et je serais indigne de votre confiance et de votre générosité si je ne criais pas, une fois encore : "En avant, inflexibles, droits, indomptables, jusqu'à ce que notre tâche soit tout entière accomplie et que le monde entier soit sain et sauf." »

Winston CHURCHILL,
allocution à la BBC, 13 mai 1945

La fin du « Grand Reich »

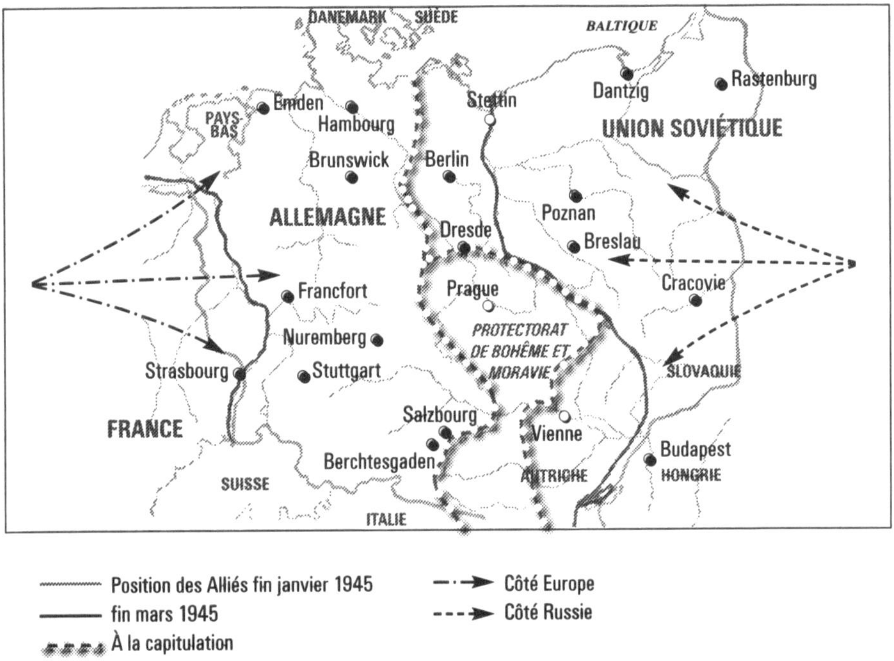

La libération de la France (1944-1945)

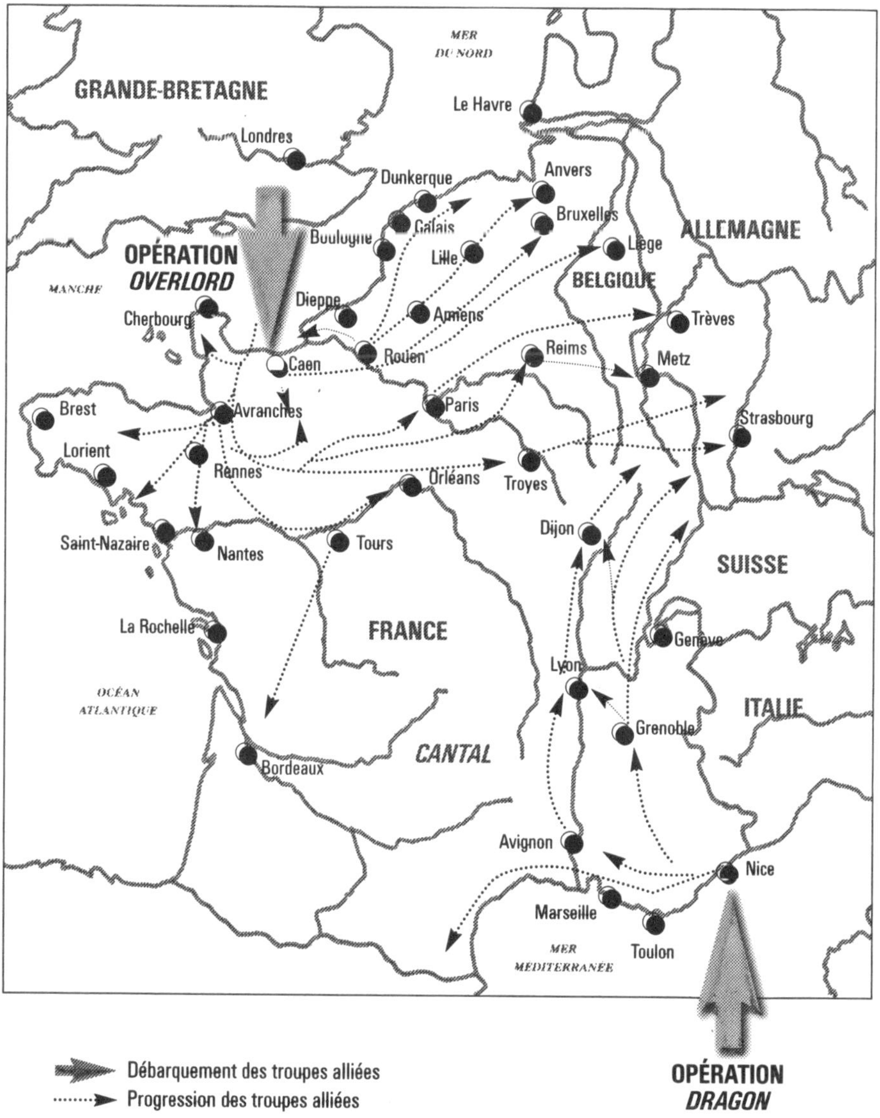

Prologue

« Malgré toutes les actions diaboliques de nos adversaires, cette lutte se terminera en fin de compte par la plus grande victoire du Reich allemand. »

Discours du FÜHRER
pour célébrer le onzième anniversaire
de sa prise du pouvoir,
30 janvier 1944

Ce 1er janvier 1944, de Gaulle, d'une voix forte, répond aux vœux que vient de lui adresser le doyen du corps diplomatique présent à Alger auprès du Comité Français de Libération Nationale (CFLN), véritable Gouvernement Provisoire de la France Combattante.

De Gaulle paraît plus assuré que jamais, brandissant souvent les poings, bras repliés, corps altier.

Il a reçu la veille – dernier jour de cette année terrible que fut 1943 – une invitation à dîner de Winston Churchill qui est en convalescence à Marrakech.

Les temps changent.

Il y a juste six mois, le Premier ministre anglais adressait aux rédacteurs en chef des journaux britanniques une circulaire secrète dont de Gaulle avait eu connaissance.

Churchill écrivait :

« De Gaulle doit tout à l'aide britannique et au soutien britannique, mais ne peut être considéré comme un ami loyal de notre pays. Il a semé un courant d'anglophobie partout où il s'est rendu... Il a un penchant manifeste pour le fascisme et la dictature ! »

Ces accusations, ces critiques, Churchill, répétant les propos de Roosevelt, les a maintes fois reprises, s'interrogeant : « Dc Gaulle, un grand homme ? Il est arrogant, il est égoïste, il se prend pour le centre de l'univers. »

Mais ce 31 décembre 1943, Churchill invite le général à Marrakech.

« Nous aurions ainsi l'occasion d'avoir des entretiens dont le besoin se fait sentir depuis si longtemps. Ma femme est avec moi et si Mme de Gaulle voulait bien accepter de vous accompagner, nous en serions tous les deux ravis. »

De Gaulle regarde les diplomates qui se pressent autour de lui dans le grand salon de la présidence du CFLN.

Le bruit de l'invitation de Churchill doit déjà résonner dans tout Alger.

« L'année 1944, dit de Gaulle, cette année qui commence, trouve la plus grande partie du monde encore engagée dans les épreuves d'une guerre sans exemple, elle semble cependant apporter aux peuples une espérance de paix. »

Il s'interrompt.

Il a appris il y a quelques jours que des dignitaires nazis aussi proches de Hitler que Goebbels, Himmler, Goering, envisagent une paix de compromis avec Churchill ou même Staline.

Que des généraux – et même des maréchaux – de la Wehrmacht ont un objectif identique, persuadés qu'un renversement d'alliances peut se produire, si Hitler est écarté, tué.

Une coalition « occidentale » pourrait alors se constituer face à la menace bolchevique.

Et peut-être à Londres ou à Washington certains pensent de même.

Mais c'est le devoir – et l'intérêt – de la France d'empêcher ce « retournement ».

De Gaulle reprend la parole, évoque « la cruauté du conflit qui ravage la terre ». Puis, haussant le ton, martelant chaque mot, il dit qu'il faut supprimer les causes de ce conflit.

« C'est-à-dire en premier lieu les ambitions sans frein et les abus abominables de la force, imputables à ceux qui en Europe et en Asie en ont fait les règles de leurs actes, parce qu'ils sont les vices de leur nature. »

Telle est la position de la France : reddition inconditionnelle du IIIe Reich et de l'empire du Soleil Levant, ce Japon militarisé et conquérant.

« Dieu veuille que l'année 1944 apporte à l'univers le terme de ses souffrances par le triomphe de la justice ! »

Les Allemands souffrent.

Leurs villes brûlent, bombardées jour et nuit par les escadrilles de la Royal Air Force et de l'US Air Force.

Mille cinq cents tonnes de bombes larguées par mille avions de la RAF tombent en un seul jour du mois de janvier 1944 sur Berlin.

Le ciel et le sol semblent ne plus être qu'un seul et immense brasier dans lequel s'enflamment et se consument en quelques secondes des milliers de corps et, parmi eux, tant de corps d'enfants. Ces incendies, ces destructions, cette tuerie de civils sont les emblèmes noir et rouge de ce mois de janvier 1944.

Et d'autres Allemands, juifs, débarquent des wagons à bestiaux à Auschwitz.

Ces déportés arrivent du ghetto-camp de concentration de Theresienstadt. Ils passent en longues files apeurées, stupéfaites, devant un SS, et parfois le docteur Mengele – médecin du camp qui recherche des cobayes pour ses expériences criminelles et folles – participe à la *sélection* des détenus.

La « secrétaire » des SS, une détenue d'une vingtaine d'années, murmure à une fillette de 13 ans, Ruth, qui piétine dans la file : « Dis que tu as 15 ans. »

Au SS qui la questionne :

« Toi ! Quel âge as-tu ? »

Elle répond :

« J'ai 15 ans. »

Le SS hésite.

« Elle est encore bien petite », dit-il.

Il est le maître de la vie et de la mort.

L'une des files de déportés conduit aux chambres à gaz, l'autre vers le camp de travail.

La secrétaire du SS examine la fillette.

« Mais elle est solidement bâtie, dit-elle. Elle a des jambes musclées, elle peut travailler, regardez ça ! »

C'est un marché aux esclaves, une foire où l'on évalue la qualité du bétail.

Le SS cède et la secrétaire relève le numéro de Ruth.

« Je viens d'obtenir un sursis », murmure Ruth.

Pour des centaines de milliers d'autres – plusieurs millions – il n'y a pas de sursis.

L'écrivain journaliste Vassili Grossman recueille les témoignages de quelques-uns des survivants de la communauté juive de Berditchev, sa ville natale.

Sa main tremble quand il évoque les Ukrainiens qui ont été complices des soldats allemands. Ils se sont partagé les biens de ceux qu'on allait exterminer. Ils ont dénoncé, ils ont livré leurs voisins aux tueurs nazis.

Il y a les Juifs que les soldats forcent à sauter dans d'énormes fosses pleines d'un produit à tanner, très corrosif.

Les Allemands qui prennent part à cette « exécution » la considèrent comme un « divertissement ». Ils tannent de la peau juive !

D'autres obligent les vieux à se couvrir de leur *tallith* – châle de prière – et à célébrer le service religieux dans la vieille synagogue, en priant Dieu de pardonner les fautes commises contre les Allemands.

Puis les soldats ferment les portes de la synagogue et mettent le feu à l'édifice.

C'est aussi un massacre « divertissant ».

Et l'est aussi celui qui consiste à ordonner aux femmes juives de se dévêtir, de traverser une large rivière, et à les contraindre de nager en leur promettant la vie sauve. Puis les soldats les forcent à aller d'une rive à l'autre jusqu'à ce qu'elles meurent noyées d'épuisement.

Divertissant !

Comme l'est l'exigence d'un officier allemand qui veut que le vieux boucher rituel montre comment « le Juif travaille ». On lui tend son coutelas et on pousse devant lui les trois petits enfants de la voisine.

Telle est la réalité de la guerre voulue et conduite par Hitler.

Le Führer, ce 1er janvier 1944, lance un appel au peuple allemand.

Il pourrait reprendre mot à mot le discours qu'il avait prononcé le 1er septembre 1939, le jour de l'agression contre la Pologne allumant ainsi l'incendie de la Deuxième Guerre mondiale.

« Je n'exige d'aucun homme allemand autre chose que ce que j'ai été prêt à faire moi-même de 1914 à 1918, disait-il. Dès maintenant je ne veux plus être autre chose que le premier soldat du Reich allemand. J'ai ainsi repris la tenue qui m'était la plus chère et la plus sacrée. Je ne la quitterai qu'après la victoire ou bien je ne verrai pas cette fin. »

Il a donc dit en 1939 qu'il ne pourra ni affronter ni accepter une défaite.

En janvier 1944, il a la même détermination.

« Je dis en confiance au peuple allemand : où que les Alliés débarquent, ils recevront l'accueil qu'ils méritent !

« L'année 1944 imposera aux Allemands de durs et pénibles efforts. Pendant cette année, cette gigantesque guerre approchera de son moment critique. Nous avons pleine confiance de le surmonter victorieusement. »

La voix du Führer est sourde, voilée, mais ferme. Il conclut :

« La Providence donnera la victoire à celui qui en sera le plus digne. »

La victoire de l'Allemagne, Pierre Laval, le chef du gouvernement « français », l'a souhaitée, le 22 juin 1942, et cette déclaration lui colle à la peau comme un signe d'infamie.

Il a misé sur le Führer, et c'est sa vie qui est en jeu.

Le 2 janvier 1944, il réunit 120 présidents de Chambres de métiers. Il a le visage couleur de cendre. Il parle avec une lassitude tranquille, une nonchalance que démentent ce regard mort, ces cernes noirs sous les yeux, cette façon qu'il a de mordiller sa moustache en parlant.

« Je vous dis avec cette tranquillité que j'ai toujours quand j'exprime six mois trop tôt une vérité que les Français acceptent facilement six mois plus tard, que l'armée allemande ne sera pas battue. »

Il n'a pas osé redire : « Je souhaite la victoire de l'Allemagne. »

Laval change de ton, le 5 janvier, quand il s'adresse aux chefs régionaux et départementaux de la Milice dont le Waffen-SS Joseph Darnand est le chef.

Darnand est assis au premier rang, bras croisés. Il fait partie depuis le 31 décembre 1943 du gouvernement Laval avec les fonctions de Secrétaire général au Maintien de l'ordre.

« La démocratie, commence Laval, c'est l'antichambre du bolchevisme… En 1940, il n'y avait pas d'autre politique à faire que celle qu'a faite le Maréchal, conseillé passionnément par moi… »

Laval tend le bras vers Darnand.

« Je marche en plein accord, dit-il, en total accord avec Darnand. »

Darnand, dans son uniforme noir, se pavane.

Il est le « grand exécuteur du terrorisme d'État » que Pierre Laval met en place pour tenter de briser l'élan de la Résistance.

Darnand est autorisé à créer, en ce mois de janvier 1944, des cours martiales composées de trois membres, habilitées à prononcer des condamnations à mort, immédiatement exécutées.

Laval convoque les intendants de police et leur intime l'ordre d'« obéir en tout à Darnand qui a sa pleine confiance ».

La Milice combat le « terrorisme judéo-bolchevique », elle juge, fusille, opère sur tout le territoire français.

Les miliciens bénéficient de l'impunité.

Bras armé de Laval, ils sont les assassins en uniforme, couverts par leur chef Darnand, secrétaire général, membre du gouvernement et Waffen-SS.

Ils tuent.

Le 10 janvier 1944, des miliciens venus de Lyon, dirigés par leur chef régional – Joseph Lécussan –, accompagnés de policiers allemands, se présentent au domicile « clandestin » de l'ancien président de la Ligue des Droits de l'Homme, Victor Basch, âgé de 80 ans. Les Allemands le jugeant trop vieux pour être arrêté, les miliciens l'abattent ainsi que sa femme âgée de 79 ans !

Lécussan revendique ce double assassinat et le justifie, révélant les obsessions des « ultras » collaborateurs, et la haine qui les habite.

« Pourquoi ai-je tué Victor Basch ?

« Cet échappé des ghettos de l'Europe centrale était l'une des puissances occultes qui donnaient des ordres au gouvernement français. Il symbolisait la mafia judéo-maçonnique ayant asservi la France. Il fut le créateur du Front Populaire qui devait conduire le pays à la catastrophe.

« Professeur à la Sorbonne, il pourrissait la jeunesse française. Prototype du Juif étranger venu faire de la politique en France, en se poussant dans la franc-maçonnerie, Victor Basch ne méritait pas de vivre en paix alors que tant d'innocents étaient morts par sa faute… »

Le corps de Victor Basch et de sa femme, tués de plusieurs coups de feu, sont découverts le lendemain matin, au bord d'une petite route de campagne.

Et presque chaque jour désormais, la Milice de Darnand et de Laval assassine.

Ils veulent, appuyés par les polices allemandes – la Gestapo, les SS –, exterminer les « terroristes ».

Cette logique de guerre civile qu'ils déploient, ils savent que c'est leur dernier sursaut : puisque nous allons mourir, tuons ceux qui vont vaincre !

Face à eux, il faut que la Résistance se renforce, obtienne des armes, juge les collaborateurs, se prépare à conduire, après le Débarquement et la Libération, une rigoureuse politique d'épuration.

De Gaulle veut en convaincre Churchill qu'il rencontre à Marrakech où le Premier ministre anglais, en convalescence, l'a invité.

C'est le 12 janvier 1944.

Il fait beau ce jour-là.

Churchill est joufflu, rose, potelé. De Gaulle se souvient que souvent les proches du Premier ministre parlent de lui avec tendresse comme d'un « vieux bébé ».

Churchill porte un chapeau texan. Il semble hésiter entre la mauvaise et la bonne humeur.

De Gaulle choisit de parler anglais. Il entend Churchill au moment où, après le déjeuner, on passe au jardin, dire à Duff Cooper :

« Maintenant que le général parle si bien l'anglais, il comprend parfaitement mon français. »

De Gaulle l'écoute calmement.

Le rapport de force entre eux n'est plus le même. La France Combattante existe pour des dizaines de pays.

De Gaulle peut laisser Churchill récriminer, conseiller :

« Il est déraisonnable de s'aliéner les sympathies du président Roosevelt. »

Churchill regrette que le Comité français d'Alger ait décidé de faire arrêter Boisson, Peyrouton, Flandin, et qu'un tribunal militaire s'apprête à juger Pucheu, ces gouverneurs ou anciens ministres de Pétain et Laval.

« Le peuple veut châtier les artisans de la capitulation, explique de Gaulle. Et si l'on veut éviter des troubles d'un caractère révolutionnaire, il ne faut pas donner à l'opinion publique le sentiment d'une impunité possible pour les coupables. »

Il a parlé avec détachement.

Il ne se sent plus agressé par les propos de Churchill. Il le regarde même avec une sorte de tendresse, Churchill paraît d'ailleurs ému. Il évoque le passé. Il dit :

« Dès notre première rencontre à Tours, en juin 1940, je vous ai reconnu comme "l'homme du destin". »

Parfois, Churchill dodeline de la tête.

« Il faut que l'amitié entre les deux peuples survive à cette guerre et se prolonge dans l'après-guerre. »

De Gaulle approuve. Les gestes de Churchill lui paraissent comme empruntés, sa voix un peu pâteuse. La fatigue sans doute, à moins que ce ne soit le déclin ? Déjà ?!

C'est le moment du départ.

« Aimeriez-vous passer les troupes françaises en revue ? demande de Gaulle.

— J'aimerais. Je ne l'ai pas fait depuis 1939, répond Churchill.

— Eh bien, nous passerons ensemble les troupes en revue ! »

La foule de Marrakech crie : « Vive de Gaulle ! Vive Churchill ! » pendant que défilent les unités françaises. Les contingents sénégalais, marocains, algériens forment avec leurs chéchias, leurs turbans, leurs boubous, des groupes colorés.

De Gaulle répond d'un geste aux acclamations.

Churchill est en uniforme d'Air Marshal de la Royal Air Force.

Winston Churchill et le général de Gaulle pendant un défilé de troupes à Marrakech en janvier 1944.

Qui dans cette foule peut imaginer l'envers du décor ?

Ces oppositions brutales, ces pièges, ces questions encore pendantes qui séparent les deux hommes ?

Car Churchill s'est dérobé à propos de l'avenir des territoires français qui seront libérés. Il a plaidé contre l'épuration. Il ne s'est guère engagé sur la fourniture d'armes aux maquis.

Le lendemain 13 janvier 1944, c'est le commissaire à l'Intérieur – équivalent de ministre – du Comité Français de Libération Nationale (CFLN), Emmanuel d'Astier de La Vigerie, qui rencontre Churchill et reçoit ses confidences.

« C'est un grand animal, un grand personnage, votre de Gaulle, dit Churchill. Je l'ai toujours soutenu. Mais comment peut-on s'entendre ? Il déteste l'Angleterre. »

Quand de Gaulle et d'Astier évoquent l'épuration qui frapperait des personnalités vichystes, qui ont aidé les Américains lors du débarquement en Afrique du Nord, Churchill s'exclame :

« Eh bien, si vous le faites, Roosevelt rompra les relations avec vous, et je le suivrai. »

Il lance à de Gaulle d'une voix rageuse :

« Regardez-moi ! Je suis le chef d'une nation forte et invaincue. Et pourtant, tous les matins, au réveil, je commence par me demander comment plaire au président Roosevelt et ensuite me concilier le maréchal Staline. »

Churchill est un réaliste qui sait que, dans cette guerre, les États-Unis et l'URSS sont les deux Grands dont dépendent l'issue du conflit et l'avenir du monde.

Mais le Premier ministre britannique est aussi un passionné qui noue avec Roosevelt et Staline des relations affectives.

« Je suis le loyal second du président Roosevelt, dit-il. Si quelque chose arrivait à cet homme, je ne pourrais le supporter. C'est le plus fidèle des amis ; c'est le plus clairvoyant, c'est le plus grand homme que j'aie jamais connu. »

Il est blessé quand Roosevelt établit une relation privilégiée avec Staline, tenant Churchill à l'écart.

« Cela ne lui ressemble pas », murmure le Britannique.

Or il doit constater que Roosevelt veut en finir avec les empires coloniaux, anglais et français, et qu'il l'a dit à Staline. Et Churchill, patriote anglais, est déçu à la mesure de son « affection » pour Roosevelt.

« Le seul fait d'entendre le président crier joyeusement "hello", c'est comme boire une bouteille de champagne », dit-il.

Mais Roosevelt, sans se soucier des intérêts de l'Angleterre et de son ami Churchill, confie à Staline qu'il veut que l'Inde se débarrasse de la tutelle britannique et devienne une grande nation indépendante.

Et ce, au moment même où des nationalistes indiens – Subhas Bose – réclament l'indépendance immédiate de l'Inde, créent, à la fin de l'année 1943, un Gouvernement Provisoire de l'Inde, qui siège à Singapour, sous la tutelle japonaise !

Or les troupes britanniques sont aux côtés des divisions américaines en Birmanie, aux Philippines – dont les Japonais viennent de proclamer l'indépendance.

Et Churchill admire ces *Marines* américains qui débarquent sous le feu japonais, reprenant une île après l'autre, se rendant maîtres après d'âpres combats des îles Gilbert, Makin et Tarawa.

Churchill, à chaque victoire américaine, félicite Roosevelt, mesure combien les Américains maîtrisent l'art du débarquement, coordonnant l'action de l'aviation embarquée sur les porte-avions et les bombardements par les canons lourds des cuirassés, puis jetant leurs *Marines* sur les plages ou parachutant des hommes sur les arrières de l'ennemi. Tout cela les prépare à la grande opération *Overlord* sur les côtes françaises. Et Churchill rencontre souvent le général Eisenhower qui a installé son quartier général en Angleterre.

Churchill se rassure : il est dans le secret des Américains, il imagine peser sur leurs choix.

« J'ai noué avec Roosevelt des relations personnelles étroites, dit-il. Avec lui, je procède par suggestions, afin de diriger les choses dans le sens voulu. »

Mais il faut laisser de Gaulle en dehors des secrets concernant le *D-Day*, ce « Jour J » dont, en ce mois de janvier 1944, on commence à élaborer les plans détaillés. Certains sont des leurres, conçus pour tromper les Allemands et… de Gaulle.

« N'oubliez pas que cet individu n'a pas pour deux sous de magnanimité, répète Churchill, et que dans cette opération il cherche uniquement à se faire passer pour le sauveur de la France, sans avoir un seul soldat français derrière lui. »

Churchill aime le trait vengeur, même s'il est aussi faux qu'une injuste caricature.

Staline, lui, a des millions de soldats derrière lui, et Churchill ne l'oublie pas.

Il a, pense-t-il, percé à jour le tyran.

Il sait que ce sont les Russes qui ont massacré à Katyn, en 1940-1941, des milliers d'officiers polonais, et non les Allemands.

« Staline, dit-il, est un homme anormal, qui a la chance de pouvoir faire fusiller tous ceux qui sont en désaccord avec lui, et il a déjà utilisé beaucoup de munitions à cet effet. »

Mais les soldats de l'armée Rouge sont sur le Dniepr, ils vont pénétrer en Pologne et dominer les Balkans et l'Europe centrale.

« Tout cela ne manque pas de m'influencer », avoue Churchill à son ministre des Affaires étrangères, Anthony Eden.

« Tout pourrait s'arranger, si je parvenais à gagner l'amitié de Staline, ajoute Churchill. Après tout, le président – Roosevelt – est stupide de penser qu'il est le seul à pouvoir traiter avec Staline. J'ai découvert que je peux parler avec Staline d'homme à homme, et, j'en suis sûr, qu'il se montrera raisonnable. »

Mais en ce mois de janvier 1944, les illusions s'effritent. La *Pravda* affirme en page une de ce quotidien « officiel » que des entretiens pour une paix séparée se sont déroulés dans une ville de la côte ibérique, entre Ribbentrop et des personnalités anglaises.

Quelques jours plus tard, la *Pravda* publie des déclarations de soldats allemands faits prisonniers par les Russes et qui assurent qu'ils ont été capturés en Afrique du Nord par des Britanniques et relâchés en échange de prisonniers anglais, à la condition qu'ils ne combattraient plus contre l'Angleterre mais qu'ils seraient libres de reprendre la lutte contre… les Russes.

Et la presse russe critique presque chaque jour les lenteurs mises à l'ouverture du second front.

« Quel dommage que Staline se révèle être un tel salaud ! » dira Churchill.

Churchill est d'autant plus blessé que, depuis les années 1935-1940, il est l'adversaire déterminé de Hitler. Il veut le vaincre :

« J'entends par là l'anéantir, le pulvériser, le réduire en cendres, lui et ses pouvoirs maléfiques. »

Entre les deux hommes, c'est un affrontement où chacun défie l'autre, et veut le terrasser.

Ainsi Churchill, le 2 janvier 1944, dans un télégramme aux chefs d'état-major, exige que l'on proscrive du vocabulaire les expressions du genre « invasion de l'Europe », « assaut contre la forteresse Europe ».

« Notre but est de libérer l'Europe et non de l'envahir. »

Et Churchill conclut :

« Inutile de faire cadeau à Hitler de l'idée qu'il puisse être le défenseur d'une Europe que nous chercherions à envahir. »

Hitler répond à Churchill en célébrant le onzième anniversaire de la prise du pouvoir par le national-socialisme.

Le Führer s'exprime sur un ton résolu, mais monocorde.

« Dans cette lutte, il ne peut y avoir qu'un seul vainqueur : ou bien l'Allemagne, ou bien l'URSS, dit-il.

« La sauvegarde de l'Europe est une question qui ne peut être tranchée que par le peuple allemand national-socialiste, par son armée, et par les États qui lui sont alliés.

« Malgré toutes les actions diaboliques de nos adversaires, cette lutte se terminera en fin de compte par la plus grande victoire du Reich allemand. »

C'est dit le 30 janvier 1944.

PREMIÈRE PARTIE

Janvier
—
Juin 1944

« Il est bien évident que le débarquement anglo-américain est inévitable à l'Ouest, et qu'il aura lieu, mais nous ignorons où et quand ce sera… En aucun cas, nous ne devons tolérer que le débarquement allié dure plus de quelques jours, sinon quelques heures… »

Discours du FÜHRER
devant les chefs des trois armes sur le front ouest,
20 mars 1944

« Sachez-le, Général ! Chaque fois qu'il nous faudra choisir entre l'Europe et le grand large, nous serons toujours pour le grand large. Chaque fois qu'il me faudra choisir entre vous et Roosevelt, je choisirai toujours Roosevelt. »

CHURCHILL à DE GAULLE,
4 juin 1944

1.

Le Feldmarschall Erwin Rommel souligne d'un épais trait de plume les derniers mots du discours prononcé par le Führer, le 30 janvier 1944.

Hitler prophétise au terme de la lutte « la plus grande victoire du Reich allemand ».

Rommel se souvient de ses dernières rencontres avec le Führer. Il émane de cet homme qu'il a trouvé las, le visage blafard, une volonté indestructible. C'est bien un ancien soldat, un *Frontkämpfer* – un combattant du front.

Sans doute exagère-t-il en évoquant « la plus grande victoire », mais Rommel croit qu'on peut – qu'on doit – vaincre. Ce sera difficile, mais c'est possible et, bien sûr, nécessaire.

Ses charges – ses responsabilités – sont lourdes. Le Führer l'a choisi pour être le coordinateur général du front de l'Ouest.

Il commande, en France, le groupe d'armées B. Mais il doit aussi contrôler tout le front de l'Ouest, du Danemark à la frontière espagnole, ainsi que les côtes françaises de la Méditerranée. Il rend compte directement au commandement suprême – le Grand Quartier Général du Führer.

Donc, il parcourt les côtes, visite les casemates, les fortins, étudie les obstacles antichars, tous les éléments de ce Mur de l'Atlantique construits par l'Organisation Todt.

Et les directeurs de l'Organisation viennent de lui offrir deux chiens, des bassets.

« Ils sont couchés sous mon bureau, écrit Rommel à sa femme, sa *très chère Lu*, l'aîné aboie quand quelqu'un entre, et tous deux hurlent continuellement pendant la nuit. »

Rommel est toujours installé dans un petit château qui a appartenu à Mme de Pompadour et est situé non loin de Fontainebleau.

Il aime ce lieu, le paysage qu'il aperçoit, ces forêts.

Mais il l'avoue à son épouse :

« Le travail que je fais est très décevant. On se heurte constamment à des esprits bureaucratiques et ossifiés qui s'opposent à toute innovation et à tout perfectionnement. »

« J'arriverai quand même au résultat », répète-t-il, résolu et obstiné.

Ses inspections le confortent dans l'idée qu'il sera possible de rejeter à la mer les Anglo-Américains, de leur infliger une défaite aussi cuisante qu'à Dieppe, le 19 août 1942, quand des unités anglo-canadiennes débarquées ont été décimées.

« Rentré aujourd'hui d'une longue tournée, écrit-il le 19 janvier 1944. Je suis très satisfait des progrès réalisés. Je suis maintenant persuadé que nous gagnerons la bataille défensive à l'Ouest, à la seule condition qu'il nous reste encore un peu de temps pour nous y préparer. Guenther part demain avec une valise. Il me rapportera mon costume marron, mon pardessus de demi-saison et mon chapeau, etc. J'aimerais enfin pouvoir sortir sans mon bâton de maréchal…

« Sur le front méridional – dans les Apennins, au sud de Rome, dans le secteur de Cassino –, durs combats. Il faut nous attendre à de nouvelles attaques.

« À l'Ouest, je crois que nous serons à même de repousser l'assaut. »

Alors que, à la tête de la Wehrmacht, dans les états-majors, des généraux et des maréchaux s'interrogent, et depuis longtemps, sur les qualités de chef de guerre du Führer, Rommel ne laisse percer aucun doute.

Il n'a jamais fait de profession de foi nazie, mais il reste fidèle à son serment d'officier, il obéit au Führer, même s'il conteste son entourage : Goering, Himmler, Goebbels, Bormann.

Lorsque Rommel s'adresse à son fils Manfred qui vient d'être mobilisé, il s'adresse à lui en père, mais aussi en officier expérimenté, fier de l'attitude de son fils.

« Ta première lettre écrite sous l'uniforme d'auxiliaire de la Luftwaffe m'a fait le plus grand plaisir. Je constate que tu t'habitues bien à ton nouveau genre de vie... », écrit le père.

Et le Feldmarschall ajoute :

« Il y a encore énormément à faire avant que nous soyons définitivement prêts à livrer bataille.

« Quand tout est calme, les gens se montrent contents d'eux-mêmes et en prennent à leur aise. Mais, entre le calme actuel et le combat à venir, le contraste sera rude et j'estime indispensable de nous préparer à faire face ici à une période difficile.

« Je suis toujours par monts et par vaux, et partout où je vais je lève un nuage de poussière.

« Bien affectueusement à toi.

« Ton père. »

Les jours passent, pluvieux, maussades, froids souvent ; et l'inquiétude s'insinue dans les pensées de Rommel.

Le 22 janvier 1944, les Anglo-Américains ont débarqué à Anzio et à Nettuno, près de Rome.

Le maréchal Kesselring réussit à bloquer les troupes alliées qui ont pris pied, mais il ne parvient pas à les repousser et elles restent, protégées par l'aviation et les canons des navires, comme une menace derrière le front principal allemand qui barre la péninsule italienne, à la hauteur de Cassino et de la rivière Garigliano.

Si les Anglo-Américains réussissent à avancer, la ligne Kesselring sera tournée !

Sur le front de l'Est, la situation des Allemands se dégrade chaque jour.

En janvier 1944, le blocus de Leningrad est enfin forcé au terme d'une semaine d'une bataille sanglante.

Après trente mois de siège, c'est l'allégresse pour les 600 000 personnes qui vivent encore dans la ville.

Avant de battre en retraite, les Allemands ont fait sauter le palais Pouchkine et celui de Pavlovsk. Mais on est libre d'aller et de venir, libre de rêver à la victoire !

Et l'on veut se venger.

Le sentiment de haine – et d'orgueil national – touche chaque soldat de l'armée Rouge.

Il a vu les fosses communes, les destructions.

Il a vu mourir ses camarades.

Blessé, il a souffert dans des hôpitaux de campagne, où manquent infirmières et médecins, et qui sont des chambres d'agonie !

« Nous éprouvons une véritable haine pour les Allemands, après avoir vu toutes les horreurs qu'ils ont commises, sans parler des destructions », confie un jeune soldat.

E l'un de ses camarades, qui a combattu en Biélorussie, ajoute :

« Ils ont fait littéralement un désert de ce pays ! »

Rommel suit chaque jour l'avancée de l'armée Rouge, sur une grande carte du front de l'Est.

Les Russes semblent poussés en avant par la haine qui les anime.

Sur le Dniepr, ils encerclent plusieurs divisions allemandes.

Rommel s'interroge : pourra-t-on contenir cette ruée, qui ne se soucie pas des pertes qu'elle subit ?

Le maréchal Rommel en 1944.

Il a ces questions en tête quand il se rend, le 20 mars, comme tous les chefs des armées du front de l'Ouest, à une rencontre avec le Führer.

Adolf Hitler, tenant serré son poignet gauche dans sa main droite, est voûté, son visage parcouru parfois de tics. Mais la voix sourde est énergique, comme celle d'un homme qui trouve au fond de soi la volonté de faire face.

Rommel est assis près du Feldmarschall von Rundstedt, qui est le commandant en chef des forces armées du front de l'Ouest.

« Il est bien évident, commence le Führer, que le débarquement anglo-américain à l'Ouest est inévitable, et qu'il aura lieu. Mais nous ignorons où et quand ce sera. »

Hitler va et vient, ne regardant pas les officiers. Quand il relâche son poignet gauche, sa main se met à trembler. Il la serre aussitôt.

« L'ennemi, poursuit Hitler, a besoin de s'emparer de ports. Il faudra l'en empêcher.

« J'ai ordonné que les ports soient transformés en places fortes... Le commandant de la place est personnellement responsable de la défense jusqu'à la dernière cartouche, jusqu'à la dernière boîte de conserve, c'est-à-dire jusqu'au moment où la dernière possibilité défensive aura été épuisée. »

L'emprise du Führer sur les officiers figés est totale. Le Führer fascine.

« Le débarquement ne doit pas durer plus de quelques jours, de quelques heures, martèle-t-il. L'exemple de Dieppe doit nous servir de modèle.

« Une fois le débarquement repoussé, l'ennemi ne renouvellera certainement pas sa tentative. Le moral des Anglo-Américains sera brisé. »

Rommel est saisi par une sorte de vertige quand il entend le Führer dire, d'une voix tout à coup exaltée :

« Cet échec empêchera la réélection de Roosevelt. La chance aidant, il pourrait bien finir ses jours en prison... En Angleterre, Churchill, étant donné son âge, son état de santé et la perte de prestige qu'il subirait, serait désormais incapable d'imposer une nouvelle tentative de débarquement.

« Le front de l'Ouest est donc l'élément capital dans l'ensemble des opérations de la guerre. »

Hitler serre les poings, s'avance vers le premier rang, dévisage chacun des généraux, fixe longuement Rommel puis von Rundstedt.

« L'issue de cette guerre et le destin du Reich dépendent de chaque combattant du front de l'Ouest, théâtre d'opérations numéro un de ce conflit. Il faut donc que chaque officier ou homme de troupe vive dans le sentiment que tout dépend de son effort individuel. »

Hitler quitte la pièce et le charme se rompt.

Rommel essaie de faire part à von Rundstedt de l'importance capitale de la maîtrise du ciel. « En Afrique, la supériorité aérienne des Anglo-Américains a été le facteur déterminant de notre défaite », dit-il.

Rundstedt l'écoute distraitement.

La plupart des officiers n'ont que l'expérience de la guerre sur le front de l'Est. Ils parlent avec ironie et dédain des Anglo-Américains, piètres soldats, qui devront affronter des vétérans de Russie.

Rommel tente de se faire entendre : les Anglais et les Américains sont d'habiles adversaires. Il a subi leur assaut en Afrique.

Le front de l'Est, le front de l'Est... répètent les officiers. Rommel obtient d'échanger quelques mots en tête à tête avec le Führer. Il veut le convaincre de concentrer toutes ses forces près du secteur côtier.

Hitler hoche la tête, s'apprête à recevoir d'autres généraux.

Rommel s'éloigne.

« Le dernier qui sort de chez le Führer a toujours raison », dit-il.

Il reprend ses inspections, se rassure en constatant que les soldats sont déterminés, sûrs de repousser les ennemis à la mer.

Rentré à son quartier général, Rommel médite, joue avec ses chiens.

« Il faudra que tu achètes toi-même un chien, écrit-il à sa femme. C'est une chose surprenante que le pouvoir qu'ont ces animaux de nous distraire et de nous faire oublier nos soucis. »

Von Rundstedt, qui lui rend visite à son quartier général, lui rapporte les rumeurs qui courent dans l'entourage du Führer. Les services de renseignements, l'Abwehr, assurent qu'elles proviennent de pays neutres.

« Staline a demandé quantité de choses à ses alliés : livraison d'une flotte, de pétrole, de ports en Afrique du Nord, fixation d'une date précise pour l'ouverture d'un second front...

« Si ces demandes ne reçoivent pas de satisfaction, écrit Rommel, Staline ne se considérera plus comme lié par ses précédents accords avec les Alliés. Ce serait magnifique si c'était vrai ! »

Rentrant fin mars d'une tournée sur les côtes de Normandie et du Cotentin, Rommel ajoute dans une lettre à sa « très chère Lu » :

« Hier, ce que j'ai vu m'a rendu optimiste. Bien qu'il y ait encore nombre de lacunes à combler, c'est avec confiance que nous pouvons envisager l'avenir. »

2.

La confiance de Rommel va s'effriter au fil des premières semaines de cette année 1944, qui sera, il le sait, le moment du destin pour le IIIe Reich de Hitler.

Chaque jour, il reste un long moment devant la carte du front de l'Est.

Certes, le Führer répète que tout se jouera sur le front de l'Ouest. Rommel veut s'en convaincre, mais les flèches qui, sur la carte de la Russie, de l'Ukraine, tracent la progression de l'armée Rouge s'enfoncent en lui.

Ses chiens se frottent à ses jambes, mais il les écarte et n'est plus distrait par leurs jeux et leurs gambades.

Les troupes russes des généraux Koniev et Vatoutine foncent vers la Roumanie après avoir forcé le passage des rivières – le Boug, le Dniepr, le Prout.

Des avant-gardes de l'armée Rouge se rapprochent d'Odessa, et c'est toute la Crimée qui peut se transformer en nasse pour près de 200 000 soldats allemands.

Rommel ne peut imaginer ce que ressentent les Russes lorsqu'ils découvrent, dans les territoires qu'ils libèrent, les fosses communes, les corps torturés à peine recouverts d'une mince couche de terre.

Là où l'Allemand a régné flotte une odeur de mort.

Mais Rommel mesure l'élan et les prouesses de l'armée Rouge. Les soldats traversent les fleuves sur des radeaux de fortune composés de bidons vides et de planches. Certains hommes atteignent l'autre rive accrochés à des branches.

Les décorations distribuées par milliers récompensent et distinguent ces soldats qui prennent des initiatives offensives.

Ainsi, au début de février, en dépit de la boue épaisse et de plusieurs mètres recouvrant l'Ukraine d'une glue noirâtre, l'armée Rouge avance.

Elle tue 55 000 Allemands, capture près de 20 000 hommes dont certains lancent, bras levés : « *Hitler, Kaputt !* »

Un officier russe, le major Kampov, raconte l'une des nuits de cette offensive, quand les Russes réussissent à encercler des milliers d'Allemands [1].

« Je me rappelle cette nuit fatale du 17 février 1944. Il soufflait un terrible blizzard. Le général Koniev, à bord d'un tank, avançait avec nous dans le "corridor", battu par l'artillerie. Moi, j'allais à cheval d'un point du corridor à l'autre, porteur d'un ordre du général. Il faisait si noir que je ne distinguais pas les oreilles du cheval. Je parle de cette obscurité et du vent car ils jouèrent un rôle important dans la bataille… C'est cette nuit-là que les Allemands, ayant perdu tout espoir d'être secourus, décidèrent de faire un ultime effort pour percer.

« Ils venaient de passer une soirée délirante à l'abri dans les maisons d'un gros village dont ils avaient chassé les habitants. Les quelques vaches qui restaient au village avaient été abattues et dévorées avec une frénésie de cannibale. Un tonneau de choux marinés découvert dans une hutte fut littéralement dépecé. Depuis l'encerclement, ils étaient à court de vivres. Et ils avaient beaucoup bu… »

Les Allemands quittent ce village sous les bombardements déments de l'artillerie et de l'aviation russes.

Ils achèvent leurs blessés d'une balle dans la nuque. Ils mettent le feu aux voitures d'ambulance pleines de morts.

---

1. Cité par Alexander Werth dans son admirable *La Russie en guerre*, tome II, Paris, Stock, 1964, et Texto, Paris, 2011.

Puis commence la marche, dans la nuit et le vent, au fond des ravins afin de ne pas être vus des Russes.

Illusion ! Les Russes les observent, les suivent, les attendent à la sortie des ravins.

« Spectacle étrange, continue le major Kampov, que ces deux colonnes allemandes formées en triangle et essayant de briser l'encerclement. Elles ressemblaient à deux énormes essaims. En tête et sur les flancs, ils avaient mis les SS de la division Viking et de la division belge Wallonie, reconnaissables à leurs uniformes gris perle. Ces SS étaient encore en bonne condition physique. À l'intérieur du triangle, il y avait la troupe ordinaire : une horde épuisée avec, en son centre, un petit noyau d'officiers d'élite, qui avaient l'air assez bien nourris. Ainsi ces deux colonnes avançaient, chacune dans un ravin. Les deux ravins convergeaient. Les Allemands s'étaient mis en marche à 4 heures, il faisait encore complètement noir. Nous savions d'où ils venaient et où ils allaient. Nous avions préparé cinq lignes : deux d'infanterie, une d'artillerie, puis deux lignes de chars et de cavalerie. Nous les avons laissés passer à travers les deux premières sans tirer un seul coup de feu. Croyant nous avoir "possédés" et avoir franchi nos lignes de défense, les Allemands se mirent à pousser des hourras frénétiques et à tirer en l'air avec leurs pistolets et leurs mitraillettes. À présent, ils avaient émergé des ravins, et avançaient en terrain découvert.

« Alors, ça se déclencha : à 6 heures du matin environ, nos chars et notre cavalerie surgirent à l'improviste et foncèrent droit sur le plus épais des deux colonnes. Ce qui suivit n'est pas facile à décrire. Les Allemands débandèrent dans toutes les directions. Et pendant deux heures nos tanks les pourchassèrent à travers la plaine, les écrasant par milliers. Rivalisant avec les blindés, notre cavalerie allait les cueillir dans les ravins où les chars avaient difficilement accès. Les tanks faisaient rarement usage de leurs canons pour ne pas atteindre nos cavaliers : ceux-ci hachaient les Allemands au sabre, faisant un massacre comme on n'en avait jamais vu encore. On n'avait pas le temps de faire des prisonniers. Le carnage ne cessa que faute de victimes. Plus de 20 000 Allemands furent tués sur un petit espace. J'ai vu Stalingrad, mais c'était la première fois que je voyais un pareil massacre sur un terrain aussi réduit. À 9 heures, c'était fini. Il resta 8 000 Allemands vivants, qui se rendirent ce jour-là et les jours suivants. Presque tous avaient pu fuir loin du lieu du carnage. Ils étaient cachés dans les bois ou dans les ravins. »

« Pas le temps de faire des prisonniers », dit sans remords le major Kampov. Et plusieurs SS ont choisi de se suicider, évitant l'exécution ou la longue agonie que vont connaître ceux des Allemands qui se sont rendus après la bataille. Car les camps russes sont des lieux de mort comme le sont les camps allemands pour les prisonniers russes.

Koniev, qu'on appelle « le général qui ne recule jamais », poursuit après cette victoire de Korsun son offensive, en dépit de la boue, des « routes mortes ».

Mais les chars T34 et les camions américains Studebaker triomphent de la boue.

Et Koniev s'enfonce en Ukraine, laissant derrière lui la plaine jonchée de casques allemands. Les corps ont été entassés dans des fosses à même la terre, comme pour les dépouilles des soldats russes.

« Si on avait voulu les inhumer individuellement, dit le major Kampov, il nous aurait fallu une armée de fossoyeurs. »

Camion Studebaker M29.

3.

L'« armée des fossoyeurs », contrairement à ce que pense le major Kampov, existe dans l'Europe occupée par les nazis.

En janvier 1944, c'est une immense troupe constituée par les Allemands, dès qu'ils sont entrés en Pologne en septembre 1939.

Les *Einsatzgruppen* ont choisi parmi les Juifs qu'ils allaient abattre d'une balle dans la nuque ceux qui devaient creuser les fosses.

Et ceux-là seraient tués les premiers ou les derniers, c'était selon la fantaisie ou les habitudes de l'officier SS qui commandait l'opération.

Les *Sonderkommandos* des camps d'extermination qui recueillaient les corps encore chauds sortis des chambres à gaz, à Treblinka, faisaient partie de cette armée de fossoyeurs.

Elle était présente dans les villes et les villages d'Europe, de la Bretagne à l'Ukraine, de la Flandre à la Grèce, en Yougoslavie et en Italie, là où la Résistance a créé des maquis, organise des attentats, des sabotages.

Partout, des fosses étaient creusées.

Et les Allemands, méthodiques, en avaient relevé l'emplacement.

En ce début de l'année 1944, parce que l'armée Rouge avance, pénètre en Biélorussie, en Ukraine, et bientôt en Pologne, les nazis constituent des « brigades de la mort ».

Composées de déportés, elles déterrent les victimes des *Einsatzgruppen*.

Il faut effacer les traces des massacres.

On brûle les corps décomposés en de grands bûchers qu'on arrose d'huile et d'essence pour que le feu dévore ces hommes, ces femmes, ces enfants, et les martyrise une seconde fois.

Puis on répand leurs cendres comme on sème.

Et on tue et enfouit les membres des « brigades de la mort ».

Dans certains pays, on fait appel à des fossoyeurs de métier.

Ils inhument les centaines d'otages que les Allemands fusillent après chaque attentat.

En France, l'occupant laisse parfois les miliciens de Joseph Darnand constituer des cours martiales qui condamnent à mort en quelques minutes.

On abandonne les corps torturés sur le bord d'une route, dans un hangar dont les murs sont criblés de balles.

Souvent, on ignore le nom de ces martyrs, dépouillés de leurs papiers d'identité.

Aucun pays n'échappe, en 1944, à cette barbarie.

Elle règne en Italie du Nord, dans la vallée du Pô, sur les rives du lac de Côme ou de Garde.

Là, autour de Mussolini, les fascistes ont organisé, à Salò, une République Sociale que surveillent les SS du général Wolf.

Les partisans de cet État fantoche, ces *Repubblichini*, veulent un Grand Procès de la Vengeance afin d'envoyer à la mort les dignitaires du régime fasciste qui ont obtenu, le 24 juillet 1943, la démission de Mussolini et provoqué ainsi la fin de l'État fasciste.

Pour le reconstituer, il faut que le sang des coupables coule ! Et quel plus bel exemple d'une politique révolutionnaire et incorruptible que de condamner à mort le gendre du Duce, ce comte Ciano, l'ancien ministre des Affaires étrangères de Mussolini.

Ainsi s'ouvre à Vérone, le 8 janvier 1944, le procès des traîtres.

Les six accusés, Ciano, le maréchal De Bono, Marinelli, Pareschi, Gottardi, Cianetti, et treize contumax ont à répondre de leur vote au Grand Conseil fasciste dans la nuit du 24 au 25 juillet 1943. Car pour expliquer qu'en un jour le fascisme se soit effondré, il faut bien trouver des traîtres.

Procès de Vérone. Au 1er rang, Emilio De Bono, Galeazzo Ciano et Tullio Cianetti. Au 2e rang : Luciano Gottardi, Carluccio Pareschi et Giovanni Marinelli le 11 janvier 1944.

Ils sont enfermés à la prison des Scalzi, un ancien cloître austère. Arrêtés à des époques différentes, ces six hommes se retrouvent en ce froid mois de janvier 1944 dans cette vieille bâtisse.

À la porte de la cellule de Ciano, deux SS veillent : « Oh ! puanteur de mort », s'écrie le comte en les voyant. Lui a été ramené d'Allemagne et il fait face avec courage, un peu hébété à la mort qui vient.

« Dans quelques jours, écrit-il le 23 décembre 1943, dans la cellule 27, un tribunal de comparses rendra publique une sentence décidée par Mussolini sous l'influence de ce cercle de prostituées et d'entremetteurs qui, depuis quelques années, empoisonne la vie politique italienne et a conduit le pays à sa perte. »

Autour de Ciano s'affaire, aimable et bientôt compatissante, une jeune femme blonde, Frau Burkhardt – ou Beetz –, agent de la Gestapo, qui multiplie les prévenances et a libre accès à la cellule de l'ancien ministre des Affaires étrangères.

Bientôt, elle avoue son but : obtenir de Ciano les « carnets politiques » où il a noté au jour le jour ses conversations avec Ribbentrop, Mussolini ou Hitler.

Ce jeune ministre des Affaires étrangères que les Allemands savent sensible à la beauté féminine, cette femme, ces autres dignitaires dans ce vieux cloître humide et sombre, tout évoque l'atmosphère de la Renaissance où la débauche et les honneurs se mêlent à la mort.

Le procès a lieu à Vérone, au Castel Vecchio, là où s'est tenu il y a quelques jours le Congrès du Parti fasciste.

Dans la salle, au-dessus de la longue table du tribunal, un étendard noir frappé d'un faisceau du licteur blanc a été déployé. Le public est surtout composé de miliciens fascistes dont certains sont armés et qui sont venus voir juger les traîtres.

« Le coup d'État du 25 juillet a mis l'Italie en face de la plus grande trahison que l'Histoire rappelle », a annoncé le gouvernement en instituant le tribunal spécial. Dès lors, le procès n'est qu'une parodie.

Dans la salle, Frau Beetz et deux officiers SS suivent les débats, mais rien ne prouve que les Allemands les aient inspirés. Certes, ils sont satisfaits et laissent faire, mais ils n'ont pas à intervenir.

Les survivants du fascisme qui dirigent la République sociale ont besoin du sang de quelques traîtres et le procès de Vérone est manœuvre démagogique aussi bien que règlement de comptes.

D'ailleurs, Mussolini a conservé la passion de la vengeance, le goût des attitudes héroïques, « romaines », qui, en vérité, lui coûtent peu car l'exercice du pouvoir a détruit en lui tout reste d'amitié, le sens de la pitié, de l'humanité et de la mesure.

Quand les membres du tribunal, à 9 h 15, entrent dans la vaste salle, en civil et en chemise noire, Ciano et ses compagnons se mettent au garde-à-vous et font le salut fasciste, comme tous les présents.

Après l'appel des inculpés, le vieux maréchal De Bono, quadrumvir (l'un des quatre organisateurs de la Marche sur Rome en 1922) lié à Mussolini par vingt-trois ans d'action, vient à la barre se justifier.

Il n'a pas voulu le départ du Duce. Tous les inculpés répéteront à peu près dans les mêmes termes cette déclaration qui pour ces six hommes correspond sans doute à la vérité : « La situation du Duce était hors de question », dira Ciano.

Seul Marinelli se traîne en pleurant, explique comment, sourd, il n'a pas pu suivre la séance du Grand Conseil, et a voté l'ordre du jour Grandi sans savoir.

Le 10 janvier, à 13 h 40, le président du tribunal lit d'une voix inintelligible les sentences : dix-huit condamnations à mort dont cinq frappent les six accusés présents dans le box.

Ciano dit à De Bono en montrant Cianetti :

« Il n'y a que lui qui s'en sort, pour nous c'est fini. »

Et il se signe. Cianetti est condamné à trente ans de prison ; il s'était, sitôt après le vote du Grand Conseil, rétracté auprès de Mussolini.

« Pour moi, qu'ont-ils décidé ? demande Marinelli qui n'a rien entendu.

— La mort comme pour nous. »

Marinelli s'évanouit.

Dehors, les *Squadristi* (membres du *Squadre*, sections fascistes) stationnent. Des cris de « à mort, à mort » sont lancés. Il faut garder les condamnés, pâles et résignés, au Castel Vecchio, pendant plus de deux heures, en attendant que les sections de fascistes aient évacué la ville.

Mussolini est resté seul pendant toute la journée. Bientôt, on lui apporte la nouvelle, lui décrit le comportement de chacun des accusés.

« Marinelli n'arrivera jamais devant le peloton, dit Mussolini sèchement, il faudra qu'on le porte. »

Puis il s'explique, se justifie :

« Le dilemme que j'ai posé devant le Grand Conseil était clair. Voter l'ordre du jour Grandi signifiait ouvrir la crise du régime et ma succession. Grandi, Bottai, Federzoni le savaient. Ciano a joué cette grosse partie avec eux. »

Il n'y eut pas de grâce. Pavolini a fait refuser les recours par un général de la Milice, évitant ainsi à Mussolini d'avoir à se prononcer sur le cas de Ciano. Mais Mussolini n'a-t-il pas dit déjà :

« Pour moi Ciano est mort depuis longtemps. »

Edda, la fille de Mussolini qui a épousé le comte Ciano, tente avec l'aide de Frau Beetz d'obtenir la vie sauve pour son mari ; avec une énergie désespérée, elle multiplie les démarches. Elle écrit au Führer, au Duce, propose les documents qu'elle détient contre la grâce de Ciano.

« Duce, écrit-elle à son père.

« J'ai attendu jusqu'à aujourd'hui que tu me témoignes un minimum de sentiments d'humanité et d'amitié. Maintenant, c'est trop. Si Galeazzo n'est pas en Suisse dans les trois jours selon les conditions que j'ai fixées avec les Allemands, tout ce que je sais, avec preuves à l'appui, je l'emploierai sans pitié. Dans le cas contraire, si nous sommes laissés en paix et en sécurité (de la tuberculose aux accidents d'auto), vous n'entendrez plus parler de moi.

« Edda Ciano. »

Mussolini, au milieu de la nuit, téléphone au général Wolf pour demander conseil.

Le général refuse de prendre position et se contente de retirer pour quelques heures les deux SS qui sont en faction devant la cellule n° 27, celle du comte Ciano.

Mais il est trop tard pour que Mussolini prenne seul une décision. Il lui est plus facile de laisser se dérouler les événements, sans intervenir. Il attend.

Déjà, à la prison des Scalzi, Don Chiot et le franciscain Dionizio Zilli s'emploient à consoler les prisonniers qui sont réunis dans une seule cellule. Ciano au dernier moment a tenté de s'empoisonner, mais la drogue fournie par Frau Beetz est inoffensive.

À 5 heures du matin, le 11 janvier 1944, les prisonniers sont réveillés et l'attente commence.

Marinelli se lamente faiblement, affaissé. C'est une aube glaciale d'hiver qui dure. Et la longueur même de l'attente redonne de l'espoir ; tous ont formulé une demande de grâce, peut-être Mussolini l'a-t-il acceptée ?

Mais à 9 heures, après quatre heures d'incertitude, policiers, juges et chefs fascistes arrivent : les grâces sont refusées.

On passe les menottes aux prisonniers que des miliciens armés entourent. Marinelli, De Bono et Ciano, qui furent parmi les plus hautes personnalités du régime fasciste, vont ainsi mourir sous des balles fascistes.

Et l'Histoire s'est souvent arrêtée sur cet homme que la fortune avait paru combler, ce comte Ciano, emporté dans le tourbillon des honneurs, paradant au Berghof de Hitler, au golf ou sur les aires d'envol en capitaine de bombardier prêt à partir pour l'Albanie ou la Grèce, ce ministre, le gendre du Duce, cet homme jeune qui va mourir.

Quand la violence est le ressort d'un régime, qui peut espérer échapper à ses coups ? Pas même ceux qui ont utilisé la violence pour le régime, le secrétaire du Parti fasciste Marinelli, le quadrumvir De Bono ou l'aviateur-ministre Ciano.

Dans le polygone de tir de la forteresse de San Procolo, vingt-cinq hommes de la Milice, tous volontaires, sont prêts ; quelques juges, des personnalités fascistes et de nombreux officiers de la Garde nationale républicaine sont présents.

Les détenus sont sur des chaises, le dos au peloton et les bras liés au dossier. Marinelli se débat. « C'est un assassinat », crie-t-il. Il faut l'attacher de force : plusieurs miliciens s'y emploient.

Les autres condamnés sont dignes et résolus, mais au fond de leurs regards on lit l'effarement, une incrédulité tenace. Eux, les chefs fascistes, ils sont là, pour leur mort, devant un peloton fasciste.

À quinze pas, les miliciens sont prêts. Le premier rang a mis le genou à terre.

Ciano, De Bono se retournent plusieurs fois, et au moment où retentit le commandement de « feu », on entend l'un des condamnés crier :

« *Viva l'Italia, Evviva il Duce !* »

La décharge fracasse le cri dans l'air glacial.

Quatre hommes tombent, une chaise reste dressée, le prisonnier indemne sans doute : des quatre hommes tombés, des cris s'élèvent, les corps bougent. Il faut tirer de nouveau sur le prisonnier resté assis, sur les quatre qui sont à terre. Puis, à coups de pistolet, on achève les cinq suppliciés.

Des opérateurs filment la scène.

Dans la journée, la radio annonce un communiqué important. Après avoir rappelé la condamnation à mort, le speaker déclare :

« À 9 h 20, la sentence a été exécutée. Les cinq condamnés ont été fusillés. »

Puis on entend l'entraînant hymne fasciste :

« *Giovinezza, primavera di bellazza...* », « Jeunesse, printemps de beauté... »

Mussolini s'exclame, à l'écoute de l'émission :

« Les Italiens aiment se montrer en toutes circonstances ou féroces ou bouffons. »

En fait, après cette exécution, féroce et bouffonne, avec ce peloton qui ne sait même pas à quinze mètres tuer d'une décharge cinq malheureux, le régime et le Duce tentent de se sauver et de se disculper.

Le 12 janvier, sous le grand titre : « Condamnation à mort de dix-huit membres du Grand Conseil », la *Stampa* proclame :

« Le couperet est tombé. Vingt ans d'indulgence récompensés par l'ingratitude et la trahison, c'est trop. Le pardon est un luxe. Les condamnés de Vérone paient la destruction néfaste de l'édifice national difficilement construit avec l'argent et le sang du peuple. Ils paient la division de la patrie, la guerre installée au cœur de l'Italie. »

En bref, sur les têtes des condamnés de Vérone retombent toutes les fautes du fascisme, et Mussolini veut payer avec leur sang ses propres erreurs et celles du régime tout entier.

Mais il veut aussi se donner bonne conscience. Il interroge don Chiot, murmure au prêtre, après avoir évoqué Ciano : « Priez pour lui et pour moi. »

Il assure au défenseur, à la mère de Ciano et à Edda qu'il n'a pas été au courant de la demande de grâce des condamnés.

« Ce sont ceux-là mêmes qui ont voulu le procès qui ont refusé de me transmettre la demande, de peur que je n'accorde la grâce », dit-il.

Pourtant, la mort des inculpés est pour lui et pour le fascisme une tentative désespérée pour s'innocenter et menacer tout à la fois. Le 12 janvier, on peut encore lire dans la *Stampa* : « *Salus Reipublicæ suprema lex* », « Le salut de la République est la loi suprême ».

« La sentence de Vérone est la preuve que la République va jusqu'au bout. Que l'avertissement soit entendu par ceux qui en ont besoin et qu'il invite le pays tout entier à retrouver au plus tôt l'exacte conscience de ses propres devoirs et celle des droits supérieurs de la Patrie. »

L'avertissement est clair comme un ordre : que le citoyen se plie s'il ne veut pas subir le sort de Ciano.

Car si Ciano a été fusillé, tout est désormais possible.

L'exécution de Vérone est bien un alibi et une justification nécessaires.

4.

Dix jours après les exécutions de Vérone, le 22 janvier 1944 dans la matinée, de longues colonnes de camions allemands chargés de parachutistes casqués traversent Rome à toute allure, précédées de motocyclistes, leur mitraillette en bandoulière.

Ils foncent vers la mer, vers Anzio, à soixante kilomètres de Rome où, bénéficiant de la surprise la plus complète, les Anglo-Américains ont débarqué à 2 heures du matin.

L'opération *Shingle* a réussi.

Quand, quelques heures plus tard, la nouvelle est connue, il semble aux Italiens et aux Romains d'abord que leur libération soit proche.

Déjà une animation inquiète gagne le Palazzo Wedekind, le quartier général du Parti fasciste protégé par des mitrailleuses en batterie et des autos blindées ; certains des chefs fascistes quittent la capitale pour l'Italie du Nord.

Au quartier général de Kesselring, les officiers d'état-major reçoivent même l'ordre de préparer leur départ dans les quatre heures.

Mais bien vite l'espoir ou la peur retombent.

Sur les routes autour de Rome et dans les gares, on voit passer, dès la nuit tombante, les lourds convois militaires qui ramènent de France, des Balkans ou du nord de l'Italie cinq divisions d'infanterie allemande.

L'excessive prudence des Alliés qui n'ont pas exploité l'effet de surprise a favorisé l'habile Kesselring : le débarquemement a réussi, mais n'a créé qu'une tête de pont. Le 17 février 1944, la Wehrmacht lance sa première contre-attaque sur tout le front Anzio-Nettuno.

Pour les fascistes, c'est un nouveau répit. Derrière les fronts stabilisés, ils peuvent faire face à leurs adversaires : les partisans.

Albert Kesselring en 1944.

Partout en effet, dans ce pays montagneux qu'est l'Italie, les partisans se sont organisés.

Brigades Garibaldi du Parti communiste (novembre 1943) dont le commandement général est à Milan, Groupes d'Action Patriotique (SAP) étendent leurs opérations ou multiplient les attentats.

Dès la fin de novembre 1943, près de vingt-huit hiérarques sont tombés sous les coups des *gappisti* qui tuent à l'arme blanche, dans la rue, s'enfuient à bicyclette ; beaucoup de ces tueurs ont servi en Espagne ou même dans les Francs-Tireurs et Partisans Français.

Le 19 décembre, le *Federale* du Parti fasciste de Milan, Resega, est abattu ; le 14 avril 1944, c'est le tour de l'idéologue du parti, le philosophe Gentile, à Florence.

Pour les journaux fascistes et pour les Allemands, il s'agit là de simples assassinats, d'actes criminels qui n'ont rien à voir avec la guerre. Des résistants condamnent aussi ces méthodes car des otages paient chaque fois de leur vie l'attentat réussi.

À ceux qui blâment – et ils sont nombreux – l'exécution de Gentile, les partisans de Giustizia e Libertà tentent de répondre par des tracts, des articles dans les journaux clandestins :

« C'était, dit-on, un honnête homme, un homme de culture. Mais aujourd'hui le peuple d'Italie lutte pour la vie et pour la mort, sans hésitation, sans pitié. C'est une lutte sans quartier, exaltante et terrible comme est sans hésitation la nécessité morale qui la guide, sans pitié la justice historique qui par elle s'accomplit. »

En Italie, en fait, comme dans toute l'Europe en guerre, est posé l'éternel et cruel problème de la violence.

Et la lutte s'approfondit.

Les unités de partisans se multiplient : formation Matteotti des socialistes ; groupes Giustizia e Libertà ; groupes autonomes de militaires et de catholiques.

Les Allemands sont contraints, pour protéger leurs voies de communication, de procéder à de grands *rastrellamenti* (ratissages).

Dans les vallées du Piémont, les blindés progressent sur les routes longeant les rivières, un avion de reconnaissance dirige le tir des mortiers ; des troupes alpines spécialisées montent à l'assaut des cimes.

Les partisans passent d'une vallée à l'autre, tiraillent cependant que les villages brûlent, que les SS font sauter, après y avoir enfermé propriétaires et animaux, les maisons des guides.

Parfois, toute la population d'un village est rassemblée sur la place et le prêtre tombe le dernier, abattu par les rafales de mitrailleuse, sur les corps de ses paroissiens entassés, vieux et enfants mêlés à leurs parents.

Des dizaines de pendus (cinquante-trois dans un seul cas) marquent le passage d'un « bataillon maudit » de SS ; des fours crématoires fonctionnent aux portes de Trieste ; les Juifs qui se terrent dans les hauts villages sont pourchassés, les prisonniers alliés s'évadent, traqués.

Dans les unités de SS servent des Russes de l'armée Vlassov, hommes à la dérive qui tuent et pillent par habitude et désespoir.

Et puis il y a les fascistes.

Chaque ville a sa « maison de torture » : Villa Tasso à Rome, où l'on retrouve Pollastrini rescapé du 25 juillet 1943 ; parfois, il s'agit d'un simple appartement dans un immeuble bourgeois où de petits commandos de bourreaux opèrent sous les ordres d'un chef et règlent, en dehors de tout contrôle, leurs propres opérations.

L'horreur démente atteint des profondeurs inhumaines : on arrache les paupières, on serre les tempes entre des pinces acérées. Le questeur Caruso et le chef de police Kappler tiennent ainsi Rome.

À Milan, c'est à l'hôtel Regina que siègent les fascistes et les SS.

À Florence, Carità « invite » ses victimes à assister aux pires orgies après les séances de torture.

À Rome, le général Maelzer se livre lui aussi à la débauche.

Dans cette période de mort, la violence déchaînée entraîne chez les bourreaux la perte de toute humanité et chez beaucoup d'Italiens la régression de la moralité.

À un résistant, durant un dur interrogatoire, le capitaine Saeveki, des SS, crie : « Vous vous en prenez à nous, prenez-vous-en à vos concitoyens. Chaque jour sur mon bureau s'accumulent les paquets de dénonciations contre les patriotes. »

Car les espions sont innombrables. Fascistes convaincus ou pauvres bougres entraînés, ils écoutent, ils désignent. Dans un train ouvrier qui roule vers Milan par un matin grisâtre, une femme bavarde dans le silence :

« Si j'étais un homme, je serais partisan », dit-elle.

Quelqu'un la fait parler. Tout à coup, le train s'arrête en rase campagne, des miliciens fascistes montent dans le wagon et l'homme qui a bavardé complaisamment avec la malheureuse voyageuse la dénonce ; elle sera abattue par une décharge de mitraillette sur le ballast.

Ailleurs, ce sont d'autres espions qui parcourent les vallées et les montagnes, cherchant à connaître les repaires des partisans.

Pour ces derniers, les fascistes sont sans pitié. Ils savent qu'ils ont devant eux ces adversaires que depuis 1919 ils combattent de Milan à Turin, de Guadalajara à Barcelone, ces adversaires qu'ils ont cru tuer dans le syndicaliste « *capo-lega* » anonyme, assassiné en Émilie, dans Matteotti et dans Rosselli, deux démocrates abattus en 1924 et 1937 et qui surgissent encore, agressifs et renforcés.

Le général Mischi, qui a mené déjà la guerre contre les partisans dans les Balkans, propose de faire bombarder par l'aviation allemande les usines où les ouvriers se mettraient en grève. Il déclare : « Désormais, notre vie est au-delà de toutes les vicissitudes, de la victoire comme de la défaite. »

Mussolini multiplie les instructions personnelles au maréchal Graziani pour en finir avec le « banditisme » :

« L'action du fascisme doit être, écrit-il, la marche de la République sociale contre la Vendée. Et puis le centre de la Vendée monarchiste, réactionnaire et bolchevique est le Piémont, la marche, après avoir rassemblé à Turin toutes les forces, doit commencer par le Piémont. Elle doit rayonner de Turin dans toutes les provinces, nettoyer radicalement et puis passer immédiatement à l'Émilie. »

Ce texte rejoint l'ordre émis par le quartier général du maréchal Kesselring :

« Il faut engager de la façon la plus énergique des actions contre les bandes armées de rebelles. Prendre sur les places publiques les éléments reconnus responsables… »

Cependant, la tâche est rude et l'engrenage inexorable de la répression suscite de nouveaux coups de main des partisans.

Dès le printemps 1944, les Comités de Libération Nationale (CLN) apparaissent dans la plupart des villes ; bientôt naît un Corps des Volontaires de la Liberté, organisation militaire du Comité de Libération Nationale pour la Haute Italie (CLNAI).

Le chef de cet organisme est le général Cadorna.

C'est un homme souriant et maigre, un officier de carrière choisi parce qu'il doit inspirer confiance aux Alliés. Son grand-père a, le 20 septembre 1870, conquis Rome, et son père a joué un rôle de premier plan pendant la guerre de 1914-1918.

Véritablement, cet homme nerveux et volontaire est un symbole, l'aboutissement d'une tradition nationale et militaire. Il doit rejoindre l'Italie du Nord pour prendre son périlleux commandement.

Le 11 août 1944, il saute en parachute avec le capitaine Churchill d'un avion Halifax. Il se blesse et tout de suite il faut combattre car la Garde nationale républicaine cerne le petit groupe de partisans qui attend le général.

Quelques semaines plus tard, deux « politiques », Parri, du Parti d'Action, et Longo, du Parti communiste, vont assister Cadorna dans ses fonctions.

Ce triumvirat militaire est à l'image de la Résistance italienne.

Quand le vendredi 31 mars 1944 les miliciens fascistes qui cernent le dôme de Turin arrêtent les uns après les autres les membres du Comité militaire piémontais de la Résistance qui devait se réunir dans l'église, ils constatent qu'il y a, parmi les prisonniers un général (Perotti), deux officiers, un démocrate-chrétien, un socialiste et un communiste.

Lorsque le juge prononce sa sentence, condamnant les accusés à la peine de mort, le général Perotti se lève et dit d'une voix forte :

« Messieurs les officiers, garde-à-vous ! »

Tous les accusés se lèvent.

« Vive l'Italie », crie le général.

« Vive l'Italie », répondent les accusés.

C'est bien une nouvelle Italie qui surgit ainsi de cet abîme qu'a été le 8 septembre 1943 et l'armistice italien de Cassibile.

Un nouveau *Risorgimento* anime le peuple de la péninsule, mais plus profondément que celui qui a conduit à l'unité en 1870 : les masses ouvrières et paysannes sont descendues dans l'arène aux côtés de ces militaires et de ces intellectuels qui ont été déjà les figures de proue du premier *Risorgimento*.

Le 1er mars 1944, les ouvriers de Turin et de Milan se mettent en grève malgré les Allemands et les fascistes. En juin, à la Fiat, la grève recommence pour empêcher le démontage et l'envoi des machines en Allemagne.

Les industriels soutiennent souvent ces mouvements, même si par ailleurs ils continuent à traiter avec les autorités d'occupation.

Cette unanimité nationale qui isole chaque jour davantage les *Repubblichini* a eu sa préface dans l'Italie du Sud.

En effet, le leader du Parti communiste, Togliatti, revenu d'URSS, a accepté, à la surprise de beaucoup, d'entrer dans le gouvernement du maréchal Badoglio, entraînant les autres partis antifascistes à sa suite.

Le roi pour sa part, afin de préserver le principe monarchique, décide de céder dès la libération de Rome la place à son fils Umberto qui agira en tant que lieutenant-général du royaume : ainsi la question du choix des institutions est-elle remise à la paix.

Pour l'instant, c'est la guerre, et le colonel Montezemolo, courageux monarchiste, est dans Rome occupée aux côtés du socialiste Buozzi ou du communiste Giorgio Amendola, le fils de l'ancien leader libéral assassiné.

Certes, les arrière-pensées des uns et des autres n'ont pas disparu, mais la signification de l'action commune est plus importante que les divergences qu'elle recouvre.

Pour l'instant, c'est la guerre, et la guerre est cruelle.

5.

Rome, mars 1944.

Dans la ville, le printemps éclate. Le 12, le pape Pie XII parle et la foule s'est massée place Saint-Pierre. Elle crie : « *Pace Pacelli !* » La Milice arrête quelques partisans qui, mêlés aux pèlerins, criaient : « Les Allemands à la porte ! » et distribuaient des tracts.

Le ciel est limpide ; dans les jardins de la villa Borghèse, la vie, gaiement, enfièvre chaque buisson, chaque pousse.

23 mars, via Rasella : un balayeur pousse sa poubelle. Au bout de la rue apparaît un détachement de *Südtiroler Ordnungsdienst*, miliciens volontaires du Tyrol du Sud.

Le balayeur allume une mèche dans sa poubelle et se retire en courant. C'est le *gappista* Bentivegna : quelques autres *gappisti* écartent des enfants.

Une minute s'écoule puis l'explosion secoue le quartier : une cinquantaine de soldats gisent sur le sol. Les *gappisti* tirent sur le reste de la colonne et se dispersent.

Le silence retombe sur Rome. Il est 15 h 26. La lumière est déjà plus douce, couronnant les toits et les coupoles d'ocre doré.

Bientôt les habitations de la via Rasella et des vie dal Traforo et des Quattro Fontane sont saccagées par les SS. Les locataires sont malmenés, raflés.

Dans la ville, le bruit de l'attentat commence à se répandre. Le commandant de la place de Rome, le général Maelzer, le chef de la police Kappler et le maréchal Kesselring se mettent en contact avec le quartier général du Führer.

Hitler demande que l'on fasse sauter tout le quartier avec ses habitants.

Finalement, le système des otages est appliqué. Caruso, le *questore*, déclare qu'il a déjà des détenus politiques condamnés à mort : on décide de les exécuter à raison de dix otages pour un Allemand tué.

En fait, on choisit tout simplement des détenus politiques ou des Juifs sans se soucier de savoir s'ils sont jugés ou non. En hâte, on les embarque sur des camions et on se trompe puisqu'on entasse 335 otages au lieu de 320 (il y a eu 32 Allemands tués). Ces 15 hommes de plus sont l'arbitraire de l'arbitraire.

Le convoi se dirige vers la via Ardeatina. Là s'ouvrent des galeries dans des carrières.

Un à un, les 335 otages – le colonel Montezemolo et des généraux, des Juifs et des ouvriers, des journalistes et des cinéastes – sont abattus d'une balle dans la nuque, obligés de grimper sur les corps des premiers tués pour prendre place en attendant le coup libérateur.

La tuerie dure du 24 mars au soir au 25 à 9 heures du matin. Puis les galeries sont minées et bientôt des explosions sourdes retentissent, enfouissant les cadavres sous les blocs.

Ce matin-là, officiellement, la nouvelle de l'attentat et des représailles est donnée par le commandement allemand. Les journaux fascistes eux-mêmes se taisent : 335 personnes, c'est presque la population d'un bourg.

Un lourd manteau d'horreur et de terreur couvre Rome. La ville ne s'insurgera pas.

Peut-être est-ce là le but recherché par les nazis : la capitale proche du front doit subir l'occupation sans se révolter ; sans doute aussi veulent-ils opposer, à propos des moyens d'action de la lutte clandestine, le Centre militaire badoglien et les *gappisti* communistes en montrant à la population de la Ville Sainte, le prix du sang allemand.

Et la guerre continue, se nourrissant de sa longueur même, paraissant reproduire les mêmes épisodes comme si la tragédie ne devait pas voir de fin et comme si, de sursis en sursis, Mussolini et Hitler pouvaient éternellement gouverner.

Le 22 avril, les deux hommes se rencontrent à Klessheim, dans ce château où Ciano, jadis, a dîné avec Ribbentrop.

Hitler, vieilli, nerveux, mâchonne sans interruption les comprimés du docteur Morell. Mussolini expose ses doléances et pour une fois le Führer le laisse parler sans l'interrompre. Désormais, les avis et les conseils de Mussolini ont si peu d'importance !

Le maréchal Graziani dresse un tableau des besoins de l'armée républicaine italienne, parle de la nécessité impérieuse de sa reconstitution. Hitler pour toute réponse rappelle comment le 25 juillet 1943 le fascisme s'est effondré. Mussolini, humilié, doit de nouveau se justifier.

« La force du Parti fasciste, dit-il, était à ce moment-là avec les armées. À l'intérieur, il n'y avait que les femmes, les jeunes et les vieux. »

Puis, tout en parlant, Mussolini quitte la réalité, évoque ses rêves de conquête, l'Égypte et l'Afrique, tout ce qui a été perdu par la faute des généraux et du roi. Mais cela ne se reproduira pas, dit-il. Il est enchanté que les internés italiens restent en Allemagne, il est prêt à « appeler la classe 14 pour le Gauleiter Sauckel, les classes 16 et 17 pour le maréchal Goering, vingt classes s'il le faut pour les employer dans les bataillons de travail ».

Ces mots jetés pour paraître disposer encore de l'Italie, ce sont, dans les rues de Gênes et de Rome ou dans les villages de la plaine du Pô, des Italiens embarqués de force dans des camions.

Ces mots, ce sont aussi des milliers d'hommes qui gagnent la montagne pour éviter les départs pour l'Allemagne.

Le mouvement partisan va puiser là le gros de ses troupes. Plus de 100 000 hommes tiennent au début de l'été 1944 les Alpes et les Apennins. Mais poussés vers la lutte par la nécessité, ces hommes mûrissent vite, ils se politisent et découvrent auprès de vieux antifascistes l'envers, qu'ils ignoraient, de l'ère fasciste.

Revelli, ancien membre des organisations fascistes, officier sur le front russe, écoute, sur les sommets des Alpes, Livio, un politique aux idées nettes :

« Quand il me parle des Italiens qui, dès 1936, en Espagne ont combattu contre Franco, de l'antifascisme militant, il me transporte dans un monde que j'ignorais, écrit Revelli, ou un monde que je connaissais mal. Mais le monde de mon fascisme, de ma guerre en Russie, était en grande partie inconnu de Livio. »

C'est ainsi, à travers les hommes et par la Résistance, que se reconstitue une Italie de bonne foi. L'écrivain Carlo Levi, un ancien *confinato* – assigné à résidence dans le sud de l'Italie –, peut écrire :

Nous avons vécu ensemble,
Ensemble devenant des hommes.
Dans le monde divisé
Unis étaient nos cœurs.
Nous nous sommes reconnus,
Un peuple neuf...
Naissait avec des noms nouveaux,
C'était la Résistance.

Le soir, autour des feux de camp dans les hautes vallées, cependant que près des *baite* (granges), quelques hommes montent la garde, les chansons s'élèvent, chœurs spontanément harmonieux que ces anciens des divisions d'*Alpini*, ces montagnards et ces bûcherons reprennent, mêlant la mélancolie à la violence :

Là-haut sur la montagne, Drapeau noir,
Un partisan est mort en faisant la guerre,
Un Italien de plus s'en va sous la terre.
Il y trouve un Alpino mort en Russie.
Allemands et fascistes, hors d'Italie !
Morte est la pitié, morte est la pitié.

6.

« Partisan » : ce mot que chantent les résistants italiens, on l'entend aussi, en ces premiers mois de 1944 en France, dans les maquis d'Auvergne, de Dordogne, de l'Ain, sur le plateau des Glières, dans le massif du Vercors.

Les jeunes gens qui fuient le Service du Travail Obligatoire entonnent ce *Chant des partisans*, écrit par Maurice Druon et Joseph Kessel à Londres.

Ils sont tous deux d'origine russe et le mot évoque la « guerre » des partisans en Russie.

Ami, entends-tu
Le vol noir des corbeaux
Sur nos plaines ?
Ami, entends-tu
Les cris sourds du pays
Qu'on enchaîne ?
Ohé ! partisans [...]
À la balle ou au couteau
Tuez vite.

« Morte est la pitié », comme disent les partisans italiens.

Car l'occupation allemande se fait de plus en plus lourde.

Le Gauleiter Sauckel, chargé du recrutement de la main-d'œuvre dans les pays soumis, exige de la France 2 millions d'hommes, dont 300 000 doivent être transférés immédiatement dans ces premières semaines de janvier 1944. Il faut s'y opposer :

Montez de la mine,
Descendez des collines,
Camarades !

Mais les maquis sont en difficulté.

Un rapport de la Résistance souligne la « lassitude » des maquisards.

« Les chefs manquent – conséquence de la trahison des officiers. Les armes manquent. On constate le relâchement de la discipline, l'accroissement des coups de main inutiles, la dislocation de nombreux camps. »

Tom Morel – officier de chasseurs alpins – sent l'étreinte des Allemands se resserrer autour du plateau des Glières.

Les miliciens de Darnand, les GMR (Groupes Mobiles de Réserve), les gendarmes sont aux côtés des troupes allemandes.

Tom Morel est résolu à se battre.

« L'heure est venue en effet d'agir, écrit-il dès le 4 janvier 1944. Les événements se précipitent. Nous avons donc à passer encore de dures journées ; mais cela prouve que l'aurore s'éclaire et que le *fameux jour* ne va pas tarder à arriver. »

Deux semaines plus tard, lors de l'attaque d'une voiture allemande, Morel se trouve avec son pistolet enrayé en face d'un SS armé. Il bondit, roule sur le sol avec son adversaire, essaie de le désarmer, un maquisard se précipite, tue le SS à bout portant.

Une colonne blindée allemande, attaquée à son tour, réussit à progresser, à tuer trente maquisards, et subit des pertes.

En représailles, elle brûle hameaux et villages, exécute les maquisards faits prisonniers.

Jamais la répression n'a été aussi impitoyable.

Les Allemands veulent détruire cette Résistance armée, ces maquis, qui le « fameux jour », celui du débarquement allié, peuvent couper les voies de communication, prendre les Allemands à revers.

Alors, d'un bout à l'autre de la France, les Allemands – leurs soldats et leur Gestapo –, les miliciens, les GMR, les tortionnaires de la bande « Bonny-Lafont » (la Gestapo française installée à Paris, rue Lauriston) arrêtent, saccagent, torturent, déportent, tuent.

La Gestapo et la Milice sont bien renseignées.

Les rafles se multiplient à Lyon, à Paris.

« Pour nous tous, un coup de massue, dit un chef de la Résistance, au moins 70 arrestations. »

Darnand tient à Lyon une conférence de presse, pérorant, annonçant que « les forces du maintien de l'ordre ont décapité l'état-major du terrorisme en Zone Sud... Les patrons des terroristes étaient deux Juifs communistes qui se faisaient passer pour gaullistes. »

Mensonges : il s'agit du capitaine Fould et de l'historien Marc Bloch, professeur à la Sorbonne, tous deux sans attaches avec le Parti communiste.

Marc Bloch, arrêté début mars, sera fusillé le 16 juin 1944.

Ainsi, durant les trois premiers mois de 1944, la Résistance est frappée comme elle ne l'a jamais été depuis l'arrestation de Jean Moulin et du général Delestraint, en juin 1943.

Le 3 février 1944, Pierre Brossolette est arrêté, alors qu'à bord d'une grosse embarcation il tente de gagner l'Angleterre. La tempête a contraint l'équipage de cet esquif – *Jouet des flots* – à s'échouer.

Les gendarmes les arrêtent. Ils sont emprisonnés à Rennes.

Brossolette réussit d'abord à cacher son identité, mais l'arrestation d'un « courrier » à la frontière espagnole portant sur lui le récit du départ en bateau de Brossolette permet aux Allemands de l'identifier.

Pierre Brossolette se sait perdu : il connaît tout de l'organisation de la Résistance. Rien ne lui sera épargné. Conduit avenue Foch, au siège de la Gestapo, Brossolette trompe la surveillance des gardiens et se jette du cinquième étage dans le vide.

Il meurt à minuit le 22 mars 1944.

La Gestapo enverra son corps – avec d'autres cadavres – au Père-Lachaise, pour y être incinéré. Il n'est plus qu'une poignée de cendres anonymes.

Pour le seul mois de mars et pour les seules cours martiales de Darnand, 38 patriotes sont condamnés à mort et, après un simulacre de jugement, fusillés par les gardes mobiles.

Les Allemands organisent des « raids », dans les départements où les maquis se sont développés – Jura, Ain, Savoie, Haute-Savoie, Gard, Lozère, Ardèche, Dordogne, Corrèze, Haute-Vienne.

Les « tueurs » de la bande Bonny-Lafont les accompagnent, volent, violent, torturent, assassinent.

Quand deux officiers SS sont tués non loin de Brantôme, la ville est livrée aux tueurs de Bonny-Lafont, ces derniers paradant en uniforme d'officiers de la Gestapo.

Ils exécutent 25 otages, et multiplient les sévices.

Puis ils investissent Tulle, frappant les passants, terrorisant la population.

Aux côtés de Bonny et de Lafont, un « capitaine » Henry commande la « Waffen nord-africaine » composée de repris de justice, prêts à toutes les violences.

Fermes, hameaux brûlés, paysans fusillés, blessés achevés : pas un département de France n'échappe à cette terreur que les Allemands et leurs séides appliquent systématiquement.

Les morts sont enfouis dans la mémoire désespérée de leurs proches, mais ils sont trop humbles pour rester vivants dans l'histoire nationale.

Qui se souvient du massacre de tous les habitants du hameau des Crottes, près de la Bastide-de-Virac dans l'Ardèche ? Ils étaient 16, hommes, femmes et enfants.

Et qui se souvient des 17 pendus de Nîmes ?

« ... Traversant Nîmes à bicyclette pour retourner à Montpellier, raconte un résistant, j'ignorais tout des sauvages exécutions d'otages auxquelles les nazis venaient de procéder quelques heures plus tôt en divers points de la ville. C'est à la sortie du passage inférieur sous le viaduc du chemin de fer, en arrivant à Nîmes par la route d'Uzès, que j'ai vu les premiers cadavres de suppliciés. Six hommes avaient été poussés dans le vide par-dessus le parapet auquel avaient été fixées des cordes. Les jambes dépassaient très largement et chaque fois qu'un car ou un camion passait sous le viaduc, il les heurtait, imprimant aux corps un sinistre balancement. Les quelques passants se hâtaient, osant à peine lever les yeux. Les rares automobilistes arrivant de face freinaient brutalement, puis repartaient et passaient sous ce gibet improvisé.

« À la sortie de Nîmes, à l'embranchement de la route de Montpellier, six autres malheureux étaient pendus aux branches des grands arbres du boulevard Jean-Jaurès. Il y avait là, par contre, un petit groupe d'hommes et de femmes. Je leur appris qu'il y avait six autres pendus au viaduc de la route d'Uzès. L'un d'eux me dit qu'il venait d'en voir plusieurs à un autre viaduc de la ville.

« Nous devions apprendre par la suite que les corps étaient ainsi restés exposés jusqu'à une heure avancée de la nuit. »

Durant ces trois mois ensanglantés, les 22 *partisans* de la Main-d'Œuvre Immigrée (FTPF-MOI), dont le chef est l'Arménien Missak Manouchian, sont arrêtés et jugés. Ils sont étrangers, communistes, juifs pour 9 d'entre eux.

Les Allemands ont voulu un procès public, devant une cour martiale allemande, car ces partisans, par leur origine et leur appartenance politique, incarnent aux yeux des nazis ces

L'« affiche rouge », publiée par la propagande allemande au moment de l'exécution de 21 membres du groupe de résistants communistes immigrés Manouchian.

judéo-bolcheviks apatrides qui composent l'*Armée du crime*.

Sur une « affiche rouge », les portraits de 10 d'entre eux, « hirsutes menaçants », doivent révéler le vrai visage du terrorisme.

On attribue à Manouchian, « chef de bande : 56 attentats, 150 morts et 600 blessés. »

Ils sont exécutés le 21 février.

Une seule femme fait partie du groupe.

« Le recours en grâce de la Juive Golda Bancic, étudiante en philosophie, a été admis », précise le tribunal.

Transférée en Allemagne, Golda Bancic sera décapitée à la hache à Stuttgart le 10 mai 1944.

Aragon écrit, évoquant cette « affiche rouge » :

Vous aviez vos portraits sur les murs de nos villes
Noirs de barbe et de nuit hirsutes menaçants
L'affiche qui semblait une tache de sang
Parce qu'à prononcer vos noms sont difficiles
Y cherchait un effet de peur sur les passants.

Nul ne semblait vous voir Français de préférence
Les gens allaient sans yeux pour vous le jour durant
Mais à l'heure du couvre-feu des doigts errants
Avaient écrit sous vos photos MORTS POUR LA FRANCE
Et les mornes matins en étaient différents.

7.

Les « Morts pour la France » en ces premiers mois de l'année 1944 sont innombrables.

Chaque jour, des hommes et des femmes de tout âge, des enfants tombent sous les balles, ou périssent dans les flammes d'un bâtiment – ferme, hangar, église – où les tueurs – Allemands ou miliciens – les ont enfermés.

Il y a ceux dont l'occupant et ses assassins à sa solde affichent les visages et les noms.

On veut, on espère que ces corps identifiés vont hanter les Français.

Parfois, c'est toute la population d'un village qu'on massacre. Ou bien une centaine d'otages.

Les proches découvrent les corps pendus aux arbres, aux balcons, ou bien entassés dans des fossés, à la sortie de l'agglomération, ou abattus dans la cour d'une caserne, d'une école ou d'une prison.

Le 1er avril 1944, un train militaire allemand venant de Russie est détruit par les partisans, près de Lille.

Les SS investissent la ville d'Asq.

Ils hurlent, ils brisent, ils choisissent 86 habitants âgés de 15 à 76 ans et les fusillent, laissant les corps martyrs amoncelés.

Ils devraient, ces cadavres, effrayer, terroriser, contraindre à la soumission, à la passivité.

Au contraire, les maquisards, les partisans, les saboteurs, sont de plus en plus nombreux, de plus en plus audacieux.

Les prisonniers se révoltent dans les prisons où l'ennemi les entasse en attendant de les fusiller ou de les déporter. Une escadrille de *Mosquitos* de la RAF bombarde, au ras des toits, en exécution d'un plan minutieux, la prison d'Amiens dont les détenus s'évadent : c'est le 15 février 1944, la réussite de l'opération *Jéricho*.

C'est nous qui brisons les barreaux des prisons pour nos frères, dit le troisième couplet du *Chant des partisans*.

Quatre jours plus tard, 19 février 1944, les résistants enfermés dans la prison d'Eysses – à Villeneuve-sur-Lot – se rebellent.

Ils se heurtent aux miliciens de Darnand et aux gardes mobiles.

Ils ne peuvent s'évader. Ils négocient leur reddition dont les termes sont acceptés par les miliciens qui, une fois les détenus désarmés, les condamnent à mort, fusillant le chef militaire de la révolte attaché sur son brancard, grièvement blessé. Les gardes mobiles ont constitué le peloton d'exécution.

Dans cette guerre, il n'y a plus qu'une seule règle : on tue. Les miliciens se présentent dans les prisons – ainsi à Toulouse –, choisissent les détenus, constituent une cour martiale, jugent et tuent.

Et des milliers d'autres martyrs meurent pour la France, dans les camps de concentration d'Allemagne – Dachau, Mauthausen, Buchenwald et tant d'autres, dont en Alsace celui du Struthof. Ils disparaissent dans ces abîmes où l'on survit par miracle, dans cette *Nacht* et ce *Nebel* – cette Nuit et ce Brouillard.

D'autres sont décapités à la hache, dans les prisons de Berlin ou de Cologne.

Et d'autres, comme le poète Max Jacob, meurent d'épuisement, de faim et des milliers tombent sous les coups de gourdin des *kapos* et des SS.

Et il y a ceux qui disparaissent à Auschwitz.

Le 6 avril 1944, la Gestapo de Lyon, que commande Klaus Barbie, arrête à Izieu 44 enfants et 7 adultes juifs. Ils sont internés à Drancy avant d'être exterminés à Auschwitz.

Klaus Barbie, chef de la Gestapo à Lyon de 1942 à 1944.

En ce début d'année 1944, alors qu'on est persuadé que le Débarquement aura lieu dans quelques mois, chacun comprend qu'il faut s'unir, se battre, que là est le devoir, là est le salut.

Les différentes organisations de la Résistance armée se regroupent en des Forces Françaises de l'Intérieur (FFI). À leur tête, à Londres, le général Koenig, le héros de la bataille de Bir-Hakeim.

Nombreux sont les Juifs qui se battent dans la Résistance au sein de la Main-d'Œuvre Immigrée (MOI). D'autres créent l'Organisation Juive de Combat (OJC). Et les différentes institutions juives se regroupent en un Conseil Représentatif des Israélites de France (CRIF).

La France ainsi se rassemble.

1944 n'est pas l'année de la guerre civile entre deux fractions du peuple français, mais la lutte de la France contre la poignée de ceux qui servent l'ennemi.

À Alger, le Comité Français de Libération Nationale (CFLN) s'élargit à tous les courants politiques du pays, des modérés aux communistes.

De Gaulle déclare le 4 avril 1944 :

« Tous sont groupés autour de moi pour faire une seule et même politique, dont les articles sont : la guerre aux côtés de tous nos alliés, l'indépendance souveraine, l'indépendance complète du pays, la libération totale et la grandeur de la France...

« Achevons de nous unir dans cette sainte et juste guerre ! Alors notre victoire française nous paiera de ce que nous aurons souffert. »

8.

À Vichy, en ces premiers mois de 1944, Pétain, Laval, leurs entourages et les hommes qui prétendent encore être ministres d'un gouvernement français mesurent leur isolement.

Ils n'osent même plus proclamer qu'ils souhaitent la victoire de l'Allemagne, ou qu'ils la croient possible. Laval répète d'un ton las :

« Je ne dis pas que l'armée allemande battra les autres, je dis qu'elle ne sera pas battue. »

Et il échafaude de mirifiques manœuvres qui conduiraient à une paix de compromis.

En même temps, il annonce, si les Français se révoltent contre l'occupant, des « ripostes cruelles ».

Il félicite Joseph Darnand pour les actions de la Milice. Et Pétain ne désavoue pas ces complices des SS, ces tueurs.

Laval est informé des instructions envoyées par le Sturmführer SS Leicht, commandant général de la police militaire, à tous les officiers de la police militaire secrète. En cas de danger de guerre, la Gestapo arrêtera immédiatement tous les suspects. Tous les civils de 16 à 50 ans doivent être affectés à une formation de travail. Ceux qui s'y refusent seront arrêtés, déportés ou exécutés.

Le dernier point de ces directives précise :

« Prendre contact avec la Milice et prise de commandement de ses chefs dans leur grade de la Waffen-SS ou le grade qu'ils peuvent avoir comme agents appointés de la Gestapo. »

La Kommandantur prépare le texte des affiches à apposer s'il y a débarquement.

Mesures draconiennes :

« Il est interdit de quitter son domicile sans l'ordre des autorités militaires… Tout civil qui en quelque façon que ce soit prêtera assistance à l'ennemi sera traité en franc-tireur. »

C'est-à-dire exécuté.

Pétain, mis au courant de ces préparatifs allemands, oscille devant les exigences allemandes. Les nazis veulent aussi que Marcel Déat entre au gouvernement.

Pétain refuse.

« Déat a tout sali, dit le Maréchal, armée, marine, religion. Il traite Vichy de pourrissoir. »

Mais le conseiller diplomatique du Führer, Renthe-Fink, reçu par le Maréchal est hautain et intraitable :

« J'ai des choses déplaisantes à vous dire aujourd'hui, monsieur le Maréchal. Le gouvernement allemand attache une grande importance à l'entrée de M. Déat dans le ministère.

— Mais c'est un homme universellement détesté en France. S'il entre au gouvernement, je me retire », répond Pétain.

« On ne retient pas le Maréchal », confie Renthe-Fink.

Averti, le Maréchal change d'opinion.

« Si je me retire, les Allemands ne me laisseront pas longtemps libre, ils m'emmèneront en Allemagne.

« Et ce serait faciliter les exactions nazies », analyse Pétain.

Donc, il s'incline, mais il ne signera pas la nomination de Marcel Déat, qui devient secrétaire d'État au Travail et à la Solidarité nationale.

Le gouvernement Laval, accepté de fait par Pétain, est celui des ultras de la collaboration, du Waffen-SS Darnand, chargé du maintien de l'ordre, au national-socialiste Marcel Déat, et au milicien Philippe Henriot.

Jacques Doriot n'en fait pas partie, mais il a été décoré sur le front de l'Est, de la croix de fer de la 1re classe !

En 1944, le choix est radical : pour ou contre les nazis. Et c'est sa vie qu'on met en jeu.

À Vichy, on apprend que Pierre Pucheu, ancien ministre de l'Intérieur de Pétain, ayant choisi dès 1943 de gagner l'Afrique du Nord afin de s'enrôler dans l'armée française et de combattre les Allemands, a été condamné à mort et exécuté le 20 mars 1944.

Le général Giraud avait donné son accord à Pucheu sous condition d'anonymat et de discrétion de la part de l'ancien ministre arrivé au Maroc le 6 mai 1943.

Pucheu n'a pas respecté cette condition. Et la Résistance s'enflamme. Pucheu a joué un rôle décisif dans la répression vichyste. Il aurait, assurent les communistes, participé au choix des otages fusillés par les Allemands en sélectionnant les communistes. Le Conseil National de la Résistance exige sa condamnation à mort et son exécution.

La Cour – qui n'a pu produire des preuves accablantes – demande de surseoir à l'exécution. Le général Giraud prêche pour la clémence en rappelant que Pucheu n'est venu en Afrique du Nord qu'avec son accord.

De Gaulle qui détient le droit de grâce convient qu'il s'agit d'« un procès politique ».

« L'État a besoin d'exemples rapides », dit-il.

Il écrit à Giraud après avoir refusé la grâce.

« La décision a été prise d'après la raison d'État dont le gouvernement responsable de l'État est le seul juge qualifié. »

De Gaulle a assuré aux avocats :

« J'ai des enfants. Je ferai personnellement, j'insiste, personnellement, tout ce que je pourrai humainement faire pour assurer l'éducation morale et physique de ses enfants, je ferai tout pour qu'ils n'aient pas à souffrir trop de la décision que je peux être appelé à prendre. »

Pucheu meurt avec courage, commandant lui-même le peloton d'exécution, accusant Giraud de l'avoir trompé.

« Je ne veux qu'aucun gradé français, autre que le général Giraud, commande ce crime. »

L'exécution de Pucheu signifie qu'il n'y aura pas de compromis, de transition concertée entre Vichy et la République, réussissant à écarter de Gaulle au bénéfice de Giraud.

Giraud, et la plupart des officiers de l'« armée d'Afrique », qui ont été fidèles au maréchal Pétain, sont, de fait, hostiles à de Gaulle et espèrent donc cette transition de Pétain à Giraud. Ils espèrent l'appui de Churchill et de Roosevelt.

Une lettre de Giraud, interceptée par les services secrets « gaullistes », confirme ses intentions.

« Actuellement, la situation est claire. Le général de Gaulle est le dictateur de demain, avec un état-major de communistes, de socialistes et de Juifs. Il sera constamment obligé de donner des gages à gauche, en attendant qu'il soit dévoré par ses partisans.

Sur le front italien, le commandant d'un hôpital d'évacuation français *(à gauche)* salue Henri Giraud *(au centre)* et le maréchal Juin *(à droite)* en janvier 1944.

« Le général Giraud n'a pas voulu se solidariser avec un pareil personnel. Il est convaincu que la France ne veut ni d'un dictateur ni du Front populaire. Il est très sincèrement républicain, mais avec une république à base de gens propres et sans juiverie. Si un gouvernement non asservi à l'Allemagne se forme en France sur cette base, il est tout prêt à lui apporter son expérience et son activité. »

Mais il est trop tard pour le général Giraud.

L'arrestation de Pucheu, et sa condamnation, les propos tenus par l'ancien ministre de l'Intérieur de Vichy devant le peloton d'exécution accusant Giraud de ne pas avoir tenu ses engagements ont discrédité le général.

Les communistes qui le soutenaient discrètement pour affaiblir de Gaulle ne protestent pas quand, le 4 avril 1944, de Gaulle le démet de ses fonctions de commandant en chef. Giraud refuse l'Inspection Générale des Armées que lui propose de Gaulle, et se retire.

L'éloge que de Gaulle fait de Giraud, lors d'une conférence de presse tenue à Alger le 21 avril 1944, ne trompe personne.

Ces couronnes de mots magnifiques – carrière militaire, évasion légendaire de la forteresse allemande de Koenigstein – sont déposées sur le cercueil d'une ambition politique.

Et chacun voit bien que de Gaulle a écarté un dernier obstacle dans sa marche vers le pouvoir d'après la Libération.

Les journalistes lors de cette conférence de presse l'interrogent à ce sujet :

« On a prétexté, au sujet des réserves et des réticences alliées sur le Comité Français de Libération Nationale (CFLN) et son président, la crainte de voir s'établir votre dictature en France après la Libération ?

— C'est là une vieille histoire ! répond de Gaulle. Quelques-uns ont dit que le général de Gaulle veut être dictateur. D'autres que le général de Gaulle veut rétablir la IIIe République avec les hommes du passé. D'autres encore affirment que le général de Gaulle va livrer la France au communisme. Quelques-uns disent que le général de Gaulle est l'homme des Américains ou des Anglais ou de Staline. Peut-être un jour toutes ces contradictions s'accorderont-elles. En attendant, je ne me fatiguerai pas à leur répondre. Les Français n'accepteraient aucune dictature française, *a fortiori*, je vous le garantis, aucune dictature étrangère. Mais les Français veulent que leur gouvernement les gouverne. C'est ce qu'il s'efforce de faire. »

9.

De Gaulle ne s'illusionne pas. Il n'est pas homme à se payer de mots.

De Gaulle sait, en ce printemps 1944, que ce n'est pas le Gouvernement Provisoire qu'il préside à Alger qui gouverne la France.

Le pouvoir de fait, ce sont les divisions de la Wehrmacht et des SS, et la Milice de Joseph Darnand qui le détiennent.

Dans l'ombre certes, les Forces Françaises de l'Intérieur (FFI) – groupes francs, francs-tireurs et partisans, maquisards – tissent leur toile et se préparent à soutenir les forces alliées qui débarqueront en déclenchant l'insurrection nationale.

C'est ce mouvement qui embrasserait tout le pays que veut empêcher l'occupant en déportant, en tuant, en brisant les maquis. En serrant la France à la gorge afin qu'elle ne puisse même pas pousser un cri de révolte.

Jamais la répression n'a été aussi féroce.

Le 25 mars, les habitants de la zone côtière méditerranéenne sont chassés par les Allemands et des convois d'évacués partent vers le Massif central.

« Je comprends et je partage leurs soucis, leurs inquiétudes », déclare Pétain qui n'est plus qu'un fantoche de 88 ans qui a capitulé.

Le conseiller diplomatique du Führer présente chaque jour au Maréchal de nouvelles exigences, lui répète que le

Feldmarschall von Rundstedt et le ministre Ribbentrop lui demandent d'enregistrer une allocution aux Français afin qu'elle soit radiodiffusée le jour du Débarquement allié.

Pétain refuse d'abord puis, comme à l'habitude, se soumet et accepte de lire ces phrases « allemandes ».

« Français, quiconque parmi vous, fonctionnaire ou simple citoyen, participe aux groupes de résistance compromet l'avenir du pays. »

De la même voix chevrotante, Pétain prononce ces mots qui arrache tous les masques, et montrent qu'il n'est plus qu'une marionnette des nazis :

« Quand la tragédie actuelle aura pris fin et que, grâce à la défense de notre continent par l'Allemagne et aux efforts de l'Europe, notre civilisation sera définitivement à l'abri du danger que fait peser sur elle le bolchevisme, l'heure viendra où la France retrouvera et affirmera sa place. »

Cette collaboration avec l'Allemagne, en 1944, les Français savent ce qu'elle implique.

Au mois de mars, la police parisienne arrête 4 746 personnes, soupçonnées d'appartenir à des réseaux de résistance. Et nombre d'entre elles seront remises aux nazis. La Gestapo arrête de hauts fonctionnaires (13 préfets), déporte les familles des personnalités de la Résistance. Et la Wehrmacht, les divisions SS, les miliciens de Darnand fusillent, pendent après avoir brûlé fermes et villages.

Ils sont des centaines, ces Français qu'on assassine. Ainsi ces habitants du village de Frayssinet-le-Gélat, dans le Lot, dont 10 hommes sont fusillés et 3 femmes pendues.

Cependant, Pétain recevant le secrétaire d'État au Maintien de l'ordre, Darnand, par ailleurs Waffen-SS, chef de cette Milice qui torture et tue, lui déclare sur un ton paternel :

« Vous agissez comme moi avec les mutins de 1917. »

De son côté, Laval, réunissant des chefs de la Milice, exalte leur action :

« Ce que j'aime en vous, c'est la franchise de votre attitude, dit-il. Je marche en plein accord, en accord total avec Darnand… Quelle que soit votre origine, je veux que vous soyez fondus dans une même cellule milicienne. »

Laval s'avance vers les chefs miliciens, bras écartés.

« Je veux avoir conscience quand je tomberai dans l'oubli éternel que je n'ai pas fait de mal à la France et que je l'ai bien servie, déclare-t-il, d'une voix vibrante. Je l'ai servie au maximum, au risque de ma vie. »

Il noue ses mains sur sa poitrine, comme pour une prière :

« La France est un grand pays, il faut qu'il reste un beau pays, dit-il. Je voudrais, si cela était possible, totaliser, à moi tout seul, le sacrifice de nous tous pour que vive la France. »

Joseph Darnand, fondateur de la Milice, aux obsèques des GMR en février 1944.

Pendant que Pierre Laval présente sa politique de collaboration, de répression, de trahison comme si elle était une mystique, les miliciens, les mercenaires des Groupes Mobiles de Réserve (GMR), associés à des unités de la Wehrmacht, achèvent les maquisards blessés du plateau des Glières.

Ils encerclent ces 467 hommes depuis la mi-février.

Ils sont près de 20 000, lourdement armés. Les officiers « français » des GMR ont fait mine de conclure un accord avec les maquisards. Ils ne l'ont pas respecté et le chef du maquis, le lieutenant Tom Morel, est abattu traîtreusement par un commandant des GMR.

Au même moment, la Royal Air Force parachute sur le plateau 90 tonnes d'armes avec munitions : de quoi équiper 4 000 hommes !

Parachutage « trop abondant, analyse un chef maquisard… Nous perdons, en refusant d'abandonner cet arsenal, notre liberté d'action et de mouvement, c'est-à-dire la principale force d'une troupe de maquisards, agiles par définition ».

Le 18 mars, le capitaine de chasseurs alpins, Anjot, est désigné par le commandant de l'Armée secrète pour prendre la relève de Tom Morel.

Les Allemands ont engagé près de 15 000 hommes, appuyés par la Luftwaffe. La Milice participe à l'assaut.

Le 26 au soir, Anjot donne l'ordre de « décrochage ». Il sera tué le 27, et avec lui la plupart des officiers.

Après neuf jours de bataille, Allemands et miliciens commencent une impitoyable chasse à l'homme.

Il n'y aura que peu de survivants, mais, comme le dit le chef des maquis de l'Ain, Romans-Petit, « si l'épopée des Glières est une défaite des armes, elle est une victoire des âmes ».

10.

« Allô, ceux des Glières, merci ! »

Maurice Schumann, d'une voix vibrante, vient d'exalter à la BBC le courage, l'héroïsme et le sacrifice de ces jeunes combattants tombés face aux Allemands et aux miliciens de Darnand.

Il ne dira pas que ce responsable du Maintien de l'ordre, ce Waffen-SS qui a prêté serment à Hitler, et dont les miliciens qu'il commande ont perpétré tant de crimes déjà, vient de faire parvenir à Londres la proposition de rejoindre une unité de la France Combattante !

C'est le temps des troubles. Les hommes qui ont choisi la collaboration, parfois par l'effet d'un patriotisme dévoyé, aveuglés qu'ils étaient par la haine des Juifs et des communistes, tentent de retirer leurs mises en rejoignant ceux qu'ils ont dénoncés, pourchassés, torturés, tués.

Pierre Pucheu, devant ses juges, dit :

« Celui-là qui porte aujourd'hui l'espérance suprême de la France, ce général de Gaulle, si ma vie peut lui servir dans la mission qu'il accomplit, qu'il prenne ma vie, je la lui donne. »

« Si je l'avais gracié, commente de Gaulle, les criminels de cette nature prendraient tous le chemin d'Alger. Nos prisons se rempliraient et leurs locataires attendraient paisiblement la fin de la guerre et l'oubli ! »

Il faut juger les hommes non à leurs intentions mais à leurs actes, pense de Gaulle.

« Quoi qu'ils aient cru, quoi qu'ils aient voulu, dit-il, il ne saurait, aux uns et aux autres, être rendu que suivant leurs œuvres. Mais ensuite ? Ensuite ? Ah ! que Dieu juge toutes les âmes ! Que la France enterre tous les corps ! »

Il faut se souvenir d'abord des martyrs de la Résistance, un Jean Moulin, un Brossolette, ceux des Glières, le lieutenant Tom Morel et le capitaine Anjot, et tant d'autres tels le philosophe Jean Cavaillès, l'historien Marc Bloch et ceux qui – comme la nièce de Charles de Gaulle, Geneviève de Gaulle – survivent peut-être encore dans les « camps de la mort ».

De Gaulle monte à la tribune de l'Assemblée consultative à Alger et, d'une voix émue, il dit :

« La Résistance française, dans la nuit de son cachot, dans les ténèbres de la clandestinité, peut dire ce que disait le martyr devant le tyran : "Ma nuit n'a pas d'ombre." »

Mais il y a tous ceux qui n'ont pas choisi l'engagement, qui ont vécu au jour le jour, emprisonnés par les contraintes de la vie quotidienne : se nourrir, protéger les siens. Ceux-là ont cru longtemps à tous les mensonges. Beaucoup y croient encore.

« On ne gouvernera jamais qu'avec les Français », dit de Gaulle à Georges Boris, l'un de ses premiers compagnons.

Il hésite, puis il ajoute :

« Ils ont été pétainistes. »

Les badauds, à Vichy, applaudissent le dimanche le maréchal Pétain quand il assiste à la relève de la garde, sur le seuil de l'hôtel du Parc, puis au lever des couleurs.

Des jeunes filles s'avancent, lui offrent de jolis bouquets – exprimant de façon touchante la vénération de la population « tout entière », peut-on lire dans les journaux.

Un autre article décrit avec des accents martiaux la parade militaire de la garde du Maréchal : « ... venaient en tête les motocyclistes, leurs mitrailleuses pointées, le chef debout dans le side-car... »

Images factices, scènes d'opérette : la France est bombardée chaque jour. Le peuple a faim. La mort rôde. Et Pétain joue son rôle avec de brefs instants d'agacement, de mauvaise humeur qui ne vont jamais jusqu'à la résistance déterminée aux Allemands.

« J'en ai assez de cette vie, confie-t-il. Il me faudrait une semaine de calme. Je ne pourrai durer indéfiniment. Je suis en prison, je ne peux pas réfléchir. Je ne comprends plus ce que je lis. Ce n'est pas une vie. »

Il est vrai que l'hôtel du Parc est une forteresse. Chaque soir, des gardes armés vérifient et ferment toutes les issues. Les Allemands redoutent que les maquisards n'enlèvent Pétain. Ils ne savent pas que Pétain a refusé de fuir Vichy.

Ils ignorent aussi – comme Laval et les ministres – que Pétain veut gagner Paris pour assister à la messe que le cardinal Suhard célébrera en souvenir des nombreuses victimes des bombardements alliés.

Une foule de plusieurs milliers de personnes s'est rassemblée le 26 avril sur la place de l'Hôtel-de-Ville où se rend Pétain après la messe à Notre-Dame.

Le maréchal Pétain à la sortie de la messe
à Notre-Dame de Paris en compagnie du cardinal Suhard.

Ovations. Émotion. Pétain improvise un bref discours. La foule est saisie par cette voix tremblante et fragile qui touche en ces temps de violence. Et la faiblesse de Pétain garantit sa sincérité.

« Mesdames, messieurs, commence Pétain.

« Je viens vous faire une visite. Je ne peux pas m'adresser à chacun de vous en particulier, c'est impossible, vous êtes trop nombreux, mais je ne voulais pas passer à Paris sans venir vous saluer, sans venir me rappeler à votre bon souvenir.

« Je suis venu ici pour vous soulager de tous les maux qui planent sur Paris, j'en suis encore très attristé.

« Mais c'est une première visite que je vous fais... J'espère bien que je pourrai venir facilement à Paris sans être obligé de prévenir mes gardiens. Je viendrai tout à l'aise... Je pense beaucoup à vous... Soyez sûrs que dès que je pourrai je viendrai et alors ce sera une visite officielle. Alors, à bientôt j'espère... »

Une hésitante et timide *Marseillaise* s'élève quelques instants puis retombe.

Les Allemands fabriquent la version « officielle » de ce discours. Ils y ont glissé le nom de Pierre Laval.

Et ils tirent la leçon de ce voyage, qui a permis à Pétain, en quelques mots, de se présenter en « prisonnier », de réorganiser son espace politique. Ils veulent isoler le Maréchal de ses conseillers, et le dimanche 7 mai 1944, un long cortège de 19 voitures – 12 chargées de policiers allemands – le conduit au château de Voisins, en Île-de-France.

Désormais, il n'est plus maître du choix de sa résidence.

Il négocie avec les Allemands le texte d'un communiqué qui marquera son opposition à ce déplacement.

« Le motif invoqué est la sûreté de sa personne... Devant l'exigence qui lui est présentée et en raison des circonstances, le Maréchal se rendra cependant dans les environs de Paris. Mais le siège du gouvernement reste toujours à Vichy où le Maréchal reviendra dès que les circonstances qui motivent son éloignement auront cessé d'exister. »

Ce même dimanche 7 mai, à Tunis, devant une foule immense, de Gaulle déclare :

« Nous savons où est la France. Nous savons qu'elle est dans un peuple ouvertement ou secrètement dressé contre l'envahisseur. À ceux qui n'auraient pas les mêmes certitudes… nous leur proposons de venir demain avec nous aux rendez-vous du peuple de France… dans n'importe lesquels de nos villes et de nos villages une fois délivrés ou enfin quelque part entre l'arc de triomphe de l'Étoile et Notre-Dame de Paris. »

11.

De Gaulle a plusieurs fois imaginé depuis les mois noirs de mai et de juin 1940 ce jour où, mêlé au peuple de Paris, il descendrait les Champs-Élysées.

Les vers d'Edmond Rostand, lus, appris durant son adolescence, lui viennent encore en mémoire :

Je ne veux que voir la victoire !
Ne me demandez pas : « Après ? »
Après, je veux bien la nuit noire
Et le sommeil sous les cyprès !

Il les murmure en ce mois de mai 1944, alors qu'il inspecte les troupes françaises déployées sur le front italien, le long du Garigliano.

Elles sont commandées par les généraux Montsabert et Juin. Ce dernier, que de Gaulle a connu à Saint-Cyr, s'est longtemps, trop longtemps, rangé derrière le maréchal Pétain et l'amiral Darlan.

Mais aujourd'hui Juin mène ses troupes à l'assaut des défenses allemandes et s'il les perce la route de Rome est ouverte.

Dans une guerre, la légitimité d'une nation se conquiert par sa participation aux combats.

C'est pourquoi de Gaulle a voulu qu'il y ait des troupes françaises sur chaque champ de bataille.

De Gaulle a fait Compagnon de la Libération le régiment de chasse aérien *Normandie* qui, doté d'une cinquantaine d'appareils, livre bataille dans le ciel de Russie, dans la région d'Orel, du Niémen.

Cette escadrille *Normandie-Niémen* s'est distinguée par le courage de ses pilotes, Pouliquen, Tulasne, Armand, sur ce terrible front de l'Est, où s'est jouée en 1942-1943 la guerre.

Et dans l'attente du second front, c'est encore en Russie que les combats décisifs ont lieu.

Hitler, même s'il déclare que dès le Débarquement allié – l'« invasion », disent les Allemands –, le front de l'Ouest sera déterminant, sait bien que l'armée Rouge est le péril majeur.

Toutes les nations de l'Europe centrale, Roumanie, Hongrie, Yougoslavie, un temps alliées, cherchent, devant les victoires russes, à se dégager de l'Alliance allemande.

La Roumanie l'a déjà fait : les divisions roumaines ont déserté et se sont rangées du côté russe.

Les peuples de Yougoslavie se sont divisés. Les Serbes combattent la Wehrmacht, et les Croates les Serbes. Là, dans ces Balkans, se livrent des luttes sauvages. Les musulmans ont constitué des divisions commandées par des officiers allemands et se conduisent avec férocité.

Reste la Hongrie, dirigée par le régent Horthy.

De nombreux signes indiquent qu'elle s'apprête à changer de camp.

Le 18 mars 1944, Hitler convoque Horthy à Klessheim.

Le Führer est brutal.

L'amiral Horty, homme d'État hongrois.

La Hongrie, dit-il, occupe une place cruciale dans la lutte contre le bolchevisme. Le Reich a besoin de l'essence qu'elle produit. Mais là n'est pas le plus important : 600 000 Juifs vivent tranquillement en Hongrie. Ils ont « enjuivé » le pays ! Ils sont une menace pour le Reich, pour l'Europe.

« Demain, 19 mars, dit Hitler mettant fin à l'entretien, la Wehrmacht occupera la Hongrie. Ou bien le régent Horthy s'incline et l'occupation se fera sans effusion de sang, ou bien... »

Horthy se soumet.

Le régent n'a pas le choix.

Le train qui le ramène à Budapest est suivi par des convois de troupes allemandes.

Eichmann et son « Unité d'intervention spéciale de Hongrie » arrivent à Budapest dès ce 19 mars 1944.

Himmler vient de répéter aux officiers SS qu'il a réunis :

« Il faut exterminer la juiverie avec armes et bagages. C'est certainement la solution la plus cohérente, même si elle est aussi la plus brutale.

« La plupart d'entre vous savent ce que ça veut dire, 100 cadavres côte à côte ou 500 000 couchés là. Avoir continué à le faire jusqu'au bout et – à part une poignée d'exceptions dues à la faiblesse humaine – être restés corrects, c'est ce qui nous a trempés.

« Car nous devons assumer la responsabilité de résoudre complètement cette question pour notre époque. »

Il suffit de quelques jours pour que la machine à exterminer se mette à tourner.

Les SS et les hommes de Eichmann ne sont qu'une poignée, mais la gendarmerie hongroise – sous l'œil compréhensif, approbateur de la population – est à leur service et agit avec célérité et même enthousiasme.

Le port de l'étoile jaune est rendu obligatoire.

La Gestapo arrête à Budapest plusieurs milliers de Juifs appartenant à l'élite sociale. Des camps de concentration sont ouverts en Autriche.

Dans les provinces hongroises, on crée des ghettos et des camps. Et le 14 mai 1944 partent les premiers convois pour Auschwitz.

Le « Conseil juif », créé par les nazis pour représenter la communauté juive, sait – et des milliers de Juifs savent – ce qu'il advient à Auschwitz.

Des évadés du camp d'extermination ont établi un « Protocole d'Auschwitz » détaillé, décrivant les étapes qui conduisent aux chambres à gaz.

Les services hongrois de la BBC ont, à plusieurs reprises, diffusé ces informations.

Mais que faire ?

Huit mille Juifs proches des membres du Conseil réussissent grâce à leurs relations à fuir la Hongrie.

Mais 438 000 Juifs, en quelques semaines, sont envoyés à Auschwitz.

Les Hongrois arrivent par trains entiers, deux ou trois par jour. Presque tous les convois aboutissent directement aux chambres à gaz, car les camps de travail sont pleins. Dès lors, les crématoires sont sous pression. On y brûle jusqu'à 40 000 cadavres par jour.

Les cheminées laissent échapper des flammes de dix mètres, visibles la nuit à des lieues à la ronde. Et flotte dans l'air une odeur entêtante de chair brûlée.

On brûle les corps dans des fosses en plein air.

Höss, le commandant du camp d'Auschwitz, explique d'une voix calme :

« Il fallait attiser le feu dans les fosses, vider l'excès de graisse et retourner constamment la montagne de cadavres en sorte que le courant d'air attise les flammes. »

Trois cent quatre-vingt-quatorze mille Juifs hongrois ont été gazés dès leur arrivée à Auschwitz.

12.

L'odeur de mort ne flotte pas seulement autour d'Auschwitz.

Les soldats russes qui, dans leur offensive du printemps 1944, approchent d'Odessa, puis de Sébastopol, chassant les Allemands de toute la Crimée, reconnaissent cette puanteur de chair morte dans chaque village, le long des routes.

« Le général Koniev a des principes bien établis quant aux cadavres, dit le major Kampov : il faut s'en débarrasser dans les trois jours en hiver, dans les quarante-huit heures en été. »

Mais aux cadavres de soldats – russes et allemands – se mêlent ceux de milliers de chevaux, se décomposant au bord des routes, ces « fleuves » de boue.

Respirer cet air « pourri » donne envie de vomir.

Marcher dans cette boue est un calvaire.

« Des coussins d'une livre de boue collent aux bottes des soldats, raconte Vassili Grossman. Parfois, ils ne parcourent pas plus d'un kilomètre en une heure tellement ce chemin est pénible. Il n'y a pas un endroit sec à des dizaines de kilomètres à la ronde et pour souffler ou se déchausser les soldats s'asseyent dans la boue.

« Les servants de mortiers font route à côté des fusiliers, chacun portant sur soi une demi-douzaine de bombes accrochées avec des ficelles sur le dos et sur la poitrine.

« Peu importe, disent les soldats, pour les Allemands c'est encore pire, pour les Allemands c'est la fin. »

Mais la boue ne recouvre pas les cadavres, elle les emprisonne, elle colle à eux comme un sarcophage. Elle décompose les chairs qui se confondent dans les fosses communes. Car les Allemands ont massacré les Juifs de chaque ville et de chaque village.

Ils se sont conduits en bourreaux, en propriétaires d'esclaves.

« Je connais un village, témoigne un paysan où le SS ordonnait au *starosta* – le "maire" nommé par les Allemands et dont le SS est le maître – de lui procurer chaque nuit des jeunes filles, y compris des filles de 13 ou 14 ans. »

Le 10 avril, les Russes entrent à Odessa.

Les Allemands ont eu le temps de transformer en amas de décombres le port, la plupart des usines et plusieurs grands immeubles.

Ils ont fait sauter les conduites d'eau, les centrales électriques. Il faut creuser des puits pour avoir de l'eau !

Le correspondant du *Sunday Times*, Alexander Werth, écrit que la ville « n'est plus tout à fait l'Odessa que j'ai connue jadis ».

C'est une ville sans Juifs, alors que leur importante communauté avait joué un rôle essentiel dans le développement du grand port de la mer Noire. Ils ont été déportés, abattus, pendus, exterminés.

Certains se sont réfugiés dans les catacombes de la ville, là où se sont aussi terrés les « partisans », et les déserteurs de la Wehrmacht, Alsaciens, Polonais, Slovaques.

Dans ces souterrains où s'abritaient quelques milliers de partisans, plusieurs nids de mitrailleuses défendaient l'accès des couloirs principaux, les vivres de secours, les puits et les dépôts d'armes.

Mais c'est l'armée Rouge et non les « partisans des catacombes » qui ont libéré la ville.

Et après quelques jours, les Russes lancent une nouvelle offensive dont le but est la reconquête de la Crimée et de Sébastopol, cet autre grand port de la mer Noire.

Dans son Grand Quartier Général, Hitler laisse éclater sa colère.

Le colonel-général Jeanicke vient d'oser dire qu'il ne peut pas tenir Sébastopol.

Les Russes, argumente-t-il, disposent de 470 000 hommes, d'un matériel considérable. Leur flotte contrôle la mer Noire et on ne pourra évacuer les troupes. Pas de Dunkerque possible à Sébastopol.

Nous sommes 50 000, dit Jeanicke.

Hitler hurle. Qui parle de Dunkerque !

La Crimée, dit-il, a été le « dernier bastion des Goths ». Il compte même finir ses jours, après la victoire, dans le Palais des Tsars !

Il ne veut pas que la Crimée devienne le porte-avions de la Russie d'où l'on s'envolera pour frapper l'Allemagne et les puits de pétrole roumains de Ploiesti.

Jeanicke est limogé.

Le colonel-général claque les talons et rédige aussitôt un message d'adieu à ses hommes.

« Le Führer m'a appelé à d'autres fonctions. Je dois donc dire un adieu amer à mon armée.

« C'est avec une profonde émotion que je me souviendrai de votre courage exemplaire.

« Le Führer vous a confié un devoir d'une importance historique.

« La XVIIe armée tient Sébastopol et à Sébastopol les Soviets seront taillés en pièces. »

Le 5 mai, les Russes attaquent la crête de Sapoun, une colline qui domine d'une soixantaine de mètres Sébastopol. C'est « la clé de Sébastopol ».

L'armée Rouge écrase ses défenseurs sous le feu de centaines de mortiers. Les bombardements aériens durent plusieurs heures. Puis, les lignes de tranchées ayant été bouleversées, transformées en fosses, l'infanterie lance son « Hourra ! ».

Les pertes sont de part et d'autre considérables.

Le 9 mai, Hitler se résigne à donner l'ordre d'évacuation. Il est trop tard. Les 50 000 Allemands laissés dans l'enceinte de la ville sont condamnés à mourir.

De petits navires allemands s'approchent des côtes et tentent d'évacuer les soldats pris au piège. Mais ils sont coulés par les Russes. L'aviation mitraille les radeaux sur lesquels les Allemands essaient de fuir.

L'artillerie pilonne les défenseurs qui commencent à se rendre par groupes.

Des milliers de blessés agonisent sur le promontoire de Sébastopol. Sept cent cinquante SS s'y sont rassemblés autour du phare et refusent de se rendre.

Ceux qui ne sont pas tués par les Russes se suicident.

Ici, à Sébastopol, dans toute la Crimée, on a le sentiment de piétiner des épaisseurs d'ossements : ceux de la guerre de 1855, ceux de la révolte de la flotte de la mer Noire – en 1905 –, ceux de 1917 et de 1920, et ceux de 1941-1942, lors du siège de Sébastopol par les nazis.

Et il y avait eu les victimes de la Gestapo, dont les policiers étaient assistés par les Tatars de la Crimée, hostiles aux Russes.

Ces Tatars désignent aux Allemands les soldats russes qui, après la chute de Sébastopol en 1942, ont revêtu des vêtements civils.

En mai 1944, Staline exige qu'on châtie les Tatars de manière exemplaire, qu'on les déporte tous. Qu'ils subissent le sort des Allemands de la Volga eux aussi chassés de leurs terres colonisées depuis deux siècles et même plus !

Partout l'odeur de mort.

Le sol est jonché de casques, de fusils, de baïonnettes allemandes.

Autour du promontoire et de son phare, la mer est couverte des cadavres auxquels les vagues redonnent un semblant de vie.

Sur la terre, le vent empuanti par la mort disperse les photographies, les lettres, les carnets et les cahiers chargés de tous ces destins que la guerre a écrasés.

Le 1er mai 1944, Staline, dans son ordre du jour, salue l'effort des Alliés « qui tiennent un front en Italie et éloignent ainsi de nous des forces allemandes considérables. En outre, ils nous livrent un excellent matériel de guerre et bombardent systématiquement des objectifs militaires en Allemagne, dont ils minent ainsi le potentiel militaire… ».

En évoquant les efforts communs de l'URSS, des États-Unis et de la Grande-Bretagne, Staline conclut :

« Seule une telle offensive combinée peut abattre l'Allemagne hitlérienne. »

Il n'y aura donc pas de rupture de la Grande Alliance, et pas de paix de compromis.

Les trois Alliés affirment qu'ils veulent « la libération de l'Europe et l'écrasement de l'Allemagne hitlérienne sur son propre sol ».

13.

Cet ordre du jour de Staline, le Feldmarschall Erwin Rommel en a eu connaissance mais n'y a guère prêté attention. Il s'en est cependant ouvert à son nouveau chef d'état-major, le général Hans Speidel.

Il a toute confiance en cet officier qui est docteur en philosophie de l'université de Tübingen.

Speidel, lorsqu'il a été reçu par Rommel pour la première fois, lui a révélé qu'il fait partie d'un groupe d'officiers – les généraux von Falkenhausen, von Stülpnagel, von Tresckow, Schlabrendorff, Beck, Wagner, et tant d'autres – décidés à renverser Hitler.

L'un des conspirateurs, le lieutenant-colonel Klaus Stauffenberg, a déjà voulu, le 26 décembre 1943, faire exploser une bombe au Grand Quartier Général du Führer, mais celui-ci n'a pas participé à la réunion prévue.

En 1943, Rommel a connu Stauffenberg en Tunisie. Cet officier y était arrivé de Russie. Il semblait révolté par les exterminations massives de civils, de Juifs, dont il avait eu connaissance. Issu d'une famille aristocratique, catholique fervent, il était déterminé à agir pour renverser Hitler.

Mais le 7 avril 1943, sa voiture avait sauté sur un champ de mines et il avait été grièvement blessé, perdant l'œil gauche, la main droite, deux doigts de la main gauche ; son oreille et son genou gauches avaient été atteints. Guéri, il avait demandé à être admis dans le service actif avec un seul but : tuer Hitler.

Il avait confié à sa femme, la comtesse Nina, mère de ses quatre enfants :

« Je dois faire quelque chose pour sauver l'Allemagne. Nous autres, officiers de l'état-major général, nous devons tous prendre notre part de responsabilités. »

La première tentative d'attentat avait donc échoué le 26 décembre 1943.

La résolution de Stauffenberg n'avait pas faibli.

Le général Hans Speidel, un des conspirateurs du projet de coup d'État contre Hitler.

Un proche de Rommel, Karl Stroelin, avait, dès février 1944, évoqué avec le Feldmarschall cette conspiration des généraux contre Hitler.

« Vous êtes notre plus grand général, le plus populaire aussi, a-t-il dit à Rommel, et le plus respecté à l'étranger. Vous êtes le seul à pouvoir empêcher cette guerre civile en Allemagne. Il faut que vous prêtiez votre nom au mouvement. »

Rommel, après quelques instants d'hésitation, répond :

« Je crois qu'il est de mon devoir de venir au secours de l'Allemagne. »

Mais Rommel est hostile à l'assassinat de Hitler. Tuer le dictateur en ferait un martyr.

« Il faut le faire arrêter par l'armée, et le faire comparaître devant un tribunal allemand pour les crimes commis contre son propre peuple et contre les populations des pays occupés. »

Le Feldmarschall von Rundstedt, auquel Rommel fait part de l'existence d'un « mouvement » parmi les généraux et de son intention d'y participer, l'approuve :

« Rommel, vous êtes jeune, vous connaissez et vous aimez le peuple. C'est donc à vous d'agir. »

Le général Speidel, à la fin du mois de mai 1944, expose à Rommel les principaux points du programme qui serait appliqué après l'arrestation de Hitler et le renversement du gouvernement nazi :

« Pas de dictature militaire, mais un gouvernement représentatif des forces de résistance. Armistice immédiat avec les Alliés occidentaux. Pas de reddition inconditionnelle. Préparation d'une paix constructive dans le cadre d'États-Unis européens.

« À l'Est, continuation de la guerre. Maintien d'un front défensif raccourci entre l'embouchure du Danube, les Carpates, la Vistule et Memel.

« Des troupes allemandes s'empareraient du secteur de Munich et encercleraient Hitler dans son réduit de l'Obersalzberg. »

Personne parmi ces généraux et ces personnalités civiles – Carl Goerdeler, Karl Stroelin – n'imagine que les Trois Grands restent unis.

Et Rommel note avec satisfaction dans son *Journal*, le 27 avril 1944 :

« On dirait que les Anglais et les Américains vont nous faire la grâce de s'abstenir encore un certain temps. Ce délai a une valeur capitale pour l'état de nos défenses côtières. Nous nous renforçons quotidiennement sur terre tout au moins, car dans les airs nous ne pouvons en dire autant. Cependant, le moment venu, les choses tourneront là aussi à notre avantage… »

Le 15 mai, il se félicite du nouveau délai :

« Nous sommes déjà à la mi-mai et rien ne se produit. Pourtant, il semble qu'en Italie l'ennemi ait lancé une offensive en tenailles qui pourrait être le prélude aux grands événements du printemps ou de l'été.

« Je viens de faire une tournée de quelques jours et je me suis entretenu avec les officiers et les soldats. Le travail accompli au cours des dernières semaines est considérable. Je suis convaincu que l'ennemi en subira les conséquences s'il attaque, et qu'en définitive il n'obtiendra pas le succès qu'il escompte. »

Rommel n'apparaît guère comme un conspirateur anxieux qui a hâte de chasser Hitler et les nazis du pouvoir.

Il « passe le temps, fai[t] une promenade à cheval mais aujourd'hui m'en voilà fortement courbaturé. »

Il joue avec ses chiens qui le distraient.

Il est préoccupé par l'évolution du front italien.

Dans la nuit du 11 au 12 mai 1944, les Alliés ont lancé leur offensive générale sur le front du Garigliano.

Les succès remportés là par le corps expéditionnaire français du général Juin aboutissent en quelques jours à la rupture du front défensif allemand. Cassino, devant lequel on se bat depuis six mois, tombe le 18 mai entre les mains du corps polonais. Rome est à portée de main.

« Avant-hier, écrit Rommel le 19 mai, j'ai téléphoné au Führer pour la première fois. D'excellente humeur, il n'a pas ménagé ses louanges pour le travail que nous avons accompli à l'Ouest. J'espère bien continuer à un rythme plus rapide que précédemment. Il fait toujours froid, et enfin, il pleut. Voilà qui va forcer les Anglais à se montrer patients. J'attends encore pour savoir si je pourrai m'absenter quelques jours dans le courant du mois de juin. Pour le moment, il n'en est pas question. Malheureusement, la situation en Italie est inquiétante : l'énorme supériorité ennemie en artillerie et, surtout, en aviation a permis d'ouvrir une brèche dans notre front. »

Ce conspirateur, fort heureux des louanges que le Führer lui prodigue, se désole les jours suivants de ne pas disposer d'autant de moyens que l'ennemi.

« Hier, écrit-il le 11 mai 1944, grande activité dans le ciel. Nous autres, nous sommes livrés à nos seuls moyens. Aujourd'hui, c'est plus calme, jusqu'à maintenant tout au moins. Les succès remportés par l'ennemi en Italie sont déplorables. La situation sur le champ de bataille ne nous était pas défavorable, mais leur supériorité en avions et en munitions est écrasante, comme c'était le cas en Afrique. J'espère que les choses se passeront mieux à l'Ouest. Jusqu'ici, l'adversaire ne s'est encore livré à aucune préparation aérienne véritable et les dégâts provoqués par ses appareils, il y a quelques jours, ont été vite réparés… »

Rommel semble seulement reprocher à Hitler de ne pas lui donner les moyens d'être vainqueur !

Et c'est bien la défaite annoncée qui transforme en conspirateurs ces généraux, si enthousiastes en 1940, quand Rommel et Guderian à la tête de leurs blindés s'enfonçaient dans le corps meurtri de la France vaincue.

Le 29 mai, Rommel note :

« Reçu hier la visite de von Rundstedt. »

Le Feldmarschall, sans s'engager personnellement, soutient le complot des généraux.

Rommel ne laisse aucune trace écrite de leur conversation mais ajoute ce jour-là, dans son *Journal* :

« Dans l'après-midi, j'ai eu un entretien avec un officier anglais prisonnier, un homme aimable et sensé. »

14.

Rommel n'a rien appris de cet officier anglais.

D'ailleurs, le Feldmarschall n'a pas cherché à l'interroger avec insistance.

L'officier n'a évoqué que ses missions de bombardement, mais sans rien révéler qui puisse préciser le lieu de ce débarquement allié, sa date si proche, mais que les services de renseignements allemands sont incapables de situer.

Le colonel Georg Hansen, qui est passé de l'Abwehr au service de renseignements de Himmler – et qui est en relation avec Stauffenberg –, a seulement fait état de sa certitude que l'« invasion » pourrait avoir lieu n'importe quel jour en juin.

Mais où ?

Rommel, depuis le mois d'avril, signale la recrudescence des bombardements aériens sur la Normandie.

Il attire l'attention du Quartier Général, propose de concentrer des troupes dans cette région, entre l'Orne et la Vire, dans le Cotentin, dans les environs d'Avranches. Il demande à la marine de procéder sans délai au minage de la baie de Seine.

« Nous jouons le sort du peuple allemand », dit-il.

Il souhaite que l'on place sous son commandement unique toutes les forces défensives afin de pouvoir les lancer immédiatement contre l'ennemi à peine aura-t-il débarqué.

La bataille décisive se déroulera sur la côte.

Le Führer s'y refuse.

Et cependant, Hitler partage avec Rommel la conviction que le débarquement peut avoir lieu entre Caen et Cherbourg. Le Führer a étudié le dispositif des troupes anglaises et américaines en Angleterre, la nécessité pour le Commandement Suprême des Forces Expéditionnaires Alliées (SHAEF) de s'emparer rapidement d'un port qui pourrait être Cherbourg.

Les reconnaissances aériennes de la Luftwaffe, qui révèlent que les troupes alliées s'entraînent dans le Devon sur de larges plages de sable découvertes, confortent Hitler dans son intuition.

Le Feldmarschall von Rundstedt pense au contraire que le débarquement aura lieu entre Calais et Dieppe, là où la Manche est la plus étroite.

Et Rundstedt, commandant en chef sur le front occidental, est une voix qui compte.

D'autant plus que les Anglais ont monté plusieurs leurres afin de semer le trouble chez les Allemands. C'est le plan *Fortitude*.

Des « armées fantômes » – avions factices, chars gonflables, fausses barges de débarquement, faux états-majors échangeant des centaines de messages – ont été créées, placées de telle manière qu'elles paraissent prêtes à débarquer entre Boulogne et l'estuaire de la Somme, mais pas avant la seconde quinzaine de juillet.

D'autres « armées » paraissent destinées à débarquer autour de Bordeaux.

À la fin mai, un sosie de Montgomery se rend en visite à Gibraltar et à Alger, accréditant l'idée qu'un débarquement se prépare en Méditerranée.

Et des ordres laissent entendre qu'il y aura un débarquement de diversion en Normandie afin d'attirer les troupes allemandes vers l'Ouest alors que le débarquement principal interviendrait entre Boulogne et Calais.

L'écoute et le décryptage des messages allemands – la « machine ultra » de décryptage a encore été perfectionnée – confirment que les Allemands sont bernés par ce plan *Fortitude*. La réponse adoptée par le Grand Quartier Général est un compromis afin de faire face à ces différentes hypothèses.

Si bien que la puissance des Allemands – 58 divisions dont 10 de panzers – est fragmentée, d'autant plus que le Führer veut conserver le contrôle des opérations depuis Berchtesgaden !

Le général Dwight D. Eisenhower examine le plan des opérations devant une maquette du Débarquement début 1944.

Le général Eisenhower, commandant suprême de l'opération *Overlord*, n'est pas plus tranquille pour autant.

Son quartier général est installé à 8 kilomètres au sud de Portsmouth, le grand port où se concentrent tous les types de navires – croiseurs, destroyers, dragueurs de mines, navires de transport, barges de débarquement. Ils sont chargés de milliers d'hommes : les deux premières vagues d'assaut en comptent 175 000.

Eisenhower a passé en revue de nombreuses unités.

Il n'a pas senti l'enthousiasme. Les meilleurs soldats sont au combat depuis des années. C'est le cas des Britanniques de la *Durham Light Infantry* qui protestent quand Montgomery leur annonce, comme un honneur, qu'ils feront partie de la première vague, puisqu'ils sont les meilleurs !

Ils se battent depuis 1940. Ils n'ont pas eu de permission au pays, et on les renvoie au feu, en premier : c'est un « ticket pour l'enfer » !

Et ces vétérans des combats du désert protestent. Même protestation chez les soldats américains de la division *Big Red One.* Eux aussi savent ce qui les attend.

Dès le mois de janvier, des nageurs de combat ont été transportés par des sous-marins de poche jusqu'à proximité des plages choisies pour le Débarquement : celles de la côte normande.

Ils y ont pris pied, ont prélevé des échantillons de sable, tenté de dresser l'inventaire des obstacles – les pieux de Rommel, les mines, tous les éléments du Mur de l'Atlantique.

Ils ont imaginé les hommes débarquant, poitrines nues, face à ces nids de mitrailleuses installées au sommet des falaises, et décimés par les pièges disposés sur la plage.

Les pertes seront énormes.

Le général Eisenhower en est si conscient qu'il a préparé seul le texte qu'il lirait en cas d'échec du Débarquement, maintenant fixé dans la deuxième semaine de juin :

« Les débarquements dans la zone de Cherbourg-Le Havre n'ont pas réussi à conquérir une tête de pont suffisante et j'ai dû replier les troupes, écrit Eisenhower. Si quelque faute a été commise, j'en porte seul la responsabilité. »

Douloureux d'être contraint d'envisager aussi l'échec.

Mais celui qu'on appelle Ike est un homme résolu, méthodique, conscient de ses responsabilités.

Il sait qu'il tient la vie de centaines de milliers d'hommes entre ses mains.

Alors, il prend toutes les précautions.

Il a depuis le mois d'avril exigé que les services météorologiques lui remettent chaque lundi des prévisions à trois jours afin de pouvoir évaluer leur fiabilité.

Une tempête creusant une forte houle dans la Manche peut compromettre les chances du débarquement, en submergeant les barges, en rendant les soldats malades. Une visibilité insuffisante peut empêcher l'utilisation efficace de l'aviation dont le rôle est majeur.

Des bourrasques de vent peuvent déporter les milliers de planeurs et de parachutistes loin des zones prévues pour leur atterrissage, et les livrer ainsi à la mort accidentelle ou à l'ennemi.

C'est à Eisenhower de trancher, de prendre la décision ultime.

Il doit agir en oubliant les vanités des généraux qui l'entourent : Patton, le brutal et le mystique, Bradley, le pragmatique sans prétention.

Ceux-là sont américains, mais il y a les Britanniques. Et d'abord, le maréchal Montgomery – Monty –, héros d'El-Alamein, mais hautain et vaniteux. Ike connaît le jugement que Monty porte sur lui, « l'Américain » : « un brave gars, mais pas un soldat ».

Alan Brooke, le chef d'état-major impérial, est aussi sûr de la supériorité militaire des officiers et des soldats britanniques que l'est Monty.

« Il ne fait aucun doute, écrit Brooke, que Ike est disposé à faire tout son possible pour maintenir les meilleures relations qui soient entre Britanniques et Américains, mais il est tout aussi clair qu'il n'y connaît rien en stratégie et que, pour ce qui relève de la conduite de la guerre, il n'est pas du tout fait pour le poste de "commandant suprême". »

Mais Ike est ce commandant suprême et il ne peut se laisser entraîner dans les querelles dérisoires, ou être blessé par des propos qu'il connaît, mais qu'il préférerait oublier.

Et il doit entendre aussi les conseils de Churchill qui se considère comme un chef de guerre à qui les généraux doivent obéissance.

Et il doit affronter les exigences et les récriminations de De Gaulle.

Alors, il fait installer dans le parc de son quartier général – une grande demeure, Southwick House – une caravane camouflée. Il se détend dans sa « roulotte de cirque », essayant d'oublier pour quelques dizaines de minutes la tension qui augmente au fur et à mesure que s'approche le 1er juin.

Le 30 mai, le Feldmarschall von Rundstedt, commandant en chef des forces armées de l'Ouest, assure au Führer que rien n'indique que l'invasion soit immédiate.

15.

Au contraire du Feldmarschall von Rundstedt, les Français en ce mois de mai 1944 sont persuadés que le Débarquement est pour dans quelques jours.

Les dés roulent. Les hommes changent.

Les préfets nommés par Vichy lorgnent sur la Résistance, et la Gestapo en arrête une dizaine. Elle interpelle aussi des hommes qui furent les plus proches conseillers de Pétain.

Le Maréchal se confie au représentant de la Suisse qui, notant les termes de cette conversation intime, souligne combien Pétain manifeste sa détresse.

« Très nerveux, très déprimé, Pétain me fit remarquer qu'on lui avait enlevé ses conseillers, qu'il n'avait aucune expérience politique, qu'il avait été victime d'une pression inouïe… Il avait cédé souvent, trop souvent… »

Il a à nouveau cédé puisqu'il a obéi aux Allemands qui l'obligent à quitter Vichy.

Il ne le regrette pas.

Il a pu parler aux Parisiens. Il s'est rendu à Rouen, mais les décombres du centre de cette ville bombardée l'empêchent de pénétrer dans la cathédrale. Il regagne sa résidence, le château de Voisins, proche de Rambouillet. Il y reçoit Laval, Déat, Darnand, et même von Rundstedt.

On perçoit comment, habilement, il se dégage de la collaboration, évoque ses « gardiens » auxquels il réussit à échapper afin d'aller à la rencontre des Français. Il renoue ainsi avec l'image qu'il donnait en juin 1940.

Quand le 19 mai le conseiller allemand Renthe-Fink lui indique que le gouvernement du Reich souhaite le voir regagner le centre de la France, le château de Lonzat situé à 17 kilomètres de Vichy, afin d'être éloigné des côtes françaises, Pétain accepte, mais veut rendre visite aux villes sinistrées de l'Est.

Les Allemands accèdent à sa demande, et voici Pétain sur la place Stanislas à Nancy.

« Il n'a pas été facile de venir jusqu'à vous. Il a fallu négocier, mais j'ai réussi à m'échapper », dit-il.

On l'acclame. Le soir, à l'hôtel de ville, 500 notables se pressent pour le saluer.

Il se rend à Épinal, à Dijon.

Le 5 juin, il est à Lyon. Il visite les blessés des bombardements et rencontre Charles Maurras.

Ce 5 juin, les premiers parachutistes, des Français, ont été largués en Bretagne, en Normandie.

Laval téléphone au Maréchal et lui conseille devant la gravité de la situation de rentrer immédiatement à Vichy.

Pétain s'obstine, il veut se rendre à Saint-Étienne, ville ouvrière qui l'avait acclamé en 1941.

On l'applaudit.

D'un signe de main, il fait cesser les ovations.

« Grâce à vous, dit-il, je pars plus fort pour accomplir ma tâche. »

La foule entonne *La Marseillaise*.

Pétain murmure :

« Où sont mes amis ? Où sont mes ennemis ? Avec les Allemands, c'est tout simple. Mais les autres ? Les Français m'acclament quand ils me voient. Mais demain, ils me renieront et ne me pardonneront pas de les avoir sauvés. »

Pétain a ainsi, durant ce mois de mai 1944, dessiné la silhouette qu'il veut présenter aux Français : celle du vieux sage, plein de compassion et d'esprit de sacrifice. Et souvent incompris par un peuple versatile.

Mais les Français, même si quelques milliers d'entre eux se pressent sur les places pour le voir, l'écouter, l'applaudir, ne se soucient plus de lui.

Les comptes sont faits.

La faim les tenaille. Les bombes « alliées » les tuent et rasent leurs quartiers. Allemands et miliciens torturent, déportent, pendent, brûlent, fusillent.

D'ailleurs, en ce mois de mai 1944, les Français ont une préoccupation obsédante. Ils se livrent à chaque instant de chaque jour à la recherche obstinée, angoissée, d'aliments.

Ils ont leurs cartes d'alimentation, leurs « tickets » de rationnement, de quoi agoniser de faim, et laisser dépérir les enfants.

Alors, on achète au « marché noir » tout ce qui peut se manger, légumes, viande, qu'on pèse dans les arrière-boutiques, les caves, les appartements.

On parcourt à bicyclette les routes de campagne, on va chez les « paysans » acheter ce qu'ils veulent bien vendre.

Un litre d'huile, en Provence, se monnaye à 1 000 francs.

Queue devant un magasin parisien d'alimentation en 1944.

Un repas au marché noir dans un restaurant à la mode – qui est toujours complet – dévore le salaire mensuel d'un ouvrier.

Mais ceux qui se goinfrent ont de l'argent facile.

Ils « trafiquent » avec les Allemands, ils sont agents de la Gestapo, délateurs, policiers. Ils sont assis à la table voisine de celle où banquettent des résistants. On se côtoie, on s'ignore. On se tuera bientôt. « Drôle de guerre ! »

Les « restrictions » sont de plus en plus sévères. Elles annoncent le temps des combats quand « ils auront enfin débarqué ».

Chaque Parisien est invité le 7 mai à constituer une réserve d'eau de quarante-huit heures...

Tout à coup, c'est le hurlement des sirènes. L'« alerte ». Près de 10 000 avions de combat franchissent chaque jour la Manche pour aller déverser leurs milliers de tonnes de bombes sur tous les nœuds ferroviaires, et même les gares qui ne le sont pas.

Les bombardiers volent à très haute altitude : les bombes détruisent des quartiers souvent éloignés des gares. Les rues ne sont plus que des amas de décombres d'où l'on retire des corps que l'explosion a fait éclater, a écorchés vifs. Ils sont roses comme des pantins énormes.

Pour les 26 et 27 mai – journées ordinaires dans la succession des bombardements –, on peut dresser la liste des victimes par villes ou par régions : Région parisienne (240 morts, 422 blessés), Nice (316 morts, 475 blessés), Chambéry (300 morts, 600 blessés), Avignon (380 morts, 600 blessés), Amiens (385 morts, 150 blessés), Lyon (600 morts, 500 blessés), Saint-Étienne (870 morts, 1 400 blessés), Marseille (1 976 morts, 1 323 blessés), 1 500 morts dans le bombardement des gares de Paris-La Chapelle et de Villeneuve-Saint-Georges.

Reims, Rouen, Metz, Troyes, Nantes, Cambrai, Valenciennes, etc. Encore des centaines de victimes.

On pourrait dresser une autre liste, ville par ville, village par village, celle des torturés, des fusillés, des pendus, des décapités.

Mais le total est difficile à établir car les cadavres sont jetés dans des fosses vite refermées, parfois exécutés en Allemagne. Il y a les « résistants » et les otages, ceux qui ont été dénoncés et ceux qui sont abattus après d'âpres combats.

Des centaines de morts, en ce mois de mai 1944 qui doit effacer celui de 1940, et dont on est sûr qu'il annonce le Débarquement, la Libération, parce que bombardements alliés et répression allemande confirment que chacun des adversaires prépare le terrain à sa manière.

Les Alliés veulent rendre impossibles les transferts d'unités de la Wehrmacht et des SS d'un point à l'autre du pays. La Gestapo veut démanteler, décapiter le dispositif de la Résistance qui à la veille du Débarquement prépare l'insurrection nationale.

Les maquis se renforcent en hommes, mais manquent d'armes en dépit des appels du général de Gaulle afin qu'on organise des parachutages.

En ce mois de mai, autour des plus importants maquis – mont Mouchet, Vercors –, les Allemands concentrent des troupes. Ils ne peuvent accepter ces « forteresses » sur leurs arrières.

La sagesse devrait inciter à la dispersion des maquisards, au choix de la guérilla. Mais l'enthousiasme, l'impatience, le désir de s'emparer du glaive brisé en mai 1940 et de restaurer l'honneur des armes conduisent à l'affrontement.

On pressent, on constate que les Allemands sont décidés à frapper et que le temps de la mesure, des précautions est achevé. Ils ne sont plus, ne veulent plus être des occupants « korrects ».

Ils arrêtent les évêques de Clermont-Ferrand, d'Agen, de Montauban.

Ce dernier, Mgr Théas, proteste depuis 1942 contre les mesures antisémites des nazis. Il a été avec Mgr Saliège, archevêque de Toulouse, l'auteur de nombreuses lettres pastorales dénonçant les violences nazies. Mgr Saliège, grand infirme, ne pouvant être transporté, c'est son plus proche collaborateur, Mgr de Solage, qui est arrêté en même temps que l'évêque d'Albi.

Ces jours de mai 1944 sont jours de vérité.

16.

L'heure de vérité.

Ils sont 176 000 soldats en ces premiers jours du mois de juin 1944 à l'attendre.

Trois divisions aéroportées – deux américaines, les 82e et 101e Airborne, une britannique, la 6e Airborne – sauteront dans la nuit qui précédera le Débarquement.

Mais quelle nuit ?

Celle du dimanche 4 au lundi 5 juin ?

Les hommes déjà embarqués sur les barges – certains vomissent leurs entrailles car la houle est forte – l'ont cru.

Puis sont arrivées les prévisions météorologiques et Eisenhower a décidé de retarder d'un jour l'heure H, nuit du lundi 5 au mardi 6 juin.

Les météorologistes ont, avec prudence, annoncé qu'il y aurait une accalmie au sein d'une dépression profonde, avec avis de tempête.

Eisenhower a misé sur ces heures-là.

Et les soldats des six divisions alliées – trois américaines, deux anglaises et une canadienne – savent que le compte à rebours a commencé : que l'heure de vérité sonnera pour beaucoup d'entre eux comme un glas, dans la nuit du 5 au 6 juin 1944 pour les troupes aéroportées, et dans la journée du mardi 6 juin pour les fantassins.

Les généraux américains des troupes aéroportées vont sauter avec leurs hommes.

« Avant qu'une nouvelle aube se lève, dit l'un d'eux, je veux plonger ce couteau – il retire un long couteau de sa botte – dans le cœur du nazi le plus vicelard, le plus salopard et le plus dégueulasse de toute l'Europe. »

Un autre conseille de se battre la nuit au couteau, car ce n'est qu'au corps à corps que l'on reconnaît, dans l'obscurité, l'ennemi.

« Il nous prévient aussi que si nous faisons des prisonniers, ceux-ci nous entraveraient dans notre action. Nous devrions donc nous en débarrasser de la façon que nous jugerions la meilleure. »

« N'oubliez pas que vous y allez pour tuer ou que c'est vous qui serez tués », rappelle un autre général.

Un officier ajoute :

« Regardez le type qui est sur votre droite et regardez celui qui est sur votre gauche. Sur vous trois, il n'en restera qu'un après la première semaine en Normandie. »

Il n'est prévu l'intervention de la 2e Division française Blindée (2e DB) de Leclerc qu'après le 1er août.

Les escadrilles des Forces Aériennes Françaises Libres et 12 navires français (sur 7 000 de l'armada alliée) participeront au Débarquement, ce Jour J, ce *D-Day*.

Trente-deux parachutistes français appartenant au 4e SAS – Special Air Service – seront largués en Bretagne, premiers parachutistes à toucher la terre de France. Et ils soulèveront la Bretagne !

Le 6 juin, 177 hommes du 1er bataillon de fusiliers marins, commandos du commandant Philippe Kieffer, doivent s'emparer le matin du mardi 6 juin du bunker de Ouistreham.

La participation des Français Libres au *D-Day* est donc symbolique.

Roosevelt et Churchill ne veulent pas ajouter à la gloire et à la représentativité du général de Gaulle, qu'ils estiment trop sourcilleux, trop soucieux de l'indépendance française.

Ainsi, pour les relations entre de Gaulle et les Alliés, ces six premiers jours du mois de juin sont aussi des jours de vérité.

Car peu importe pour les Alliés que, le 3 juin, le Comité Français de Libération Nationale se proclame Gouvernement Provisoire de la République française.

Roosevelt et Churchill craignent que de Gaulle refuse d'admettre que la France Libérée soit soumise à l'Administration Militaire Alliée des Territoires Occupés (AMGOT).

Alors, le général de Gaulle a été tenu écarté pendant neuf mois des préparatifs d'*Overlord* !

Mais parce que la Résistance – dont on a besoin – l'appuie, on reprend contact avec lui, à Alger.

De Gaulle est soupçonneux, sévère.

Londres, il y a quelques semaines, a coupé toutes les communications avec Alger, isolant la France Libre.

Les États-Unis sont tout aussi hostiles à de Gaulle.

« Le gouvernement américain a délibérément cherché à me rabaisser, dit de Gaulle à Edwin Wilson, l'ambassadeur des États-Unis à Alger. »

Wilson conteste.

« Il voulait me mettre à une place subordonnée pour hisser sur le pavois d'autres Français avec qui il préférait traiter. »

Darlan, Giraud, et avant eux Pétain. Quant aux Anglais... Il a une moue de dédain.

« L'Angleterre est gouvernée par des hommes tortueux, confie-t-il à un chef de la Résistance qui arrive à Alger. Pas très intelligents, ils méprisent et craignent l'intelligence. Les Anglais ne peuvent pas vouloir que la France devienne un grand pays... Et puis, le gaullisme représente quelque chose qu'ils ne connaissent pas : il était si facile de gouverner la France de la IIIe République en achetant les généraux et les hommes politiques. »

Du perron de la villa des Glycines, de Gaulle regarde Alger encore blanche sous le soleil rasant.

Dans quelques jours ou quelques mois, il quittera cette ville.

Le Débarquement en France est proche. La 2e Division Blindée que commande le général Leclerc vient de quitter le camp de Temara, près de Rabat, pour la Grande-Bretagne où elle sera équipée.

Il est d'autres signes, plus révélateurs encore : le nombre de messages émis à destination de la France par Londres a augmenté considérablement. Le commandant allié s'adresse à la Résistance, par-dessus la tête du Gouvernement Provisoire. Soit.

« Nous ne demandons rien, martèle de Gaulle. Il y a nous ou bien le chaos. Si les Alliés de l'Ouest provoquent le chaos en France, ils en auront la responsabilité et seront les perdants. »

Il faut utiliser cette situation. De Gaulle répète ce qu'il vient d'écrire à Sa Sainteté Pie XII :

« Des circonstances, peut-être providentielles, ont groupé derrière nous en une seule volonté de vaincre et de refaire la France... tous ceux qui défendent contre l'envahisseur l'unité et la souveraineté nationales. »

Voilà notre force. Les Alliés paraissent disposer de toutes les cartes ? De Gaulle secoue la tête. Il pense à juin 1940, à sa solitude. Maintenant, il existe une armée française qui se bat en Italie, des divisions qui un jour débarqueront, une marine, un Gouvernement Provisoire administrant un Empire.

Et surtout, l'adhésion de ces dizaines de milliers d'hommes qui se battent en France.

« Si nous tenons, dit-il, les Anglo-Américains finiront par s'incliner. Du reste, il en a toujours été ainsi : ils nous ont toujours tout refusé et ont toujours accepté le fait accompli. »

De Gaulle va et vient dans le jardin de la villa. Il a besoin de se retrouver seul.

Il a accepté, ce matin du 2 juin, de recevoir Duff Cooper, l'ambassadeur de Grande-Bretagne en France. À la condition que les communications soient rétablies entre Londres et Alger. L'ambassadeur a accepté. Il a été conciliant, insistant. Il a transmis un message du Premier ministre. De Gaulle le relit :

« Venez maintenant, je vous prie, ici avec vos collègues aussitôt que possible et dans le plus grand secret, écrit Churchill. Je vous donne personnellement l'assurance que c'est dans l'intérêt de la France. Je vous envoie mon propre *York* ainsi qu'un autre *York* pour vous. »

L'avion personnel du Premier ministre, a insisté Duff Cooper. « Vous serez l'hôte du gouvernement de Sa Majesté », a-t-il précisé.

Bien sûr, cela signifie que le Débarquement est pour dans quelques jours, peut-être quelques heures. Mais il ne faut pas céder à ce qui peut être aussi une manœuvre, car aucune négociation n'a abouti à propos de l'administration des territoires libérés.

Il faut convoquer le Gouvernement Provisoire. L'atmosphère est tendue. Les commissaires divisés.

« Ce n'est qu'une machination pour m'amener à prononcer un discours qui fera croire aux Français que je suis d'accord avec les Anglais et les Américains alors qu'en fait je ne le suis pas », dit de Gaulle.

Longs débats. Peut-on être absent alors que le Débarquement a lieu ? On vote. Seuls quatre commissaires sont opposés au voyage.

« Je n'ai pas l'honneur d'avoir la majorité », dit de Gaulle.

Il partira donc pour Londres.

Il reste longtemps éveillé dans cette nuit du 2 au 3 juin.

Il n'a pas encore donné sa réponse à Duff Cooper. Jusqu'au bout, il faut soupeser, faire sentir aussi que l'on ne cède pas.

À 10 heures, il reçoit l'ambassadeur britannique.

À 11 heures, il serre la main de chacun des membres du gouvernement.

Il se sent ému, grave. Il approche du moment où l'espoir qu'il avait eu en juin 1940 va enfin devenir réalité.

Mais il faut déjà voir au-delà.

« Il faut regarder loin dans l'avenir, celui des relations franco-britanniques, dit-il aux ministres. Il ne faut pas qu'on puisse dire que la France était absente du quartier général dans l'assaut de l'Europe. »

Il ne veut pas qu'un ministre l'accompagne afin de pouvoir refuser à Churchill toute négociation.

Il partira avec quelques proches : Palewski, le général Béthouart, Billotte, ainsi que Geoffroy de Courcel et Teyssot, Hervé Alphand et Soustelle.

En arrivant sur l'aéroport d'Alger-Maison-Blanche, il devine le soulagement de Duff Cooper qui se tient près de l'échelle du *York* de Churchill.

Puis c'est l'envol, une escale à Casablanca, et l'entrée dans cette grisaille qui couvre la Manche et les îles britanniques.

Il pleut, ce 4 juin au matin, quand de Gaulle regarde par le hublot cette fanfare qui se tient au pied du hangar devant lequel s'immobilise le *York*. Elle joue *La Marseillaise*.

Il se souvient de son arrivée ici, le 17 juin 1940. Et dans la voiture qui le conduit vers l'hôtel Claridge, à chaque regard, un souvenir revient. Si longues, ces années de solitude et de combat !

Il lit les messages qu'on lui remet. Le premier est du général Juin. Les troupes françaises sont entrées à Rome !

Il a une bouffée de joie et d'orgueil. Il dicte, tout en allant et venant, les mots qui surgissent d'un seul élan :

« L'armée française a sa large part dans la grande victoire de Rome. Il le fallait ! Vous l'avez fait ! Général Juin, vous-même et les troupes sous vos ordres sont dignes de la patrie. »

Il se sent renforcé. Dans un message, Eisenhower parle de la « courageuse action du corps expéditionnaire français », de la « tenue superbe des troupes ».

Tout cela est de bon augure, mais de Gaulle contient aussitôt son optimisme. On essaie peut-être aussi, avec cet accueil en fanfare, de le préparer à accepter ce qu'il a déjà refusé : AMGOT et monnaie étrangère.

Il lit le dernier message. Il est écrit par Winston Churchill. Dieu qu'il est aimable !

« Mon cher général de Gaulle,

« Bienvenue sur ces rivages ! De très grands événements militaires vont avoir lieu. Je serais heureux que vous puissiez venir me voir ici, dans mon train qui est près du quartier général du général Eisenhower, et que vous ameniez une ou deux personnes de votre groupe. Le général Eisenhower espère votre visite et vous exposera la situation militaire qui est extrêmement importante et imminente. Si vous pouvez être ici pour 13 h 30, je serais heureux de vous offrir à déjeuner. Nous nous rendrions ensuite au quartier général du général Eisenhower. Faites-moi parvenir de bonne heure un message par téléphone de façon à ce que je sache si cela vous convient ou non.

« Sincèrement à vous. »

Il donne son accord. Les voitures partiront vers 11 heures. Il invite Béthouart et Billotte, Koenig et Viénot à l'accompagner. Une ou deux personnes, a dit Churchill. Ce sera quatre !

On roule vers Portsmouth. La pluie parfois, le ciel bas et gris toujours. À Droxford, un train.

De Gaulle aperçoit Churchill, le corps serré dans un uniforme de la Royal Air Force, qui avance sur le ballast, les bras ouverts.

Il voit aux côtés du Premier ministre le maréchal Smuts, le gouverneur de l'Afrique du Sud, qui, il y a quelques semaines, a affirmé que la France ne retrouverait plus sa grandeur passée et n'aurait pas d'autre choix que d'entrer dans le Commonwealth ! Comment être chaleureux ?!

Dans le wagon-salon, de Gaulle s'assied en face de Churchill. Une table recouverte d'un tapis vert les sépare.

Il observe Churchill qui semble surexcité, les joues rouges, l'œil brillant. Et naturellement, il serre son cigare éteint entre ses dents.

« Je prends sur moi de vouloir vous mettre dans le secret, commence Churchill. Le Débarquement, l'opération, devait avoir lieu ce matin, mais le mauvais temps nous en a dissuadés. »

Il se lève, gesticule devant une carte, parle des sites choisis entre la Seine et le Cotentin. De Gaulle se souvient du plan identique que Billotte avait esquissé en 1942, et qu'il avait soumis en vain aux généraux américains.

« Il ne reste plus beaucoup d'espoir de commencer l'opération avant le jour J + 3, explique Churchill, mais la situation sera réexaminée toutes les vingt-quatre heures. »

« Bien entendu, je n'ai pas été informé de la date au préalable, répond de Gaulle. Quoi que les événements prochains doivent coûter à la France, elle est fière d'être en ligne aux côtés des Alliés », continue-t-il.

Il sent un « souffle d'estime et d'amitié » unir un instant tous les présents.

Il dit son admiration pour cette opération d'une importance exceptionnelle.

On échange encore quelques informations, puis, à 14 h 15, on passe dans le wagon voisin pour le déjeuner.

En attendant le déclenchement du Débarquement, dit Churchill au dessert, « nous pourrions parler politique ».

De Gaulle se raidit. Il fixe le Premier ministre. C'est le moment. Peut-être la vraie raison de cette réception, de ces amabilités. Lui faire accepter les solutions américaines.

« Voilà un certain temps que je corresponds avec le Président », commence Churchill.

De Gaulle ne répond pas quand le Premier ministre, puis Eden, puis le leader travailliste Bevin insistent pour que de Gaulle se rende aux États-Unis afin de rencontrer Roosevelt. Ils veulent aussi commencer ici même les conversations politiques.

« C'est la guerre, faites-la, on verra après, répète de Gaulle.

— Si cette offre est rejetée, dit Bevin, le Parti travailliste en sera offensé. »

De Gaulle se tourne, fixe le ministre travailliste.

Oui, la colère peut et doit s'exprimer. C'est aussi une arme.

« Comment ! s'exclame-t-il. Nous vous avons envoyé des propositions depuis septembre dernier. Vous ne nous avez jamais répondu. Le gouvernement français existe, je n'ai rien à demander dans ce domaine aux États-Unis, non plus qu'à la Grande-Bretagne. »

Il parle d'une voix tonnante. Il dit que les Anglo-Américains ont toujours refusé d'évoquer la question de l'administration des territoires libérés.

« Comme demain les armées vont débarquer, je comprends votre hâte de voir régler la question. D'ailleurs, Londres et Washington ont pris leurs dispositions pour se passer d'un accord entre nous. Je viens d'apprendre par exemple qu'en dépit de nos avertissements les troupes et les services qui s'apprêtent à débarquer sont munis d'une monnaie prétendument française, fabriquée par l'étranger. Comment voulez-vous que nous traitions sur ces bases ? »

Il s'interrompt. Le silence est lourd.

« Allez, faites la guerre avec votre fausse monnaie ! » lance de Gaulle sur un ton de mépris.

Le visage de Churchill est empourpré.

« Que le général de Gaulle aille ou non rendre visite au Président, cela le regarde, dit-il. Mais je le lui conseille fortement. »

Quelques échanges encore, puis tout à coup de Gaulle voit Churchill qui se dresse à demi, qui vocifère :

« Sachez-le, Général ! Chaque fois qu'il nous faudra choisir entre l'Europe et le grand large, nous serons toujours pour le grand large. Chaque fois qu'il me faudra choisir entre vous et Roosevelt, je choisirai toujours Roosevelt. »

Bevin murmure que Churchill a parlé pour son compte et nullement au nom du cabinet britannique.

Silence. De Gaulle ne bouge pas. Churchill lève son verre.

« À de Gaulle, qui n'a jamais accepté la défaite, dit-il d'une voix lente et sourde.

— À l'Angleterre, à la victoire, à l'Europe ! » lance de Gaulle.

On marche dans la bruine jusqu'à une grande tente située à quelques centaines de mètres dans la forêt.

Eisenhower est aimable. Il expose devant des cartes le déclenchement de l'opération *Overlord* et son plan de bataille.

Mais il devra peut-être le retarder compte tenu des mauvaises conditions météorologiques.

« À votre place, je ne différerais pas », dit de Gaulle.

Comment garder le secret, maintenir un moral élevé pendant plusieurs semaines ?

Eisenhower paraît gêné, hésitant.

« Mon général, dit-il enfin, j'adresserai le jour du Débarquement une proclamation à la population française, et je vous demanderai d'en faire une également. »

Voilà le second piège.

« Vous, une proclamation au peuple français ? dit de Gaulle d'un ton glacial. De quel droit ? Et pour leur dire quoi ? »

Il prend le texte d'un mouvement vif, le parcourt.

Colère. Indignation.

Le peuple français est invité à « exécuter les ordres » d'Eisenhower. L'administration doit rester en place. Une fois la France libérée, les Français choisiront eux-mêmes leurs représentants et leur gouvernement.

Pas une seule référence au Gouvernement Provisoire, à de Gaulle. Une fois de plus, la France est traitée en mineure, les hommes de Vichy sont maintenus en place !

C'est la politique de Roosevelt qui continue. Et à quoi bon proposer de modifier ce texte alors qu'il est déjà tiré à quarante millions d'exemplaires ?

Quel serait dans ces conditions le sens d'une intervention à la radio, sinon d'accepter cette soumission de la nation, cet effacement de la France Combattante, de l'indépendance de son Gouvernement Provisoire ?

De Gaulle refuse de rentrer à Londres avec le train de Churchill. Il va regagner la capitale en voiture avec ses compagnons.

Il apprend que la BBC, sans consulter le général Koenig ou le BCRA, Bureau Central de Renseignements et d'Action, vient de lancer l'équivalent d'un appel à l'insurrection générale !

Fureur. Amertume.

De Gaulle, les dents serrées, se laisse aller à la colère. Churchill est un gangster.

« On a voulu m'avoir. On ne m'aura pas. Je leur dénie le droit de savoir si je parle à la France. »

Il refuse que les officiers français de liaison administrative, pourtant formés dans ce but, débarquent avec les Alliés.

Ce n'est pas une question de stupide orgueil, mais le principe de la souveraineté nationale qui est en cause. La France est-elle une nation indépendante ou bien sera-t-elle traitée par les vainqueurs comme un pays de second rang auquel on impose des lois, une « fausse monnaie » ?

De l'autre côté de la Manche, les Allemands ignorent ces tensions entre de Gaulle et les Alliés, ces hésitations d'Eisenhower quant à la date du *D-Day*, les choix longuement préparés des plages normandes – 80 kilomètres de front d'ouest en est, Omaha Beach, Utah Beach, Juno, Gold et Sword.

Le samedi 3 juin, Rommel note :

« Ai passé l'après-midi avec le commandant en chef du front ouest. Von Rundstedt envisage de se rendre en Allemagne. »

Le 4 juin, le chef du service de météorologie de la Luftwaffe à Paris a fait savoir qu'en raison des mauvaises conditions atmosphériques on ne pouvait prévoir une action alliée avant une quinzaine de jours au moins.

Rommel prend ses dispositions pour quitter en auto son quartier général de La Roche-Guyon.

Il a obtenu de von Rundstedt l'autorisation de partir dans la matinée du 5 juin.

« Un débarquement pendant cette période est d'autant moins à craindre que les marées vont être des plus défavorables au cours des jours suivants. En outre, aucune multiplication des reconnaissances aériennes n'a signalé l'imminence d'une opération de ce genre. L'important pour moi est d'avoir une conversation avec le Führer à l'Obersalzberg, pour lui exposer notre infériorité numérique et matérielle dans l'éventualité d'un débarquement et lui demander d'envoyer en Normandie deux divisions blindées supplémentaires, dont une de DCA, et une brigade de lance-fusées… »

Après avoir rédigé ce rapport, Rommel monte dans sa voiture et prend la route de Herrlingen pour passer la nuit avec sa famille et, de là, gagner Berchtesgaden pour conférer avec le Führer.

DEUXIÈME PARTIE

5 juin
—
20 juillet 1944

« Les armées allemandes et anglo-saxonnes sont aux prises sur notre sol. La France devient un champ de bataille… Français, n'aggravez pas vos malheurs par des actes qui risqueraient d'appeler sur vous de tragiques représailles…
Obéissez donc aux ordres du gouvernement… Les circonstances de la bataille pourront conduire l'armée allemande à prendre des dispositions spéciales dans les zones de combat. Acceptez cette nécessité…

Discours radiodiffusé de PÉTAIN
enregistré il y a plusieurs semaines,
matinée du mardi 6 juin 1944

« La bataille suprême est engagée : bien entendu, c'est la bataille de France et c'est la bataille de la France… La France, submergée depuis quatre ans, mais non point réduite ni vaincue, la France est debout… Derrière le nuage si lourd de notre sang et de nos larmes, voici que reparaît le soleil de notre grandeur. »

Discours du général DE GAULLE
prononcé à Londres devant les micros
de la BBC,
soirée du mardi 6 juin 1944

17.

C'est la nuit du lundi 5 au mardi 6 juin 1944.

Les premiers avions chargés de parachutistes ont décollé. Ils vont larguer entre minuit et 3 heures du matin trois divisions de troupes aéroportées.

L'avant-garde de cette avant-garde est composée de « Français Libres », les *Free French* de 1940. Ils portent le béret rouge de la brigade d'élite britannique *Special Air Service* (SAS). Ils sont parachutés en Bretagne, là où se concentrent les divisions de réserve allemandes. Ils doivent harceler, saboter les moyens de l'ennemi, encadrer les maquisards bretons très nombreux.

Cinq heures plus tard – à 6 h 30 –, cinq divisions doivent prendre pied sur les plages de Normandie sous la protection d'un gigantesque bombardement aérien et naval.

Eisenhower a donc choisi de suivre les prévisions du responsable des services de météorologie, le « Group Captain » Stagg de la RAF qui dans la nuit du 4 au 5 juin – initialement prévue pour le Débarquement, mais retardée pour cause d'intempéries – a remis un rapport précis, ouvrant une fenêtre pour l'action.

« Des conditions favorables, écrit Stagg, prévaudront à intervalles dans toute la Manche pendant la journée du lundi 5 juin et se maintiendront au moins jusqu'à l'aube du mardi 6 juin. Les vents tomberont sur les côtes de Normandie…

Les bancs de nuages seront brisés et ne descendront pas au-dessous de 900 mètres environ... Après cet intervalle le temps redeviendra à nouveau nuageux ou menaçant dans l'après-midi du mardi... »

Troupes américaines débarquant sur les plages de Normandie le 6 juin 1944.

Le *D-Day* sera donc le mardi 6 juin.

Les commandants d'unités reçoivent, après des jours de secret et d'incertitude, les cartes de leurs objectifs.

Et chaque homme prend connaissance du message personnel que lui adresse le maréchal Montgomery.

« Prions pour que le Dieu des armées nous accompagne et que Sa Grâce spéciale nous aide dans la bataille. »

Les premiers messages des parachutistes parviennent au quartier général.

Le détachement des Français du SAS a déjà rencontré les responsables des maquis, enthousiastes. Ils espèrent rassembler et diriger plusieurs milliers d'hommes. L'un des groupes de parachutistes s'est heurté à des ennemis, sans doute des

Géorgiens enrôlés dans la Wehrmacht. Un caporal, Émile Bouétard, Français Libre, est mort dans cette escarmouche, le premier de ce Jour J.

À 2 h 40, ce 6 juin, après les premiers atterrissages, le général Speidel, chef d'état-major de Rommel, téléphone au Feldmarschall :

« On ne pense pas qu'il s'agisse ici d'une opération importante », dit-il.

À 4 heures, le Führer interdit par téléphone à von Rundstedt d'utiliser ses divisions de réserve.

« Il convient d'attendre le plein jour pour avoir une vision claire de la situation. »

Ce n'est qu'à 16 h 55 que l'état-major du Führer ordonnera de contre-attaquer et de réduire dans la nuit les « têtes de pont » qu'ont réussi à créer les troupes alliées : « La plage devra être nettoyée cette nuit au plus tard. »

Voilà cinq jours et cinq nuits que les bombardiers de la RAF et de l'US Air Force écrasent la France sous des milliers de tonnes de bombes. Ils disloquent les voies de communication ferroviaires et routières, les gares, les ponts. La Wehrmacht est paralysée et la multiplication des raids à l'ensemble de la France ne permet pas de situer les lieux de débarquement.

Mais cette nuit du lundi 5 au mardi 6, les canons des cuirassés et des croiseurs ont martelé le « Mur de l'Atlantique » cependant que les raids aériens rasent les villes : du Havre à Cherbourg, pas une seule agglomération qui ne soit transformée en ruines.

Les victimes civiles françaises se comptent par milliers.

Et malgré ces deuils, ces souffrances, la population accepte de payer ce prix pour sa libération, comme si elle avait retenu les mots de Churchill et de De Gaulle, l'un annonçant en 1940 « de la sueur, du sang, des larmes », le second évoquant « les pertes, les fureurs, les larmes ».

Personne, en tout cas, ne doute que c'est l'épreuve finale qui commence avec ce 6 juin, ce « jour le plus long ». À Vichy, l'angoisse et même la panique saisissent les membres du gouvernement, du service de sécurité.

On place devant les lieux névralgiques des réseaux de fils de fer barbelés, comme si on craignait une attaque. Vichy est pourtant situé à 500 kilomètres des côtes normandes. On coupe même le téléphone de l'hôtel du Parc et des services annexes.

Dès ce premier jour, Pétain et Laval s'affairent.

Le Maréchal répète qu'il veut éviter la « guerre civile » et, le jour de la Libération, remettre le pouvoir à des « autorités » prêtes à préserver la paix dans le pays et quelques principes de la révolution nationale.

Laval rêve de rester au centre de la scène publique en favorisant le recours à l'Assemblée nationale qui rétablirait la République, en empêchant ainsi de Gaulle de parvenir au pouvoir.

Chimères, divagations, illusions d'hommes qui, coupés des réalités du pays, ne mesurent pas l'état d'esprit des Français qui vibrent à l'idée de la Libération prochaine.

Il suffit d'écouter les messages que Pétain et Laval adressent au pays dans la matinée du mardi 6 juin 1944 pour se convaincre qu'un abîme sépare les hommes de Vichy des Français.

Le discours de Pétain a été enregistré depuis des semaines et il a été passé au crible par les Allemands.

C'est un appel à la soumission, comme s'il était possible de se terrer alors que l'on ne rêve que de voir les Allemands battus et chassés.

« Les armées allemandes et anglo-saxonnes sont aux prises sur notre sol, commence Pétain. La France devient un champ de bataille…

« Fonctionnaires, agents des services publics, cheminots, ouvriers, demeurez fermes à vos postes pour maintenir la vie de la nation et accomplir les tâches qui vous incombent.

« Français, n'aggravez pas vos malheurs par des actes qui risqueraient d'appeler sur vous de tragiques représailles.

« ... La France ne se sauvera qu'en observant la discipline la plus rigoureuse.

« Obéissez donc aux ordres du gouvernement. Que chacun reste face à son devoir.

« Les circonstances de la bataille pourront conduire l'armée allemande à prendre des dispositions spéciales dans les zones de combat. Acceptez cette nécessité, c'est une recommandation instante que je vous fais dans l'intérêt de notre sauvegarde… »

Les Allemands n'ont rien exigé de Laval. Ils ont confiance en lui.

Laval rédige un texte dont il a depuis le mois de mars préparé l'argumentaire : la France doit s'abriter derrière la Convention d'armistice et refuser toute participation aux opérations ou à aucun travail de caractère militaire.

D'une voix assurée, martelant les mots comme s'il énonçait une évidence, Laval déclare :

« La France n'est pas en guerre.

« Vous vous refuserez à aggraver la guerre étrangère par l'horreur de la guerre civile. »

Pétain et Laval font comme si la Résistance, les maquis, le Gouvernement Provisoire de la République française – proclamé à Alger, le 3 juin –, les Forces Françaises de l'Intérieur (FFI) – qui hier, le 5 juin, viennent de porter à leur tête pour l'Île-de-France le communiste Rol-Tanguy – n'existaient pas.

Ils font mine d'oublier de Gaulle.

Mais de Gaulle, président du Gouvernement Provisoire, existe. Les Alliés s'en rendent compte.

18.

C'est la nuit du 5 au 6 juin.

Le diplomate anglais, Charles Peake, explique à de Gaulle que tous les chefs d'État en exil prendront la parole demain matin à l'aube, puis viendront la proclamation d'Eisenhower et enfin le général de Gaulle.

De Gaulle secoue la tête, refuse.

« Je paraîtrai avaliser ce qu'il aura dit et que je désapprouve et je prendrai dans la série un rang qui ne saurait convenir. Si je prononce une allocution, ce ne peut être qu'à une heure différente, en dehors de la suite des discours. »

La France a près de 130 000 hommes engagés dans la guerre. Elle est la quatrième puissance belligérante dans le camp des Alliés. De Gaulle ne se laissera pas traiter comme la grande-duchesse de Luxembourg ou la reine des Pays-Bas !

On lui rapporte que Churchill, fou de rage, s'est écrié :

« Qu'on mette de Gaulle en avion et qu'on le renvoie à Alger, enchaîné si nécessaire. Il ne faut pas le laisser rentrer en France. Tant que le général de Gaulle restera à la tête des affaires, il n'y aura pas de bonnes relations entre la France, la Grande-Bretagne et les États-Unis. Le général de Gaulle est un ennemi. »

De Gaulle hausse les épaules. Puis il écoute le diplomate Viénot présenter à nouveau les arguments d'Eden. Il faudrait, selon le secrétaire d'État, que les officiers français de liaison administrative puissent débarquer avec les Alliés, que de Gaulle s'y engage.

Viénot ne comprend donc pas qu'il s'agit de notre avenir !

De Gaulle tempête. Il va et vient dans le salon de l'hôtel Connaught, puis tout à coup il s'apaise.

Cette nuit est celle où les premiers parachutistes vont toucher la terre de France, et parmi eux les Français du 2e régiment de parachutistes de l'air.

Bientôt prendront pied avec la première vague d'assaut les hommes du bataillon de choc du commandant Kieffer, qui vont se jeter hors des barges de débarquement.

Il retrouve le petit appartement de Seymour Place où Philippe l'attend. Il veut passer cette nuit avec lui. Il observe son fils qui a choisi, pour participer aux combats de la Libération, d'être versé dans un régiment de fusiliers marins.

Dîner en tête à tête. Prendre le temps de le regarder, de lui parler en cette nuit décisive. Évoquer les héros : Moulin, torturé à mort ; Fred Scamaroni, délégué de la France Libre en Corse, et l'un des premiers résistants, Jacques Blingen, qui, il le sait maintenant, se sont suicidés après avoir été arrêtés. Comme Brossolette.

« Les Anglo-Saxons, dit-il d'une voix sourde, s'apprêtent à traiter les Français comme des autochtones à administrer ! »

Ce n'est pas pour ce résultat-là que ces héros sont tombés.

Il aime ce silence recueilli qui s'établit avec son fils, puis cette évocation grave de leur famille, de ceux qui sont entre les mains des nazis, Marie-Agnès, Alfred Caillau, Pierre de Gaulle et Geneviève de Gaulle.

Le temps passe. De Gaulle regarde la pendule.

« Ça y est, dit-il. Maintenant, c'est le débarquement. »

Peu après, il reconduit son fils.

« J'ai confiance en la réussite du débarquement, dit-il. Les Alliés disposent de forces considérables. »

Il s'interrompt. Si une première opération ne réussissait pas, il y en aurait une seconde, une troisième…

« Mais comme nous le pensions dès le début, les Allemands perdront la guerre, quoi qu'il en soit. »

C'est le matin du 6 juin.

Les premières nouvelles sont encourageantes. De Gaulle reçoit Charles Peake.

« Tout le monde a parlé, dit le diplomate. Il faut vous adresser au peuple français à votre tour », insiste-t-il.

Maintenant qu'il sera seul à l'antenne, de Gaulle peut accepter. Il enregistrera son émission vers midi. Il n'en communiquera pas le texte, naturellement.

Il mesure l'hésitation et les craintes de Peake et, au-delà de lui, celles du Foreign Office et sans doute de Churchill. Mais ils vont s'incliner parce que la France s'est rassemblée, parce que la Résistance montre déjà son efficacité, paralysant les divisions allemandes.

Parce que Pétain vient de déclarer que les Français doivent s'abstenir de participer aux combats qui commencent.

Le général de Gaulle le matin du Débarquement le 6 juin 1944.

À 12 heures, il entre dans les studios de la BBC de Bush House.

Il marche lentement le long des couloirs. Une émotion intense lui serre la gorge.

Il se souvient de l'appel du 18 juin 1940 à partir duquel tout a commencé. Ce qu'il va dire, ces phrases qui se pressent en lui, est issu de ce jour-là.

Il s'assied. On règle le micro. Il se remémore chaque mot. Il doit appeler au combat au nom du gouvernement français, et il doit faire comprendre que cette bataille sera dure.

Lampe rouge. Geste du technicien derrière la vitre. Il commence :

« La bataille suprême est engagée… C'est la bataille de France et c'est la bataille de la France. [...] Pour les fils de France, le devoir est simple et sacré : il s'agit de détruire l'ennemi, l'ennemi qui écrase et souille la patrie… Cette bataille, la France va la mener avec fureur. Elle va la mener en bon ordre. C'est ainsi que nous avons depuis quinze cents ans gagné chacune de nos victoires… [Il faut] que les consignes données par le gouvernement français et par les chefs français qu'il a qualifiés pour le faire soient exactement suivies… [Il faut] que l'action soit conjuguée avec celles que mènent de front les armées alliées et françaises… L'action des armées sera dure et sera longue. C'est dire que l'action des forces de la Résistance doit durer jusqu'au moment de la déroute allemande… La bataille de France a commencé. Il n'y a plus dans la nation, dans l'Empire, dans les armées, qu'une seule et même volonté, qu'une seule et même espérance. Derrière le nuage si lourd de notre sang et de nos larmes, voici que reparaît le soleil de notre grandeur. »

Les heures, les jours.

C'est comme si d'avoir prononcé ces phrases l'avait épuisé, peut-être s'est-il laissé jouer ?

Il prépare un télégramme pour Alger. Il faut que le Gouvernement Provisoire soit averti de ce qui se passe ici.

« Mon voyage a pour principal objet de couvrir la marchandise... »

Il hésite à poursuivre. Il sait que l'opinion anglaise, les journaux, les parlementaires commencent à protester contre « l'asservissement de Churchill à Roosevelt ». Il sent des signes d'apaisement.

Il reçoit Eden, accepte que le général Koenig, qu'il nomme commandant en chef des Forces Françaises de l'Intérieur (FFI), envoie des officiers de liaison auprès des forces alliées.

Mais comment ne pas s'indigner quand Eisenhower annonce la mise en circulation en France de ces billets étrangers ?

« Il est honteux, dit-il à Eden, que les Anglais soient à la remorque de l'Amérique et aient accepté leur fausse monnaie. »

Il reprend son télégramme destiné à Alger.

Il faut qu'on sache là-bas que « toutes nos protestations ont été inutiles »... Washington a imprimé pour 40 milliards de « francs d'occupation ».

« Churchill est devenu aveugle et sourd. »

Le Premier ministre s'est rendu le 12 juin sur les plages du Débarquement en compagnie du maréchal Smuts.

Sans même songer à y inviter le chef du Gouvernement Provisoire de la République française, qui se bat contre l'Allemagne depuis aussi longtemps que lui, et avec lui !

Il faut que l'opinion anglaise et américaine condamne cette politique, pèse davantage encore.

Déjà Roosevelt lui a fait parvenir une invitation à le rencontrer à Washington.

De Gaulle convoque un journaliste de l'Agence Française d'Information.

« Il n'existe aucun accord entre le gouvernement français et les gouvernements alliés au sujet de la coopération de l'administration française et des armées alliées..., déclare-t-il. Cette situation est inacceptable pour nous et risque de provoquer en France même des incidents qu'il nous paraît nécessaire d'éviter. D'autre part, l'émission en France même d'une monnaie prétendument française sans aucun accord et sans aucune garantie de l'autorité française ne peut conduire qu'à de sérieuses complications... »

Voilà, les choses sont dites.

La presse s'enflamme contre la politique de Churchill. Le cabinet désavoue le Premier ministre qui veut empêcher de Gaulle de se rendre en France.

En dépit de Churchill, une date est fixée. De Gaulle se rendra en France. Le 13 juin, il embarquera à bord du contre-torpilleur *La Combattante* qui appareillera à l'aube du 14 pour la côte française.

19.

Il a suffi d'une semaine, entre le mardi 6 – « le jour le plus long », le *D-Day* – et ce 13 juin pour que les jeux soient faits en Normandie.

Durant ces sept journées cruciales, chaque minute, chaque heure a compté autant que des années.

Le 6 juin, le général Jodl n'a pas osé réveiller le Führer et a pris sur lui de ne pas autoriser le déplacement et la contre-attaque des divisions de panzers.

Quand le Führer se réveille vers 15 heures ce mardi 6 juin et qu'il dicte à 16 h 55 son ordre du jour qui se conclut par cette phrase : « La plage devra être nettoyée cette nuit au plus tard », les têtes de pont anglaise et américaine sont déjà enracinées sur les plages.

Rommel, qui est rentré en fin d'après-midi à son QG, transmet l'ordre du Führer au général Pemsel, commandant la VIIe armée. Et celui-ci répond : « C'est impossible ! »

Les Alliés ont la totale maîtrise du ciel.

Les routes sont en permanence survolées, en toute liberté, par les chasseurs de la RAF. Tout est cible. Les camions, les panzers, les véhicules blindés explosent, brûlent, versent dans les fossés.

Les canons des cuirassés écrasent sous leurs obus les bunkers, les nids de mitrailleuses du Mur de l'Atlantique.

Le 13 juin, les têtes de pont élargies, reliées entre elles, forment de Caen – qui résiste aux Anglais – à la presqu'île du Cotentin un front continu de 100 kilomètres de côtes.

« À compter du 9 juin, dit le général Speidel, chef d'état-major de Rommel, l'initiative a appartenu aux Alliés. »

Les Anglais ont repoussé une vive contre-attaque menée par quatre divisions blindées SS, pilonnées par les obus des canons des navires et les bombes des chasseurs-bombardiers.

« Qu'allons-nous faire ? demande à von Rundstedt le général Keitel, qui est celui qu'on nomme "crapaud rapporteur" du Grand Quartier Général du Führer.

— Faites la paix, pauvres imbéciles, hurle dans le téléphone von Rundstedt, que pouvez-vous faire d'autre ? »

Rommel l'avait dit : quand la Luftwaffe ne peut protéger les panzers, c'est miracle de pouvoir même résister.

Hitler ne l'a pas compris.

Il laisse filer les minutes, les heures.

Alors qu'il a affirmé depuis des mois que le « front de l'Ouest » deviendrait, si les Alliés débarquaient, le front principal, il semble détourner le regard comme s'il ne voulait pas choisir, toujours persuadé, au fond de lui, que les Alliés mènent peut-être une attaque de diversion avant d'ouvrir le front principal dans la région de Calais et de Boulogne.

Le mercredi 7 juin, le Führer quitte ainsi son Quartier Général pour se rendre à Klessheim, une ville autrichienne proche de Salzbourg, afin d'y rencontrer le Premier ministre hongrois Sztojay, et lui recommander – lui imposer – de traiter le problème juif en Hongrie.

« Alors même, dit Hitler, que le régent Horthy essaie de choyer les Juifs, les Juifs ne l'en haïssent pas moins.

« Les Allemands ne veulent pas limiter la souveraineté hongroise, poursuit Hitler, ils veulent défendre la Hongrie contre les Juifs et leurs agents. »

Ce 7 juin, cependant que des dizaines de milliers de soldats anglais, canadiens, américains, débarquent en Normandie, élargissant leurs têtes de pont, Hitler revient sur le déclenchement de la guerre en 1939, et le rôle décisif des Juifs. Il les avait mis en garde, maintenant les Juifs doivent payer.

Hitler hausse le ton, fébrile, les yeux fixes.

« Je dois rappeler, dit-il, qu'à Hambourg 46 000 femmes et enfants ont été brûlés à mort. Personne ne peut me demander d'avoir la moindre pitié pour cette peste mondiale. Je m'en tiens désormais au vieux proverbe juif, *œil pour œil, dent pour dent*... Si la race juive devait gagner, conclut-il, au moins 30 millions d'Allemands seraient exterminés et des millions d'autres mourraient de faim. »

Ainsi le Führer, confronté au Débarquement, s'enferme-t-il dans ses obsessions criminelles, laissant ses maréchaux, ses généraux, ses officiers faire face à la fois aux troupes alliées et aux résistants.

Car l'annonce du Débarquement a exalté les maquisards. Souvent, ils abandonnent toute prudence, multiplient les attaques contre la Wehrmacht, et les actions de sabotage.

Ils cherchent à empêcher le déplacement des unités nazies vers le champ de bataille de Normandie.

Ils déplacent les rails (800 coupures dans l'Indre dans les 30 jours qui ont suivi le 5 juin !), cisaillent les lignes électriques, font sauter les ponts, tendent des embuscades.

Les Allemands vont réagir avec sauvagerie à ces actions de « guérilla ».

Le Feldmarschall von Rundstedt donne le 8 juin des consignes implacables à la division SS Das Reich commandée par le général Lammerding.

« Le développement des bandes dans le Massif central pendant ces derniers jours et ces dernières heures, écrit von Rundstedt, exige l'emploi immédiat et impitoyable de forces plus importantes. »

Il ordonne de « mener des actions de grande envergure contre les bandes dans le sud de la France avec la plus extrême vigueur et sans ménagement. Le foyer d'agitation qui persiste dans cette région doit être définitivement éteint. Le résultat de l'entreprise est de la plus haute importance pour l'évolution ultérieure de la situation à l'Ouest. Dans ce genre d'opération, un demi-succès ne sert à rien. Il faut écraser les forces de résistance au moyen d'attaques rapides et enveloppantes. Pour le rétablissement de l'ordre et de la sécurité, les mesures les plus énergiques devront être prises afin d'effrayer les habitants de cette région infestée à qui il faudra faire passer le goût d'accueillir les groupes de résistance et de se laisser gouverner par eux. Cela servira en outre d'avertissement à toute la population. »

Les SS de la division Das Reich vont transformer ces mots en fusillés, en pendus, en brûlés.

Pour eux, cette région qui comprend la Corrèze, la Haute-Vienne, la Creuse et l'Indre, est une « Petite Russie » – ainsi qu'ils la nomment depuis plusieurs mois –, compte tenu du nombre de sabotages et d'attaques de « partisans ».

Lammerding décide de passer aux actes.

« Pour tout Allemand blessé, trois terroristes seront pendus, et pour tout Allemand tué, ce seront dix terroristes. »

Or, en fin de journée, le 8 juin, les Francs-Tireurs et Partisans (FTP) se sont, après deux jours de combats, rendus maîtres de la ville de Tulle !

Les Allemands barricadés dans l'École normale ont eu une quarantaine de tués et 25 blessés que les maquisards veulent abattre.

Les Allemands n'ont-ils pas fusillé, à la gare, plusieurs ouvriers ?

Le préfet s'interpose et les FTP renoncent à leur projet.

Dans la nuit, des éléments blindés de la division Das Reich occupent la ville, découvrent les cadavres de 44 soldats allemands.

La rage s'empare des SS. Ils annoncent que Tulle sera livrée aux flammes et que 3 000 de ses habitants seront exécutés.

Ils pendront 99 otages aux lampadaires, aux arbres, aux balcons, et 149 autres hommes seront déportés.

À Ussel, les FTP, qui contestent un accord intervenu entre l'Armée secrète, les Allemands et les forces du Maintien de l'ordre, attaquent et sont tous abattus : 47 morts.

À Guéret, le long des routes, les SS de la division Das Reich fusillent, là 29 jeunes FFI, et ici – dans les environs de Limoges – 50 civils, hommes, femmes et enfants.

Le samedi 10 juin 1944, un détachement SS de la même division Das Reich cerne le village d'Oradour-sur-Glane. Ils prétendent venger l'un de leurs officiers, exécuté par les FFI… à 50 kilomètres d'Oradour.

Oradour-sur-Glane après le passage de la division Das Reich en juin 1944.

Les maisons du village sont incendiées après que les hommes ont été abattus dans les granges. Les femmes et les enfants sont mitraillés et brûlés dans l'église.

Six cent quarante-deux personnes, dont 240 femmes et enfants, périssent ainsi.

La nuit suivante, les Allemands reviennent et ensevelissent à la hâte les « restes » calcinés des femmes et des enfants, mêlés aux décombres de l'église incendiée.

L'horreur de ce massacre n'est justifiée que par les ultras de la collaboration.

Ils disculpent les soldats de la division Das Reich – et parmi eux de jeunes Alsaciens incorporés de force.

Pour Xavier Vallat, les « soldats allemands ont été amenés à faire supporter à une population innocente la cruelle conséquence des méfaits de quelques bandits ».

Les « bandits », ce sont ces jeunes patriotes qui arborent un brassard sur lequel figurent une croix de Lorraine et trois lettres : FFI, Forces Françaises de l'Intérieur.

Mais au lieu de leur garantir la vie sauve, accordée aux combattants, ce brassard les désigne à l'ennemi et ils sont aussitôt fusillés.

Le 10 juin 1944, devant l'inexpérience de ces FFI, le faible armement dont ils disposent, le général Koenig, leur chef, revient sur l'appel à la mobilisation générale et à l'insurrection nationale qu'il a lancé les 5 et 6 juin.

Koenig donne l'ordre formel de freiner au maximum l'intensité de la guérilla en raison de l'impossibilité de la ravitailler.

Et puis « les assassins SS exercent des représailles sanglantes sur des populations de civils désarmés ».

Comment ne pas penser aux pendus de Tulle, aux femmes et aux enfants d'Oradour-sur-Glane ?

Les SS de la division Das Reich ont été plus cruels que leurs camarades qui à Lidice, en 1942, ont épargné les femmes et les enfants de ce village tchèque puni après l'assassinat de Heydrich, le « protecteur » de la Bohême et de la Moravie.

Ainsi, en ce mois de juin 1944, la barbarie se déploie-t-elle sur le monde en guerre avec une rage jamais atteinte auparavant.

Dans les laboratoires et usines souterrains, les savants et les ingénieurs allemands, entourés d'une main-d'œuvre de déportés – esclaves voués à la mort –, mettent au point les « armes secrètes » qu'évoquent souvent les dirigeants nazis.

À Londres, et plus encore à Washington, on mesure qu'une course de vitesse est engagée pour maîtriser la fission de l'atome qui libérera une force explosive sans équivalent.

Est-ce à cette *bombe atomique* que pense le Führer ?

Il parle de ces armes nouvelles qui donneront la victoire au IIIe Reich.

Le 13 juin, les nazis exultent.

Des bombes volantes – les V1 –, d'un poids de 2 tonnes et d'une hauteur de 8 mètres, volant entre 600 et 1 000 mètres d'altitude, à une vitesse de 600 kilomètres à l'heure, d'une portée de 200 à 400 kilomètres, ont frappé Londres et d'autres villes anglaises.

Cela semble être un cauchemar, le retour qui paraissait improbable de la vulnérabilité de l'Angleterre.

La veille – le 12 juin –, Churchill s'est rendu en France, invité au quartier général de Montgomery.

On déjeune sous une tente dressée face à l'ennemi dans le parc d'un château situé à 5 kilomètres du front.

« Ce front est-il continu ? demande Churchill.

— Non, répond Montgomery.

— Dans ce cas, qu'est-ce qui pourrait empêcher qu'une percée des blindés allemands vienne troubler notre déjeuner ? »

Montgomery estime qu'à son avis ils ne viendront pas.

On rentre à bord d'un destroyer.

« Nous sommes allés tirer quelques salves contre les Boches, raconte Churchill, mais bien que la portée n'ait été que de 5 500 mètres, ils n'ont pas daigné nous répondre.

« J'ai passé une joyeuse journée sur les plages et à l'intérieur des terres », conclut Churchill.

Mais le lendemain, ce sont les sifflements des V1 dans le ciel anglais et les morts et les blessés qu'il faut retirer des décombres.

« Ces bombes volantes, dit Hitler, vont convertir les Anglais à la paix. »

Ce 17 juin, il est assis en face de ses maréchaux, von Rundstedt et Rommel, restés debout.

Le blockhaus où il les reçoit a été construit en 1940, à Margival, près de Soissons. Il devait servir de quartier général au Führer pendant l'invasion de la Grande-Bretagne. C'est la première fois, ce 17 juin 1944, que Hitler l'utilise.

Le Führer est pâle, voûté, marqué par les insomnies. Il joue nerveusement avec ses lunettes et des crayons de couleur.

À ses maréchaux qui lui demandent d'utiliser les V1 sur le front de Normandie ou contre les ports anglais, Hitler secoue la tête.

« Londres, Londres », répète-t-il.

Rommel, d'une voix calme, déclare que la lutte est sans espoir contre la supériorité alliée sur terre, sur mer et d'abord dans les airs.

Hitler bougonne, annonce : « Des centaines d'avions à réaction vont bientôt chasser les aviateurs anglais et américains des cieux… puis l'Angleterre s'effondrera. »

L'entretien qui a commencé à 9 heures est tout à coup interrompu par une alerte aérienne. On gagne un abri souterrain où l'on déjeune.

Le général Speidel qui assiste à l'entretien note que Hitler mange une énorme assiette de riz et de légumes goûtés au préalable par un serveur.

Sur la table, devant Hitler, sont alignés des pilules et des verres à liqueur contenant des médicaments qu'il prend à tour de rôle. Deux SS se tiennent debout derrière la chaise du Führer.

Rommel, calmement mais d'un ton déterminé, prédit que le front allemand de Normandie va s'effondrer et que l'on ne pourra s'opposer à une poussée vers l'Allemagne.

Il doute fort que l'on puisse tenir sur le front russe. L'Allemagne se trouve dans un isolement politique absolu... Il demande avec insistance qu'un terme soit mis à la guerre.

Hitler se lève, dit brutalement :

« Ne vous préoccupez donc pas du cours futur de la guerre, mais plutôt de votre front d'invasion ! »

Il est 16 heures, ce 17 juin. Les maréchaux Rommel et von Rundstedt s'en vont.

Peu après, un sifflement déchire l'atmosphère.

Un V1 qu'on vient de lancer sur Londres, mal réglé, a changé de trajectoire et vient de s'abattre au-dessus du blockhaus. Personne n'est blessé.

Mais Hitler quitte aussitôt Margival et, oubliant qu'il a promis à ses maréchaux de rendre visite au QG du groupe d'armées B, il regagne Berchtesgaden.

20.

Hitler, alors que sa voiture roule entre les forêts de l'Obersalzberg, se souvient-il qu'il y a quatre ans, presque jour pour jour, il s'apprêtait à visiter Paris, réalisant ainsi l'un de ses rêves ?

Ses soldats étaient entrés dans la capitale prétentieuse et vaniteuse. Elle avait été déclarée ville ouverte. C'était le 14 juin 1940.

De ce jour d'humiliation, presque de honte, et d'une tristesse amère, de Gaulle se souvient.

Ce 14 juin 1944, il est debout sur la passerelle de la frégate des Forces Navales Françaises Libres, *La Combattante*.

L'aube est grise, la mer mauvaise.

Il approche de la côte française. Il va fouler le sol de la patrie pour la première fois depuis quatre ans.

Il enfonce ses mains dans la longue capote kaki boutonnée jusqu'au cou.

Il voudrait que la joie le soulève, mais il se sent enveloppé par une chape lourde comme ce manteau.

Il est grave. Il s'étonne d'être soucieux.

Ce peuple qu'il va découvrir, qu'est-ce qu'il est devenu ? Correspond-il à celui qu'il a si souvent invoqué, exalté durant quatre ans ?

Et ce peuple qu'il a vu encore il y a peu, lors de la projection d'un film, se rassembler autour de Pétain de passage à Paris, reconnaîtra-t-il de Gaulle ?

Et puis, il y a l'avenir du pays. La guerre qui continue. Les communistes qui contrôlent une grande part de la Résistance. Les Alliés qu'il va falloir placer devant le fait accompli.

Il se tourne, cherche des yeux François Coulet qu'il a nommé commissaire de la République de la zone libérée. Le colonel de Chevigné, lui aussi Français Libre de 1940, doit commander la subdivision militaire.

Il faut imposer ces deux hommes dès aujourd'hui pour qu'ensuite des nominations de ce type se généralisent dans chaque région libérée et que l'AMGOT tombe en poussière.

Tant d'autres problèmes !

Il fume cependant que le navire roule et tangue. Le commandant Patou, qui commande *La Combattante*, s'approche.

« Patou, je ne céderai pas », dit de Gaulle à mi-voix.

Il dévisage Patou, qui est interloqué.

« Sur l'affaire des billets de banque émis par les Américains, poursuit-il. C'est de la fausse monnaie. »

L'amiral d'Argenlieu, Palewski, Béthouart, Boislambert et Viénot montent à leur tour sur la passerelle. La côte, mince liseré, apparaît.

« Vous rendez-vous compte, mon général, qu'il y a quatre ans jour pour jour, les Allemands entraient dans Paris ? dit Viénot.

— Eh bien, ils ont eu tort ! » répond de Gaulle sèchement.

Les mots ne viennent pas. La poitrine est serrée. La joie écrasée sous l'émotion.

Et pourtant, la plage de Grave, à l'ouest de la Seulles, sur laquelle vient de s'arrêter la vedette amphibie qui l'a conduit depuis *La Combattante*, c'est le sol de France.

Il allume une cigarette, mais reste silencieux, entouré par ses compagnons et des officiers écossais et canadiens qui viennent de débarquer.

Il aperçoit Boislambert qui le photographie. Il se souvient de Dakar, en septembre 1940, de cette nuit d'abîme après l'échec, les tirs de Français sur des Français. D'Argenlieu avait été blessé là-bas. Il est là, et c'est bien.

De Gaulle monte dans une jeep.

On se dirige vers le quartier général de Montgomery. Des Français enfin, sur la route encombrée de véhicules militaires. Des femmes en noir.

Un curé qui crie : « Mon général, j'ai entendu votre appel… » Il vient de voir passer la jeep. Il l'a suivie avec sa voiture à cheval. Il veut serrer la main du général de Gaulle.

« Monsieur le curé, je vous embrasse », dit de Gaulle.

Dans sa poitrine, quelque chose cède qui libère les mots, la joie.

Il interpelle deux gendarmes, effarés, les charge de se rendre à Bayeux, annoncer son arrivée. Il les regarde s'éloigner sur leurs bicyclettes.

La route, à l'exception de ces deux silhouettes noires, est déserte. La campagne verdoyante, tranquille sous le ciel voilé. La France paraît si paisible, comme si elle avait ignoré la guerre.

Ce n'est que l'impression d'un instant, puisque voici des maisons détruites, des colonnes de soldats britanniques, puis le quartier général de Montgomery installé dans la cour d'un château.

Il écoute le général anglais donner, dans le camion qui lui sert de bureau, les explications concernant la bataille en cours.

Montgomery est souriant, calme, assuré, prudent aussi. Aux parois du camion, il a accroché deux photos, l'une d'Eisenhower et l'autre de Rommel.

De Gaulle reste quelques instants dans la cour du château. C'est cela, la réalité : ce puzzle de situations et de moments qu'il faut rassembler pour leur donner un sens.

Il dit négligemment à Montgomery :

« Derrière moi, je laisse le commandant Coulet qui s'occupera de la population. »

Montgomery approuve d'un mouvement de tête. De Gaulle jubile. L'AMGOT est morte avant d'avoir vécu.

Il entre dans Bayeux.

La ville a peu souffert. Ces pavés, ces maisons basses, cette place du Château et cette foule qui se rassemble, qui lui fait cortège, lance des vivats, ces femmes qui éclatent en sanglots, ces enfants qui marchent près de lui au milieu de la rue, c'est la France.

Il se sent charnellement de ce pays qu'il retrouve dans chaque visage, chaque pierre.

Il est ému à ne pouvoir parler, et il ouvre un peu les bras. Il avance comme dans un rêve, entouré, pressé.

Le général de Gaulle dans Bayeux libéré en 1944.

« Nous allons ainsi tous ensemble, bouleversés et fraternels, sentant la joie, la fierté, l'espérance nationales, remonter du fond des abîmes. »

Il voit Maurice Schumann qui a débarqué avec les premières vagues alliées, qui a fait préparer cette estrade sur la place du Château. Près de 2 000 personnes sont rassemblées. De Gaulle embrasse les enfants. On lui tend des bouquets. Il monte sur l'estrade. On crie : « Vive de Gaulle ! »

Il veut garder le souvenir de cet instant, de cette foule dans la première ville libérée, de ce premier discours sur le sol de la patrie.

« Honneur et patrie, voici le général de Gaulle ! » lance Schumann.

C'est comme si la place du Château se remplissait de silence.

Il voit ces soldats britanniques appuyés à leurs jeeps, à peine attentifs, et ces visages français avides, tendus, guettant les mots qu'il va prononcer.

Il devine leur attente où se mêlent espérance et anxiété, émotion et sentiment de délivrance. Il est à l'unisson.

« Nous sommes tous émus en nous retrouvant ensemble dans l'une des premières villes libérées de la France métropolitaine, mais… »

Il s'interrompt. Il voudrait laisser la voix lyrique tout emporter.

« Mais… ce n'est pas le moment de parler d'émotion. »

Il regarde ces soldats étrangers qui bavardent entre eux, indifférents.

« Notre cri maintenant comme toujours est un cri de combat, poursuit-il, parce que le chemin du combat est aussi le chemin de la liberté et le chemin de l'honneur… Je vous promets que nous continuerons la guerre jusqu'à ce que la souveraineté de chaque pouce de territoire français soit rétablie. »

Il hausse la voix.

« Personne ne nous empêchera de le faire. Et la victoire que nous remporterons sera la victoire de la liberté et la victoire de la France. Je vais vous demander de chanter avec moi notre hymne national, *La Marseillaise.* »

Il ferme à demi les yeux. Voilà ce qu'il n'oubliera plus.

On repart.

Isigny est dévastée. Les hommes penchés sur les décombres cherchent des survivants et trouvent des cadavres.

On se redresse. Il va vers ces hommes, ces femmes, ces enfants. Ici, il rencontre la France blessée, en ruine, mutilée. Elle est là autour de lui, devant le monument aux morts.

Il faut dire l'espoir.

On lui serre les mains avec ferveur. Il voudrait demeurer là, parmi eux, mais il faut partir, traverser un bourg de pêcheurs, Grand-Camp, détruit lui aussi, rembarquer à bord de *La Combattante.*

Il reste sur la passerelle. La nuit l'entoure. Elle cache son émotion et sa joie.

Le général Béthouart vient se placer près de lui.

« Tu vois, lui murmure-t-il, il fallait mettre les Alliés devant le fait accompli. Nos autorités nouvelles sont en place. Tu verras qu'ils ne diront rien. »

Que pourraient-ils opposer à ce rassemblement spontané autour de lui de ces Français sur la place de Bayeux ou au milieu des ruines d'Isigny ?

À Carlton Gardens, dans l'après-midi du 15 juin, il veut que l'on accueille Anthony Eden avec solennité.

Il faut une garde d'honneur devant le bâtiment, des officiers postés le long de l'escalier. La France souveraine reçoit un allié.

Le Gouvernement Provisoire a été reconnu par la plupart des États européens. Les FFI se battent partout.

Les massacres accomplis par la division Das Reich sont l'aveu criminel de cette bataille de la France : 99 pendus à

Tulle, plusieurs centaines de victimes à Oradour-sur-Glane. Voilà la France martyre et debout.

Il a le sentiment, en serrant la main du secrétaire d'État au Foreign Office, de parler au nom de cette France-là.

Les journaux anglais ont fait le récit de son voyage à Bayeux. Ils ont parlé de l'enthousiasme et des cris « Vive de Gaulle ! ». Et même du manque d'égards des autorités militaires britanniques.

Mais tout cela n'a plus désormais que peu d'importance. On réglera la question de la monnaie. Il se rendra à Washington pour rencontrer Roosevelt.

Dès lors que la souveraineté française est entrée dans les faits, la colère et le refus ne sont plus de mise. On doit, on peut se montrer magnanime.

De Gaulle écrit à Churchill. Il le remercie de l'avoir accueilli en ce « moment d'une importance décisive ». Il salue l'effort de guerre du peuple britannique.

« Pour votre pays qui fut dans cette guerre sans exemple le dernier et imprenable bastion de l'Europe et qui en est à présent l'un des principaux libérateurs, comme pour vous-même, qui n'avez cessé et ne cessez pas de diriger et d'animer cet immense effort, c'est là, permettez-moi de vous le dire, un honneur immortel. »

Il va quitter Londres pour Alger.

On lui apporte la réponse de Churchill. Il la lit lentement. Les phrases sont pleines d'aigreur, de regrets et de ressentiments.

« Aussi est-ce pour moi un grand chagrin qu'aient été et soient élevés des obstacles, écrit Churchill. Si je peux néanmoins me permettre un conseil… »

De Gaulle plie la lettre. Il imagine Churchill maugréant, disant, comme on vient de le rapporter : « Je dénoncerai de Gaulle comme l'ennemi mortel de l'Angleterre. »

Mais ce soir du 16 juin 1944, de Gaulle veut un instant oublier ces conflits.

Il pense à ces années passées ici, à Londres la Courageuse qui reçoit, après des milliers de bombes, le premier V1. Il a tant de souvenirs.

Philippe de Gaulle demeure encore en Angleterre, achevant ses cours à l'école militaire de l'armée de terre à Ribbesford. Quand le reverra-t-il ? Il lui écrit.

« Mon bien cher Philippe,

« Quittant l'Angleterre ce soir, je t'envoie mes meilleures et profondes affections, sûr que tu feras honneur à ton nom et à la marine dans la bataille de France où tu seras engagé…

« Mon voyage en Normandie a été très réconfortant…

« Je t'embrasse de tout mon cœur, mon cher petit Philippe.

Ton papa très affectionné. »

21.

Ce fils que de Gaulle appelle « mon bien cher petit Philippe » a 23 ans, en ce printemps 1944.

Engagé dès juillet 1940, dans la Marine de la France Libre, il veut participer à la « bataille suprême… La bataille de France, la bataille de la France », celle de la Libération de la patrie.

Fusilier marin, il sera incorporé dans la 2e DB du général Leclerc qui doit débarquer en France le 2 août. Il attend ce jour-là avec impatience.

Et ils sont des dizaines de milliers de jeunes Français qui, comme Philippe de Gaulle, n'aspirent qu'à se battre afin de chasser l'Allemand du sol national.

L'ordre du jour du Comité Militaire d'Action (COMAC), daté du 21 juin 1944, appelle à « intensifier partout la guérilla mobile ».

« L'ennemi tentera d'écraser nos forces victorieuses et les assassins SS ont déjà exercé des représailles sanglantes sur des populations de civils désarmés. »

D'un bout à l'autre du pays, les SS pendent, torturent, fusillent, brûlent.

Ils tuent des lycéens à Nice, et pendent 2 FTP aux réverbères de l'avenue principale de la ville.

Ils incendient des villages de Bretagne et de Savoie. Ils achèvent les blessés.

Sous l'uniforme des Waffen-SS, on trouve des Russes, des Géorgiens, des « Cosaques », des Tatars, tueurs sauvages, « barbares » qui ont rompu toutes les amarres.

« Alors, il faut mobiliser tous les hommes valides », a dit de Gaulle à Bayeux, quand il s'est adressé à la population rassemblée sur la place du Château.

Elle entend pour la première fois depuis quatre affreuses années un chef français dire devant elle « que l'ennemi est l'ennemi, que le devoir est de le combattre, que la France elle aussi remportera la victoire ».

Le Comité d'Action Militaire lance un mot d'ordre simple comme un cri :

« Mort à l'envahisseur !
Vive la France ! »

Aux côtés des Allemands, il y a les tueurs de la Milice.

Trois d'entre eux se présentent le 20 juin à la prison de Riom et ordonnent qu'on leur livre le détenu Jean Zay, sous prétexte de le transférer à Melun.

Cet avocat de 40 ans est l'une des figures emblématiques du Front Populaire. Il a été ministre de l'Éducation nationale de Léon Blum. Radical-socialiste, il est resté au gouvernement jusqu'en 1939. Il a été hostile à l'armistice. Il est juif. Les miliciens vont l'abattre.

Le 28 juin, ce sont des FFI, membres des Groupes Francs du Mouvement de Libération Nationale, qui exécutent Philippe Henriot, l'un des ultras de la collaboration. Ses éditoriaux quotidiens sur *Radio-Paris* sont des appels au meurtre de résistants, « ces assassins de l'Armée du crime ».

En représailles, les Miliciens tuent à Lyon, Grenoble, Mâcon, Voiron, Clermont-Ferrand, Toulouse des personnalités soupçonnées d'avoir des sympathies pour la Résistance.

Obsèques de Philippe Henriot à Notre-Dame de Paris avec, à gauche, Pierre Laval et, derrière lui à droite, Marcel Déat.

Le gouvernement Laval organise pour Philippe Henriot des obsèques nationales et des cérémonies ont lieu dans toute la France.

Uniformes de la Milice et de l'occupant se côtoient dans la nef des cathédrales. Le cardinal Suhard donne l'absoute à Notre-Dame, Mgr Feltin à la cathédrale de Bordeaux.

Un seul évêque refuse de participer à cet hommage. Mais cet évêque de Limoges, Mgr Rastouil, est placé en résidence forcée. Le nonce apostolique intervenant auprès de Laval obtiendra qu'il soit autorisé à regagner son diocèse.

Dans toute la France, les nombreux jeunes chrétiens qui rejoignent les maquis et sont témoins des massacres commis par les SS et les miliciens ne comprennent pas l'attitude de leurs évêques.

Ils savent, ces maquisards, qu'on ne leur laissera pas le temps de se confesser, et même de prier quand les SS et les miliciens les aligneront contre un mur pour les abattre.

C'est le cas en Auvergne lors des combats qui opposent les résistants du maquis du mont Mouchet aux SS de la division Das Reich.

Une colonne de camions qui transportent les volontaires de Montluçon au mont Mouchet est interceptée par les Allemands. Sept camions sur onze sont arrêtés, incendiés... Plusieurs dizaines de jeunes gens sont massacrés.

La ville de Saint-Amand-Montrond, libérée quelques heures par les FFI, est reprise par un bataillon de parachutistes allemands. Des maisons sont incendiées, des habitants massacrés au hasard.

Une nouvelle fois, le général Koenig, commandant en chef des FFI, constatant ces massacres, ce rapport des forces, envoie un message qui dans les maquis n'est pas suivi parce qu'il est trop tard, qu'on y applique les premières consignes appelant à l'insurrection nationale.

Or le général Koenig écrit le 10 juin et diffuse jusqu'au 17 juin le texte suivant :

« Ordre du général Koenig. Freinez au maximum activité de guérilla. Stop. Impossible actuellement vous ravitailler en armes et en munitions en quantité suffisante. Stop. Rompre partout contact dans mesure du possible pour permettre phase de réorganisation. Stop. Évitez gros rassemblement, constituez petits groupes isolés. »

Ce message répété provoque le désarroi, la révolte, l'incompréhension, la suspicion : ne s'agit-il pas d'un « faux message » fabriqué par les services allemands de renseignements ? Les agents de l'Abwehr sont des spécialistes de ce « retournement » des radios, de ce *wireless gamble* (jeu des radios).

Ainsi, cette seconde quinzaine de juin 1944, qui devrait être – et qui est – un moment d'enthousiasme et de combat, est aussi le temps du trouble et des hésitations.

Dans les grands maquis – en Auvergne : le mont Mouchet ; en Savoie : le Vercors ; dans le Morbihan : le maquis de Saint-Marcel où se trouvent les parachutistes français du SAS –, c'est la stupeur.

Il est trop tard. On ne peut renvoyer les volontaires dans leur foyer.

« Ils sont grillés et risqueraient d'être arrêtés par la Gestapo ! »

Alors, on affronte l'ennemi comme si le message de Koenig n'existait pas.

On tente de résister aux bataillons allemands. On essaie de briser l'encerclement que les SS et les miliciens réalisent.

Les régions où se trouvent ces maquis connaissent ainsi des répressions féroces. Les Allemands se vengent de leurs pertes en torturant les blessés, en les achevant, en massacrant vieillards, femmes et enfants restés dans leurs fermes, où souvent les maquisards blessés se sont réfugiés dans les granges.

Ces situations suscitent des tensions entre résistants, et au sein du Gouvernement Provisoire.

Les communistes accusent les « gaullistes ». Chacun soupçonne l'autre de vouloir s'emparer du pouvoir au moment de la Libération.

Et la Gestapo et ses auxiliaires de la Milice multiplient les arrestations, les assassinats.

Le 7 juillet, des miliciens obéissant aux ordres des officiers SS, Knochen et Oberg, et avec l'accord de Brinon – l'ultra-collaborateur représentant le « gouvernement » de Vichy –, prennent en charge Georges Mandel, ancien ministre modéré, collaborateur de Clemenceau, adversaire résolu de Pétain.

Il a été ramené par les Allemands du camp de Buchenwald à la prison de la Santé. Il est abattu d'une rafale de mitraillette dans la forêt de Fontainebleau. La prochaine victime sera-t-elle Léon Blum, détenu à Buchenwald comme Mandel ?

Laval assure qu'il a empêché cette « liquidation » après avoir protesté contre celle de Mandel.

« Ce sont de sales affaires, dit Laval. Je ne veux pas y tremper et c'est ce que j'ai dit à Abetz. Je n'ai pas de sang sur les mains et je n'en aurai jamais. »

Qui, en France, peut croire Laval ? Qui peut oublier qu'il a prononcé les mots impardonnables « je souhaite la victoire de l'Allemagne » ?

Or le peuple français unanime ne doute pas de la défaite du Reich et souhaite voir les « Boches » – le terme de 1914 ressurgit – chassés du pays. Et le désir d'effacer les humiliations est général, et d'autant plus fort que l'on sait bien que l'acte de résistance le plus répandu a consisté à écouter, chez soi, les émissions françaises de la BBC.

Mais maintenant, la volonté d'en découdre est à la mesure de la prudence d'hier !

« À chacun son Boche ! » titrent les journaux communistes clandestins.

« Mort à l'envahisseur », répète la Commission Militaire d'Action.

Cette volonté de « revanche » – de vengeance même –, les Français l'expriment le 14 juillet 1944 par mille initiatives.

C'est comme si cette fête nationale dont on pressent et espère qu'elle est la dernière de la France occupée confirmait les mots de De Gaulle, le 6 juin 1944 :

« Derrière le nuage si lourd de notre sang et de nos larmes, voici que reparaît le soleil de notre grandeur. »

Le Conseil National de la Résistance appelle à un « 14-Juillet de combat ». L'heure est venue de hâter la victoire en harcelant l'ennemi. L'heure est venue d'exterminer les tueurs de la Milice…

Le CNR invite les citoyens à hisser les drapeaux tricolores, à chômer, à s'enrôler dans les *milices patriotiques*.

« Que l'élan qui jeta le peuple de Paris sur la Bastille au 14 juillet 1789, que l'esprit de Valmy et le souffle de *La Marseillaise* soulèvent à nouveau la nation… »

Manifestations à Paris, dans de nombreuses villes, combats, attentats, grève des cheminots, prise d'armes d'unités de FFI, salut au drapeau jalonnent cette journée du 14 juillet 1944.

Mais des batailles rudes se livrent en Limousin entre les résistants du colonel Guingouin et 2 500 soldats allemands appuyés par 500 véhicules blindés. La bataille fait rage jusqu'au 24 juillet.

Et pour couronner cette journée, des vagues de bombardiers survolent en plein jour les zones tenues par les maquis et larguent des centaines de containers qui se balancent sous les corolles déployées de parachutes bleu-blanc-rouge. Les maquis du Vercors, de l'Ain, de l'Auvergne sont ainsi approvisionnés en milliers d'armes.

C'est l'euphorie. On organise des défilés triomphants.

Comment ne pas se croire à la veille de la victoire ? On s'imagine déjà libérés.

Et tout à coup, à peine les forteresses volantes ont-elles quitté le ciel du Vercors que surgissent les bombardiers allemands, attaquant en piqué et mitraillant l'aire de parachutage et de parade…

Le ramassage des containers est impossible jusqu'à la nuit.

Pendant l'après-midi, l'ennemi crible de bombes les villages du plateau, amoncelant les ruines, multipliant les victimes. Des obus à balles éclatent, fauchant les blés au ras du sol. Tous ceux qui se trouvent à découvert ont l'impression que les pilotes allemands les choisissent individuellement pour cibles.

Impitoyable, l'ennemi vient de rappeler qu'il n'accepte pas la présence sur ses arrières de ces grands maquis.

Des maquisards s'inquiètent, reprochent à l'état-major du Vercors d'organiser des défilés, plutôt que d'élaborer un plan capable de faire face aux actions prévisibles de l'ennemi.

« On montre au moins qu'on n'est pas châtrés, leur répond-on. Ces défilés, ces banquets, ça a de la gueule, non ? »

La guerre et la mort ricanent.

22.

La mort, en ce début de l'été 1944, ricane en effet d'un bout à l'autre du monde.

Jamais on n'a autant tué.

La mort vient du ciel et de la terre.

Des centaines de V1 s'abattent sur Londres.

Dans les usines souterraines du Harz, les ingénieurs allemands réunis autour de Wernher von Braun mettent au point le V2, qui vole à 50 kilomètres d'altitude, à 5 000 kilomètres/heure. C'est l'arme absolue. Son premier tir est prévu pour le mois de septembre.

Hitler, le 28 juin, reçoit une nouvelle fois les maréchaux von Rundstedt et Rommel, venus lui répéter qu'ils ne peuvent faire face longtemps à la poussée anglo-américaine. Le Führer s'emporte, évoque les armes nouvelles qui donnent la victoire absolue au IIIe Reich.

Et les bombardiers allemands qui ne peuvent plus percer les défenses anglaises sont remplacés par ces V1 et bientôt ces V2. Les avions de la Luftwaffe sont employés à écraser les maquis du Vercors et d'Auvergne sous leurs bombes.

Dans le camp allié, les *forteresses volantes* de l'US Air Force, les *Wellington* de la RAF sont à l'œuvre, réduisant en cendres les grandes villes allemandes.

Des bases américaines ont été créées en Ukraine, dans les territoires libérés par les Soviétiques ; les forteresses décollant des bases italiennes lâchent leurs bombes sur la Hongrie et la Roumanie, atterrissent en Ukraine et, après quelques heures, repartent, chargées de bombes, pour l'Italie.

Le ciel du Japon s'enflamme et les raids américains s'y succèdent.

Mais la mort souveraine surgit d'abord de la terre.

Les Russes ont lancé, le 23 juin 1944, troisième anniversaire de l'attaque allemande du 22 juin 1941, leur grande offensive d'été.

Ils submergent les Allemands sous le nombre des hommes (166 divisions), des canons (31 000 !), des chars, des tanks.

Ils s'enfoncent dans la Biélorussie, libèrent Minsk, foncent vers la Pologne, détruisent 25 divisions allemandes, soit 350 000 hommes. Le succès est plus grand que celui remporté à Stalingrad. Les Allemands, encerclés par les troupes de l'armée Rouge qui s'appuient sur une armée de 140 000 partisans, se rendent par dizaines de milliers.

L'état-major allemand essaie de colmater la brèche, d'empêcher que les Russes ne pénètrent en Prusse-Orientale. Il ne peut plus être question d'envoyer des renforts sur le front de l'Ouest.

Le 16 juillet, la *Pravda* écrit :

« L'offensive de l'armée Rouge n'a pas seulement ouvert une énorme brèche dans le mur oriental de la forteresse hitlérienne d'Europe. Elle a aussi mis en pièces les arguments de la propagande nazie. Le mythe selon lequel le principal front allemand se trouverait aujourd'hui à l'Ouest a éclaté comme une bulle de savon… Les commentateurs allemands parlent maintenant avec terreur de la bataille sur le front oriental qui, disent-ils, prend des proportions apocalyptiques. »

Les Russes avancent si vite qu'ils atteignent à la fin du mois de juillet la rive est de la Vistule.

Sur l'autre rive, ils aperçoivent Varsovie. Ils ont déjà libéré Lublin et y ont installé un « Comité National Polonais », à leurs ordres.

Partout, en Biélorussie, ils ont découvert les crimes des armées nazies.

Un million de personnes ont été massacrées en Biélorussie : toute la population juive, des centaines de milliers de partisans et leurs « complices », y compris les femmes et les enfants. Dans les faubourgs de la ville de Lublin, les Russes découvrent une fosse contenant 2 500 civils que les Allemands viennent d'abattre.

Les villes sont détruites.

À Minsk, la plupart des habitations ont été incendiées et, dans les décombres, les Allemands ont placé 4 000 bombes à retardement.

Mais l'armée Rouge poursuit son avance rapide : 15 à 25 kilomètres par jour.

Après Lublin, c'est Brest-Litovsk qui tombe le 28 juillet.

Il n'y a plus d'Allemands en Biélorussie.

Devant l'armée Rouge, à portée d'assaut, se trouve la frontière de la Prusse-Orientale, le Reich.

Ce désastre s'est dessiné dès la fin juin.

Lors de leur rencontre avec le Führer, von Rundstedt et Rommel en ont pris conscience.

Ils ont parlé sans précaution.

Rommel a même demandé l'autorisation de punir la division Das Reich pour les massacres perpétrés à Tulle et à Oradour-sur-Glane.

« De telles affaires, déclare-t-il, déconsidèrent l'uniforme allemand. Il n'y a pas à s'étonner de voir ainsi s'accroître les forces de la Résistance française, car l'action des SS y pousse tous les Français dignes de ce nom. »

Hitler répète durement que Rommel doit s'occuper de « son front d'invasion ».

Rundstedt se tait. Et pour cause !

Le général Lammerding, commandant la division Das Reich, n'a fait, assure-t-il, qu'appliquer les ordres du Feldmarschall von Rundstedt !

D'ailleurs, ni Rommel ni Rundstedt ne détiennent des pouvoirs judiciaires à l'égard de la division Das Reich, unité qui ne relève que de l'autorité de Himmler !

Hitler à la suite de cette rencontre limoge von Rundstedt, remplacé par le Feldmarschall von Kluge qui arrive du front de l'Est ; Rommel reste en place, mais il n'est pas décidé à se soumettre sans réagir.

Il écrit à von Kluge :

« Lors de la visite que vous m'avez rendue, j'ai été profondément blessé par les reproches que vous m'avez adressés en présence de mon chef d'état-major et de mon officier de renseignements. Ils se résument à ceci : "Vous devrez vous aussi apprendre à exécuter les ordres reçus." Je vous prie de m'indiquer les raisons qui vous ont amené à formuler une accusation de cette sorte.

« Rommel

« Generalfeldmarschall. »

Le 15 juillet, Rommel écrit une longue lettre au Führer et la fait transmettre par le télétype de l'armée, ce qui est une manière de la rendre publique.

« Les troupes, écrit Rommel, combattent héroïquement sur tout le front, mais la lutte inégale approche de sa fin. »

Au rapport sur la situation militaire, Rommel ajoute de sa main un post-scriptum :

« Je vous demande de bien vouloir tirer les conclusions voulues sans délai.

« Je sens qu'il est de mon devoir de commandant en chef du groupe des armées de le déclarer clairement. »

Rommel confie à son chef d'état-major, le général Speidel :

« J'ai donné au Führer sa dernière chance. S'il ne la saisit pas, nous agirons. »

Et cependant que se tissent les derniers fils de la conjuration des officiers de la Wehrmacht contre Hitler, dont Rommel est averti, la mort continue d'œuvrer.

Elle ne ricane plus, elle hurle, et l'on reconnaît les voix des déportés qui, entassés, empilés, écrasés à cent par wagon à bestiaux, sont dirigés de France, par l'Allemagne, vers les camps de Dachau ou d'Auschwitz.

Plus de 700 trains sont ainsi partis.

Le 2 juillet 1944, à 9 h 15 s'éloignent de la gare de Compiègne les 37 wagons du train n° 7909, emportant dans ses flancs 2 166 détenus du camp de Compiègne-Royallieu.

Cinq cent cinquante déportés vont mourir, asphyxiés, piétinés dans ce *train de la mort*.

Parmi ces déportés, 106 habitants de Tulle, raflés au hasard comme otages par les SS de la division Das Reich.

Elle est arrivée sur le front de Normandie.

En face d'elle, un million d'hommes ont été débarqués ainsi que 171 000 véhicules et 600 000 tonnes d'approvisionnement et de ravitaillement.

La « bataille de la tête de pont » a été gagnée, mais l'offensive alliée a six semaines de retard, car les Allemands défendent âprement Caen, Cherbourg, Saint-Lô.

Ce n'est qu'à la fin juillet que l'attaque est lancée et que les troupes américaines du général Bradley percent à Avranches ; puis Caen, Coutances, Saint-Lô, Granville tombent aux mains des Alliés.

Entre-temps s'est déployée l'offensive soviétique en Biélorussie, et il ne peut être question pour le Führer d'envoyer des renforts sur le front de l'Ouest.

Rommel le sait.

Dans l'après-midi du 17 juillet 1944, il regagne son Quartier Général après avoir inspecté le front de Normandie. Son chauffeur roule vite, car les chasseurs alliés volant à basse altitude attaquent tous les véhicules.

Les voici, mitraillant la route, en rase-mottes. Le chauffeur de Rommel perd le contrôle de son véhicule qui verse dans le fossé. Rommel est grièvement blessé, atteint de plusieurs fractures du crâne.

On estime qu'il mourra dans la journée.

Ce même jour 17 juillet 1944, 57 000 prisonniers allemands, ayant à leur tête des centaines d'officiers dont de nombreux généraux, sont contraints de défiler dans les rues de Moscou.

Ils sont souvent en guenilles. Certains vomissent, d'autres ne peuvent tout en marchant s'empêcher de faire leurs besoins.

Les Russes par centaines de milliers regardent passer les vaincus qui prétendaient réduire en esclavage ces Slaves, ces *Untermenschen* – sous-hommes.

Seuls les gosses lancent des huées, des pierres et des déchets sur les Allemands, mais les adultes interviennent aussitôt.

Les hommes se taisent.

Les femmes, surtout les plus âgées, ont parfois les larmes aux yeux. L'une d'elles murmure :

« C'est comme nos pauvres garçons, eux aussi on les a envoyés se battre. »

Le bilan des pertes soviétiques, après trois ans de guerre, s'élève à 5 300 000 tués, blessés et disparus.

La guerre et la mort peuvent ricaner.

23.

La mort, en ces jours de la mi-juillet 1944, hésite à choisir ses proies.

Frappera-t-elle le Führer ?

Ou bien emportera-t-elle ces officiers de la Wehrmacht, généraux, maréchaux qui, depuis des mois, pensent à tuer le Führer et, s'ils le peuvent, Goebbels, Himmler, Goering ?

À la mi-juillet 1944, face à la défaite du Reich qui s'annonce, les conjurés hésitent. Le peuple allemand, s'ils agissent, ne risque-t-il pas de les accuser d'avoir provoqué la défaite du Reich ?

Le général Henning von Tresckow, chef d'état-major de la IIe armée, qui sur le front de l'Est subit l'offensive russe et se désagrège, déclare au colonel von Stauffenberg, le plus déterminé des conjurés :

« Il faut tenter à tout prix l'assassinat du Führer. Même s'il échoue, il faut essayer de s'emparer du pouvoir à Berlin. Nous devons montrer au monde et aux générations futures que les hommes de la Résistance allemande ont osé franchir le pas décisif et risquer leur vie. À côté de cet objectif, rien d'autre ne compte. »

Il faut tuer Hitler et, profitant du désarroi, arrêter les SS et les membres du SD, le Service de Renseignements et de Police SS.

Ce sera l'opération *Walkyrie*, qui sera conduite par les officiers de la Wehrmacht, à Berlin, et dans toute l'Europe occupée.

Mais le Feldmarschall Rommel, décidé à agir, est grièvement blessé. La mort ne le saisit pas, mais il est affaibli, retiré chez lui à Herrlingen, près de la ville d'Ulm.

« Le coup qui frappe Rommel sur la route normande de Livarot, le 17 juillet, note Ernst Jünger – l'écrivain qui s'est joint au complot à Paris –, prive notre projet du seul homme assez fort pour faire face simultanément à la guerre et à la guerre civile. »

Les conjurés découvrent aussi que la Gestapo est sur leurs traces. Les civils qui, dans la conjuration des officiers, représentent les milieux « socialistes » ont voulu prendre contact avec les résistants communistes. Ils sont désormais livrés par un mouchard de la Gestapo qui a infiltré les milieux communistes. Ces derniers sont en fait un réseau d'espionnage soviétique. Cette « *Rote Kapelle* » a déjà été démantelée en 1942.

Le Führer a ordonné qu'on pende les « traîtres ».

Il n'y a pas de gibet à Berlin où le mode d'exécution traditionnel est la décapitation à la hache.

Le Führer s'obstine pour montrer qu'une mort cruelle attend ceux qui osent le défier. On les pend à l'aide d'une corde attachée à un crochet de boucherie provenant d'un abattoir.

Il faut donc agir vite car la Gestapo s'approche du nœud central de la conjuration.

Le colonel von Stauffenberg, chef d'état-major du général Fromm, commandant en chef de l'Armée de l'Intérieur, est le seul membre du complot à pouvoir franchir les barrages qui interdisent l'accès aux quartiers généraux du Führer.

Il est donc l'homme clé de la conspiration. Il dispose de « bombes anglaises », fabriquées par l'Abwehr.

Le 11 juillet, il est au Grand Quartier Général de l'Obersalzberg. Il hésite à agir car il voudrait abattre en même temps Goering et Himmler.

Le 15 juillet, convoqué au second Grand Quartier Général du Führer, la *Wolfsschanze* – la Tanière du Loup – à Rastenburg, il ne peut agir, Hitler ayant quitté la salle de conférences.

Situation d'autant plus périlleuse qu'à Berlin, le général Olbricht, l'un des conjurés – avec le général Beck –, a déclenché l'opération *Walkyrie*, et des troupes sûres avancent vers le centre de Berlin afin d'occuper le quartier de la Wilhelmstrasse.

Il faut arrêter leur mouvement et les faire rentrer dans leurs casernements.

Mais le 19 juillet, le colonel comte Klaus von Stauffenberg est convoqué pour le lendemain à Rastenburg, à 13 heures.

Il en avise le général Beck, et le vieux maréchal von Witzleben.

Stauffenberg rentre chez lui à Wannsee. En chemin, il s'arrête dans une église pour prier.

Peut-être s'est-il déjà confié à l'évêque de Berlin, le cardinal comte de Preysing, qui se serait montré « compréhensif », mais l'aurait dissuadé d'agir.

À Rastenburg, le 20 juillet 1944, Stauffenberg, qui a franchi les trois barrages gardés par des SS, entre dans la salle de conférences, située dans la *lagebaracke*, un bâtiment bétonné.

Il pose sa serviette contenant la bombe contre le pied de la table, après avoir amorcé le détonateur, puis il quitte la salle.

À 12 h 42, la bombe explose.

Le bâtiment est ravagé comme s'il était frappé de plein fouet par un obus. Des corps jaillissent des fenêtres, des débris volent.

Stauffenberg ne doute pas que tous ceux qui se trouvent dans la salle sont morts ou mourants.

Le général Fellgiebel, chargé au Grand Quartier Général des communications, doit avertir les conjurés de Berlin d'agir en mettant en œuvre l'opération *Walkyrie*.

Quant à Stauffenberg, après avoir réussi à franchir les trois barrages, il décolle pour Berlin à 13 heures.

Mais la mort n'a pas voulu du Führer.

Un officier avait déplacé la serviette de Stauffenberg, l'éloignant de Hitler.

Le Führer est commotionné.

Il chancelle, mais ses blessures ne sont pas graves. Il souffre d'une lésion aux tympans, son bras droit meurtri est paralysé. Une poutre a lacéré son dos. Ses cheveux sont roussis, ses jambes brûlées. La plupart de ceux qui se tenaient près de lui sont morts ou grièvement blessés.

Himmler, alerté, arrive à Rastenburg avec une équipe d'enquêteurs, et après des heures de recherche d'indices s'étonne du comportement de ce colonel von Stauffenberg, qui, entré dans la salle de conférences, puis, l'ayant quittée quelques minutes avant l'explosion, s'est envolé pour Berlin.

On imagine qu'il a agi seul, et ordre est donné de l'arrêter. Personne ne soupçonne qu'il est la clé de voûte d'une conjuration qui entraîne des dizaines d'officiers supérieurs.

On ne sait pas encore que les SS sont partout arrêtés par des soldats de la Wehrmacht.

Hitler lance quelques ordres, puis se rend à la gare de Goerlitz pour accueillir Mussolini dont la visite est prévue depuis plusieurs semaines.

Sur les quais, sur les voies, des SS, encore des SS. Hitler est là, dans son manteau de cuir noir, le bras droit agité d'un tremblement nerveux.

Hitler s'avance :

« Duce, dit-il, il y a un instant une machine infernale a été lancée contre moi. »

Suivis par Himmler, Bormann, Ribbentrop, entourés d'officiers SS, le Führer et le Duce se rendent sur les débris encore fumants de la *lagebaracke*.

Hitler et Mussolini au QG du Führer après l'explosion de la bombe déposée par von Stauffenberg, le 20 juillet 1944.

Le Führer tend son bras gauche, montre les socles sur lesquels reposait le plateau de la grande table.

« J'étais debout ici, près de cette table, dit Hitler. La charge a explosé juste devant mes pieds… Il est évident que rien ne peut m'arriver, mon destin est de poursuivre mon chemin et d'achever ma tâche. Ce qui s'est passé ici aujourd'hui est un signe du destin ! Ayant maintenant échappé à la mort, je suis plus que jamais convaincu que la grande cause que je sers l'emportera malgré tous les périls actuels et que tout se terminera bien ! »

Mussolini, amaigri, pâle, les yeux mobiles révélant son anxiété, son effroi, approuve Hitler et, au fur et à mesure que le Führer parle, le Duce se redresse, sa voix s'affermit.

« Nous nous trouvons dans une situation dramatique, dit-il, on pourrait presque dire désespérée, mais ce qui est arrivé ici aujourd'hui me donne un nouveau courage ! Après ce miracle, il est impensable que notre cause puisse connaître l'échec… »

Il est 17 heures, ce 20 juillet 1944.

Les communications rétablies avec Berlin permettent aux dirigeants nazis rassemblés autour de Hitler – qui reste silencieux, assis aux côtés de Mussolini, tous deux buvant du thé – de découvrir que Stauffenberg est à la tête d'un complot de grande ampleur.

L'amiral Doenitz, Ribbentrop, Goering s'accusent d'incapacité. Le général Keitel se tait. Himmler est déjà reparti pour Berlin, pour reprendre la situation en main.

« Sale petit trafiquant de champagne, lance Goering à Ribbentrop qui vient de souligner l'impuissance de la Luftwaffe.

— Je suis encore ministre des Affaires étrangères, et mon nom est von Ribbentrop », crie Ribbentrop.

Hitler hurle tout à coup qu'il donne l'ordre aux SS de tuer le moindre suspect, quel que soit son grade.

Il brandit son poing gauche. Il poursuivra, il traquera les traîtres, dit-il.

« Je ferai mettre leurs femmes et leurs enfants dans des camps de concentration. Je serai impitoyable. »

Épuisé, le Führer s'interrompt et indique d'un geste qu'il va reconduire Mussolini à son train.

Pendant le trajet, il parle d'une voix sourde des armes secrètes qui vont changer la situation militaire. Il accorde au Duce le retour en Italie des deux divisions italiennes qui achèvent leur entraînement.

« Je sais, dit-il au Duce en lui prenant le bras, que je peux compter sur vous et je vous prie de me croire quand je dis que je vous considère comme mon meilleur ami et peut-être l'unique au monde. »

Quand Mussolini monte dans le train, Hitler s'approche de l'ambassadeur du Reich auprès du Duce, Rahn :

« Soyez très prudent », lui dit-il à voix basse.

Il ne veut faire confiance à personne, même pas à ce « meilleur ami », le Duce.

Surtout alors que les troupes alliées – dont les divisions françaises – entrent à Sienne, à Arezzo, à Livourne, à Pise et que s'engage la bataille pour Florence.

Quant à Mussolini, il murmure à ses proches, ne cachant pas sa satisfaction :

« Le Führer aussi a ses traîtres. »

Mais la mort s'approche des « traîtres ».

Keitel a réussi à joindre au téléphone le général Fromm, et lui annonce que le Führer est vivant.

À 18 h 30, un bref communiqué transmis par l'émetteur radio le plus puissant d'Allemagne, entendu dans toute l'Europe, confirme que le Führer vient d'échapper à un attentat, qu'il est vivant, et qu'il va s'adresser dans les prochaines heures au pays.

« Comte Stauffenberg, dit le général Fromm à son chef d'état-major, l'attentat a échoué, vous n'avez plus qu'à vous tuer. »

Déjà les officiers de la Wehrmacht, les généraux acquis au complot, s'apprêtent à changer de camp.

À 20 h 20, Keitel adresse à tous les commandants en chef un message en provenance du Grand Quartier Général du Führer annonçant que Himmler a été nommé commandant en chef de l'armée de l'Intérieur.

Les SS, dont Otto Skorzeny a pris le commandement, interviennent, s'assurent de la loyauté des officiers de la Wehrmacht.

Le général Fromm, pour faire oublier qu'il a toléré dans un premier temps la mise en œuvre du complot, fait exécuter dans la cour, à la lumière des phares obscurcis d'un véhicule militaire, quatre « conjurés », dont le comte Stauffenberg et le général Olbricht.

Le général Beck a tenté en vain de se suicider.

« Aidez ce vieux monsieur », dit Fromm.

Un sergent achève le général.

Ce 20 juillet 1944, à minuit, la conjuration est réprimée. Juste avant 1 heure du matin, les Allemands, qui dans cette nuit d'été attendent devant leur poste de radio, reconnaissent tout à coup la voix rauque du Führer, énergique, exaltée.

« Camarades allemands,

« Si je m'adresse aujourd'hui à vous, c'est afin que vous entendiez ma voix et sachiez que je n'ai pas été blessé ! C'est aussi pour que vous appreniez qu'un crime sans précédent dans l'Histoire vient d'être commis.

« Une petite clique d'officiers à la fois ambitieux, irréfléchis, stupides et insensés... »

Le Führer martèle chaque mot.

« Ces usurpateurs, cette bande de criminels seront tous exterminés impitoyablement...

« Je suis moi-même totalement indemne... C'est pour moi la confirmation de la mission que m'a dévolue la Providence.

« Nous traiterons ces imposteurs de la façon dont nous autres, nationaux-socialistes, avons toujours traité nos ennemis. »

24.

Sans pitié !
Qu'on les fasse souffrir !

Voilà le traitement que le Führer désire qu'on applique à ceux qui ont voulu le tuer, ou qui, avertis de la conspiration, ne l'ont pas dénoncée, attendant de savoir qui l'emporterait, avant de choisir leur camp !

« Les criminels seront vite expédiés ! hurle Hitler. Pas de tribunal militaire. Nous les traînerons devant le Tribunal du Peuple. Ils ne feront pas de longs discours. Le tribunal agira à la vitesse de l'éclair. Et la sentence sera exécutée deux heures après avoir été prononcée. Par pendaison, sans pitié. »

On utilise de la corde à piano pour que la strangulation soit lente, l'étouffement progressif.

Les condamnés sont pendus à des crocs de boucher.

« Ils devront tous être pendus comme du bétail », a ordonné le Führer. Et ils le sont.

Le président du Tribunal du Peuple, Roland Freisler, est un fanatique qui a été bolchevik avant de devenir, dès 1924, nazi. Mais il est resté un admirateur de la terreur et de la « justice » soviétiques.

Il faut humilier les coupables, qui sont brisés par la torture, avilis par ce qu'ils ont subi.

C'étaient des officiers pleins de morgue. Ils sont devant le Tribunal mal rasés, tenant à deux mains leur pantalon car on leur a ôté la ceinture et les bretelles. On a brisé leur dentier et ils ressemblent à des vagabonds.

« Espèce de vieux dégoûtant, crie Freisler au maréchal von Witzleben, pourquoi ne cessez-vous pas de tripoter votre pantalon ? »

Procès suivant la tentative d'assassinat contre Hitler en 1944.

Ambassadeurs du Reich, généraux, personnalités politiques qui avaient refusé depuis 1933 de collaborer avec les nazis : tous pendus !

Hitler se venge, se livre à un grand nettoyage du Reich. Sept mille personnes sont arrêtées, 4 980 exécutées.

Nombreux sont ceux qui choisissent le suicide.

Le général Henning von Tresckow confie à un proche : « Nous avons fait ce que nous devions. Non seulement Hitler est le pire ennemi de l'Allemagne, mais il est aussi le pire ennemi du monde. »

Puis le général dégoupille une grenade à main qui lui arrache la tête.

Le général Stuelpnagel, gouverneur militaire de la France, auquel on a donné l'ordre de rentrer en Allemagne, s'arrête à Verdun où, en 1916, il a commandé un bataillon. Il se tire une balle dans la tête, mais il n'est qu'affreusement blessé. Aveugle, impotent, il est traduit – sur ordre de Hitler – devant le Tribunal du Peuple, insulté par le président Freisler, et exécuté.

Est-ce Stuelpnagel qui, alors qu'il gît sur la table d'opération de l'hôpital de Verdun après sa tentative manquée de suicide, a prononcé le nom de Rommel ?

Le Feldmarschall, en convalescence chez lui à Herrlingen, est déjà suspect et la Gestapo rôde autour de lui.

Des SS surveillent sa maison.

Sous la torture, un lieutenant-colonel s'est effondré et a rapporté les paroles de Rommel : « Dites à ceux de Berlin qu'ils peuvent compter sur moi. »

Cet aveu suffit à condamner Rommel.

Il y a aussi la lettre du Feldmarschall von Kluge qui, limogé par le Führer, s'est suicidé, écrivant à Hitler :

« Quand vous recevrez ces lignes, je ne serai plus. La vie n'a plus aucun sens pour moi. Rommel et moi avons tous deux prévu la situation actuelle. On ne nous a pas écoutés… »

Déjà la Gestapo arrête le chef d'état-major de Rommel, le général Speidel, mais celui-ci nie toute complicité de Rommel avec les conjurés.

Son arrestation annonce celle de Rommel.

« Le Führer est un mythomane, s'écrie Rommel. Il est devenu complètement fou ! Il se libère de son sadisme sur les conspirateurs du 20 juillet et ce n'est pas fini ! »

Hitler hésite à frapper le maréchal Rommel, populaire, respecté, symbole aux yeux du peuple allemand de l'héroïsme, de la droiture.

Un jour d'octobre 1944, le Führer prend sa décision.

On donnera à Rommel le choix entre se tuer ou être traduit pour haute trahison devant le Tribunal du Peuple. S'il se suicide, on lui accordera les funérailles nationales et sa famille ne sera pas inquiétée. Sinon, sa femme et son fils iront « crever » dans un camp de concentration.

Deux généraux du Grand Quartier Général du Führer proposent ce marché à Rommel, le 14 décembre 1944.

Rommel, après quelques minutes, prévient sa femme puis son fils du choix qu'il vient de faire.

« Je serai mort dans un quart d'heure, dit Rommel à Manfred Rommel. Les deux généraux m'ont apporté du poison. Il agit en trois secondes... Tout a été préparé dans les moindres détails. Dans un quart d'heure, vous recevrez un appel de l'hôpital d'Ulm vous annonçant que j'ai eu une attaque d'apoplexie en me rendant à une conférence. »

Rommel revêt son vieux manteau de cuir de l'Afrikakorps, prend son bâton de maréchal, et suit les deux généraux.

Ils déposeront son corps à l'hôpital d'Ulm, interdisant toute autopsie.

« Ne touchez pas au corps, a dit brutalement l'un des généraux. Tout est déjà arrangé avec Berlin. »

Hitler, Goering, le général Model – qui a succédé à von Kluge – présentent leurs « sincères condoléances » à Frau Rommel.

Le Feldmarschall von Rundstedt préside la cérémonie des funérailles nationales, en tant que plus ancien officier de l'armée allemande.

« Le vieux soldat, raconte le général Speidel, apparaît à tous les assistants comme un homme brisé et désorienté. Le destin lui a donné une dernière chance de jouer le rôle de Marc Antoine. Il garde son apathie morale. »

Et, debout près du cercueil de Rommel sur lequel repose le drapeau à croix gammée, von Rundstedt prononce l'oraison funèbre, concluant : « Son cœur appartenait au Führer. »

Von Rundstedt comme le général Guderian – le chef de l'état-major général –, comme tous les officiers, font acte d'allégeance au Führer.

Le salut militaire est remplacé par le salut nazi, ponctué d'un « *Heil Hitler !* »

Dès le 23 juillet 1944, Guderian accuse les conspirateurs d'être « un petit nombre d'officiers, dont certains de réserve, qui avaient perdu tout courage et qui, par lâcheté et faiblesse, avaient préféré s'engager sur le chemin de la honte plutôt que sur le seul chemin ouvert à un soldat digne de ce nom, celui du devoir et de l'honneur ».

Une semaine plus tard, dans un nouvel ordre du jour, Guderian ajoute :

« Chaque officier de l'état-major général doit être un officier national-socialiste... Il doit coopérer activement à l'endoctrinement politique des officiers plus jeunes, conformément aux principes du Führer. »

Le corps des officiers est domestiqué.

L'échec de la conspiration du 20 juillet a étouffé toute velléité de résistance au Führer.

Les officiers sont persuadés, comme l'écrit Guderian, que « la plus grande partie du peuple allemand croit encore en Adolf Hitler et est convaincue qu'en le tuant son assassin aurait supprimé le seul homme capable d'amener encore la guerre à une conclusion favorable ».

Le peuple est désemparé. Les Russes sont aux portes de la Prusse-Orientale.

Les premiers flots de réfugiés allemands se mettent en branle.

À l'ouest, le front a cédé. La route du Rhin est ouverte aux Alliés.

Qui peut empêcher ces catastrophes ?

Peut-être ce Führer, auquel on a tant cru, qui a apporté en 1940-1941 une victoire miraculeuse, et dont on dit qu'il possède des « armes secrètes ».

C'est le combat avec lui, ou l'asservissement, la fin de l'Allemagne. Il n'y a pas d'autre choix !

Mais ceux qui côtoient Hitler sont sans illusions.

L'homme qui a survécu à l'attentat du 20 juillet est désormais sans masque. Le général Guderian écrit :

« Ce qui avait été chez lui dureté devint cruauté, tandis que sa tendance au bluff devenait simple malhonnêteté. Il mentait souvent, sans la moindre hésitation, et supposait que les autres lui mentaient.

« Il ne croyait plus personne. Il était déjà difficile autrefois d'avoir affaire à lui, maintenant cela devenait une torture qui ne faisait qu'empirer de mois en mois. Il perdait fréquemment tout contrôle de lui-même et son langage se faisait de plus en plus violent. Parmi ses intimes, il ne trouvait plus aucune influence apaisante. »

TROISIÈME PARTIE

21 juillet
—
26 août 1944

« Non, nous ne dissimulerons pas cette émotion profonde et sacrée. Il y a des minutes qui dépassent chacune de nos pauvres vies.

« Paris ! Paris outragé ! Paris brisé ! Paris martyrisé ! Mais Paris libéré ! Libéré par lui-même, libéré par son peuple avec le concours des armées de la France, avec l'appui et le concours de la France tout entière, de la France qui se bat, de la seule France, de la vraie France, de la France éternelle. »

Discours du général DE GAULLE
prononcé à l'Hôtel de Ville de Paris,
25 août 1944

25.

De l'attentat du 20 juillet 1944 contre le Führer, le général Karl Pflaum ne veut connaître que la conclusion, telle que le Führer l'a résumée dans son discours du 21 juillet à 1 heure du matin à ses « Camarades allemands ».

« Je suis moi-même totalement indemne… Les usurpateurs ne forment qu'un très petit groupe qui n'a rien de commun avec l'esprit de la Wehrmacht et surtout avec le peuple allemand. Il s'agit d'une bande de criminels qui seront tous exterminés impitoyablement. »

Pour le général Karl Pflaum, le problème est donc résolu.

Ce 21 juillet 1944, il a décidé de lancer l'assaut contre ce quadrilatère de 150 kilomètres de périmètre, une véritable forteresse naturelle que les « maquisards français » appellent la « République du Vercors ».

Le général Karl Pflaum a reçu l'ordre de la détruire.

Comment tolérer que se renforce sur les arrières de la Wehrmacht cette « forteresse » où se sont regroupés près de 4 000 hommes commandés par les officiers, et ayant reçu, le 14 juillet, des centaines de containers d'armes !

Ce jour-là, Pflaum a donné l'ordre à la Luftwaffe de mitrailler et de bombarder le terrain de parachutage, ce plateau du Vercors où les maquisards sont en train d'aménager une piste d'atterrissage pouvant recevoir des avions gros-porteurs.

Si un débarquement a lieu sur les côtes méditerranéennes, le Vercors peut bloquer la vallée du Rhône. Il faut donc le briser.

Pflaum chaque jour envoie des avions d'observation, des *Fieseler-Storch*, et ces « mouchards » lui confirment le renforcement de la « République du Vercors ».

Les « terroristes », ces francs-tireurs, organisent chaque jour des défilés, des parades, avec une assurance aveugle.

Ils devraient pourtant savoir que le général Karl Pflaum commande la 157e division d'infanterie, renforcée de panzers, de deux compagnies de volontaires russes engagés dans la Waffen-SS, de régiments de chasseurs alpins (*Gebirgsjäger*) capables de gravir toutes les cimes.

Pflaum dispose d'artillerie, de mortiers et peut compter sur la maîtrise de l'air. La Luftwaffe a concentré de grands moyens – chasseurs, bombardiers, planeurs – sur tous les aérodromes de la région.

En tout, Pflaum commande plus de 15 000 hommes, bien entraînés – ils viennent d'opérer contre les maquis de l'Ardèche –, appuyés par des SS, des « Mongols », des détachements de la IXe Panzerdivisionen.

Ce 21 juillet 1944, le général Karl Pflaum, sûr de lui, donne le signal de l'attaque.

L'état-major des maquisards possède tous les renseignements qui auraient dû lui permettre de prévoir l'attaque

Les résistants du Vercors en 1944.

allemande. D'abord, la population signale au maquis l'arrivée de nombreux renforts allemands.

La Luftwaffe a bombardé tous les villages, mitraillé le plateau, dispersé des tracts invitant la population civile à quitter la zone du Vercors, menaçant d'exécution tous ceux qui aident les « terroristes », les « partisans », les bandits.

Mais les maquisards comptent sur l'aide alliée.

« Les Américains vont bombarder les aérodromes », répète-t-on.

Des troupes vont être parachutées sur le plateau. Un débarquement sur les côtes de Provence va avoir lieu. Et les nouvelles de Normandie sont excellentes : Saint-Lô est tombée le 18 juillet.

Et puis la « grande muraille » naturelle – ces falaises calcaires – est infranchissable.

Le 21 juillet, les chasseurs alpins allemands la franchissent en plusieurs points et, surplombant le plateau depuis les cimes, commencent à bombarder les positions des maquisards.

Des éléments motorisés allemands progressent le long des routes et réalisent le « bouclage » du plateau. Ils tiennent, après des combats rudes, tous les cols. Ils abattent systématiquement les maquisards blessés.

À 9 h 30, c'est le « donjon » même de la forteresse qui est atteint.

Le village de Vassieux est bombardé, puis des planeurs se posent sur la piste préparée par les maquisards pour recevoir les avions alliés.

Deux planeurs allemands s'écrasent. Mais de nombreux autres jaillissent, les Waffen-SS russes, les « Mongols », qui en quelques rafales tuent une centaine de maquisards.

Ils s'emparent des villages et des hameaux, et tuent les habitants qui n'ont pas été évacués. Hommes, femmes, enfants : pas d'exception.

Les Waffen-SS s'installent ainsi au cœur de la « forteresse ».

Le lendemain, 22 juillet, les Allemands font atterrir de nouveaux planeurs et des Junkers qui transportent des armes lourdes, des munitions, du ravitaillement.

Les jeux sont faits.

Le 23 juillet, la bataille du Vercors est perdue. Même si les combattants du Vercors ont gagné la gloire, il ne leur reste plus qu'à tenter de se « disperser », de franchir le « bouclage » allemand. Des dizaines d'entre eux sont repérés, arrêtés, torturés, abattus.

Les blessés mis à l'abri dans la grotte de la Luire, signalée par un large drapeau de la Croix-Rouge, sont massacrés avec leurs médecins et l'aumônier. On trouvera sur tout le plateau des corps calcinés, profanés, mutilés, yeux crevés, langue arrachée.

Sept cents maquisards sont tués, et des dizaines massacrés.

Les « Allemands » – réservistes bavarois et autrichiens de la 157ᵉ division d'infanterie, SS, Waffen-SS, Mongols et Tatars, etc. – sont tous emportés par une folie criminelle.

La population de La Chapelle-en-Vercors est arrêtée, puis les Allemands ne gardent que 16 otages. Mais leurs gardiens s'enivrent et les fusillent [1].

Dans la nuit du 21 au 22 juillet 1944, un télégramme est envoyé par l'état-major des maquisards du Vercors à Alger, au Gouvernement Provisoire de la République française présidé par le général de Gaulle.

On y lit :

« La Chapelle, Vassieux, Saint-Martin, bombardés par l'aviation allemande. Troupes ennemies parachutées sur Vassieux. Demandons bombardement immédiat.

« Avions promis de tenir trois semaines ; temps écoulé depuis la mise en place de notre organisation : six semaines.

« Demandons ravitaillement en hommes, vivres et matériel.

---

1. Le général Karl Pflaum, arrêté, sera libéré pour raison de santé en 1951 sans avoir jamais été jugé.

« Moral de la population excellent, mais se retournera rapidement contre vous si vous ne prenez pas dispositions immédiates.

« Et nous serons d'accord avec eux pour dire que ceux qui sont à Londres et à Alger n'ont rien compris à la situation dans laquelle nous nous trouvons et sont considérés comme des criminels et des lâches.

« Nous disons bien *criminels* et *lâches.* »

L'ordre de dispersion de la République du Vercors a été donné le 23 juillet par le commandement des maquisards.

Le 24 juillet, Chabeuil – base allemande – est bombardée.

Le 25 juillet, 46 hommes, 11 mitrailleuses lourdes et 2 mortiers sont largués sur la Drôme.

À Alger, le commissaire à l'Air – équivalent d'un ministre – est le communiste Fernand Grenier.

Il accuse.

« Comme tous les communistes, dit-il, je me désolidarise de l'attentisme considéré par nous comme un crime contre la patrie...

« Je n'entends pas, pour ma part, être associé à la politique criminelle qui consiste à disposer de moyens d'action et à ne pas les employer quand nos frères de France appellent à l'aide. »

Le 28 juillet, de Gaulle, qui préside le Conseil des ministres, déclare :

« Je vais vous donner lecture d'une lettre reçue ce matin. »

Il lit la lettre de Grenier et, tourné vers lui, il dit :

« Vous désavouerez la lettre écrite par vous, sinon vous sortirez d'ici n'étant plus commissaire. »

La colère a saisi de Gaulle. Le parti du déserteur Thorez, des démarches en 1940 auprès de l'occupant allemand pour faire reparaître le journal *L'Humanité*, donne maintenant des leçons de patriotisme ! Voilà l'instant de la première épreuve de force. Il faut soumettre les communistes à la règle de l'intérêt national. C'est le moment.

Grenier a écrit : « L'heure est venue de fixer les responsabilités d'où qu'elles viennent. »

De Gaulle interrompt Grenier qui veut expliquer ses mobiles.

« Vous savez exploiter les cadavres ! » lui lance-t-il.

Quelques minutes après, il suspend la séance. Il voit Grenier dialoguer avec François Billoux, l'autre commissaire communiste, puis rédiger sa lettre. Grenier la lit devant le Conseil d'une voix altérée.

« Bien, dit de Gaulle. L'incident est clos. Il n'en restera rien. »

Les communistes ont plié. Ils plieront en France aussi, même s'ils contrôlent nombre des organisations militaires de la Résistance. Le chef régional des FFI pour l'Île-de-France est le colonel Rol-Tanguy, un ancien des Brigades internationales. Le COMAC, le bras armé du CNR (Conseil National de la Résistance), a à sa tête deux communistes, Kriegel-Valrimont et Pierre Villon.

Il s'agit là de deux patriotes courageux, mais Paris est une tentation pour des hommes de parti. Qui le contrôle donne le ton à toute la France.

De Gaulle nomme Charles Luizet préfet de police de Paris, le général Chaban-Delmas délégué du général Koenig dans la capitale, où se trouve déjà Alexandre Parodi, désormais commissaire du gouvernement parce qu'il lui faut une autorité incontestée pour faire face aux éventuelles manœuvres communistes, ou à la volonté d'autonomie de la Résistance.

« Je vous recommande, lui dit de Gaulle, de parler toujours très haut et très net, au nom de l'État. »

En cette fin du mois de juillet 1944, en Normandie, les Américains sont passés le 25 juillet à l'offensive. C'est bien la bataille de la France qui est engagée. La libération du territoire national et d'abord de Paris est proche. Si le sacrifice héroïque des combattants du Vercors a servi aussi à affirmer l'autorité de l'État contre les factions, alors ils ont donné à la nation plus que leur vie.

26.

De Gaulle, à Alger, dans la chaleur de la fin du mois de juillet 1944, attend et s'impatiente.

Il veut être présent en France alors que se déroule la « bataille de la France ».

Il veut que Paris soit libéré par des troupes françaises. Il veut rentrer dans la capitale le jour de sa libération pour effacer les années d'humiliation ; Hitler souillant Paris par sa présence !

Mais les Américains et les Anglais tardent à lui donner l'autorisation de ce retour dans la capitale !

Voilà comment les « Alliés » traitent le chef du gouvernement de la France ! Et leur attitude révèle l'impitoyable logique qui régit les rapports entre les États, ces « monstres froids ».

De Gaulle le constate, cette guerre n'est pas encore terminée que déjà s'esquisse une autre forme de guerre : il y a Washington et Londres d'un côté, et Moscou de l'autre !

C'est cette rivalité-là qui s'est exprimée dans l'affrontement que de Gaulle a eu, à propos du Vercors, avec le communiste Fernand Grenier.

De Gaulle décèle les conséquences de cette rivalité à propos de la Pologne. Ce pays qu'il connaît bien, où il a servi en 1920.

Churchill a « ses » Polonais – leur gouvernement siège à Londres et ils ont leur armée : l'AK, *Armia Krajowa*, Armée de l'Intérieur. Ces Polonais ont pour chef le général de cavalerie placé à la tête de l'AK, Bor-Komorowski.

Les Polonais se méfient des Russes autant que des Allemands.

Ils se souviennent du partage de la Pologne entre nazis et communistes en 1939.

Ils n'oublient ni les massacres commis par les Allemands, ni les exécutions d'officiers et de notables polonais dans la forêt de Katyn par les tueurs de la police russe, le NKVD. Ils craignent les manœuvres de Staline qui a « ses » Polonais, dirigés par le Comité National de Lublin.

Ils craignent surtout l'armée Rouge qui a atteint la Vistule.

Sur l'autre rive du fleuve, il y a Varsovie.

Quel serait l'avenir de la Pologne si, les Allemands chassés, les Russes s'installaient ! Que deviendrait l'indépendance de la Pologne ?

Les patriotes polonais, catholiques, ne veulent pas de cette libération qui deviendrait servitude !

De Gaulle, qui a été détaché en Pologne auprès de l'armée polonaise, a participé aux combats qui ont permis de repousser l'armée Rouge en 1920.

Mais en juillet 1944, elle est là, sur la rive orientale de la Vistule ; et il semble qu'elle puisse d'un élan « libérer » Varsovie.

De Gaulle comprend la volonté des Polonais de forcer le destin : attaquer les Allemands, les chasser, installer à Varsovie le gouvernement en exil à Londres, affirmer ainsi – avec l'appui anglais – l'indépendance et la souveraineté de la Pologne.

Le 1er août 1944, Bor-Komorowski lance un appel à l'Armée de l'Intérieur, diffusé dans tous les quartiers de Varsovie.

« Soldats de la capitale,

« J'ai donné aujourd'hui l'ordre que vous attendiez depuis si longtemps, l'ordre d'ouvrir le feu contre l'envahisseur allemand. Après bientôt cinq ans d'une lutte obligatoire-

Après l'échec de l'insurrection de Varsovie, le général Bor-Komorowski, chef de l'AK, se rend au général von dem Bach-Zelewski.

ment clandestine, aujourd'hui, nous prenons ouvertement les armes… »

Un souffle d'enthousiasme soulève la population de Varsovie.

Le 6 août, l'AK contrôle presque toute la ville. Il est prévu ce dimanche que la RAF parachute les représentants du gouvernement polonais de Londres.

Mais brusquement, en quelques heures, tout change.

Des Waffen-SS entrent dans Varsovie et renforcent les hommes de la Wehrmacht.

Les troupes sont commandées par l'Obergruppenführer SS Erich von dem Bach-Zelewski.

Il s'est illustré dès 1941 en Russie comme commandant les SS et la police chargés de lutter contre les partisans et d'exterminer les Juifs.

Himmler s'est plusieurs fois rendu à son quartier général, lui ordonnant d'abattre tous les hommes et de « conduire les femmes juives et leurs enfants dans les marécages ».

Une brigade de cavalerie SS sous les ordres de von dem Bach-Zelewski a ainsi fusillé 25 000 Juifs en un mois. Mais les cavaliers SS ont signalé que les « marais n'étaient pas assez profonds pour que les femmes et les enfants soient engloutis ». On les fusille donc.

C'est cet homme-là qui arrive à Varsovie le 8 août. Les SS sont accompagnés par la Brigade Kaminski, composée de Russes, d'Ukrainiens, et par la Brigade SS Dirlewanger, formée de criminels de droit commun extraits de leurs prisons. Ces unités SS et ces brigades ont les mains libres. En quelques heures, ces SS révèlent ce dont ils sont capables. Ils brûlent vifs les prisonniers, empalent sur des baïonnettes des nouveau-nés, qu'ils exhibent aux fenêtres. Ils pendent des femmes la tête en bas aux balcons de leurs immeubles.

Ils appliquent ainsi l'ordre de Himmler : « Agir pour juguler la révolte en un minimum de temps » !

Les combats sont d'une cruauté sans limites.

Les SS de Bach-Zelewski refoulent les insurgés, morcellent les unités, les encerclent et les réduisent les unes après les autres. Varsovie est ainsi en quelques semaines transformée en un champ de ruines.

Aucune règle n'est respectée. Il faut, en détruisant Varsovie, en massacrant, « liquider le problème polonais ».

Les hommes de Kaminski entrent ainsi dans un hôpital.

Une infirmière raconte :

« Ils ont frappé, donné des coups de pied aux blessés couchés sur le sol en les traitant de fils de putes, de bandits polonais. Avec d'horribles hurlements, ils abattaient leurs bottes sur les têtes de ceux qui étaient par terre. Sang et cervelle jaillissaient dans toutes les directions. [...] Un contingent de soldats allemands entra, avec à sa tête un officier. "Que se passe-t-il ici ?" demanda-t-il. Après avoir fait sortir les assassins, il donna ordre d'emporter les cadavres et demanda calmement à ceux qui étaient encore en vie et pouvaient marcher de se lever et d'aller dans la cour. Nous étions certains qu'ils allaient être fusillés. Après une heure ou deux, une autre horde germano-ukrainienne entra, avec de la paille. L'un d'eux versa dessus un peu d'essence [...] il y eut une explosion, et un cri terrible – le feu était juste derrière nous. Les Allemands avaient incendié l'hôpital et fusillaient les blessés. »

Les morts s'accumulent : près de 30 000 soldats allemands tués, blessés ou disparus, et dix fois plus de morts polonais, soit 300 000 hommes, femmes et enfants.

Et pendant ce temps, l'armée Rouge – il est vrai qu'elle est épuisée par l'offensive qu'elle mène depuis la mi-juin 1944 – reste, l'arme au pied, au bord de la Vistule, n'acceptant même pas que des avions de la RAF, venus parachuter des armes aux insurgés, puissent se poser dans les territoires libérés par les Russes.

C'est comme si les Allemands et les Russes avaient intérêt à laisser mourir le plus possible de ces insurgés polonais qui étaient patriotes et donc à la fois hostiles aux Allemands et aux Russes.

Un Polonais raconte que, du haut des bâtiments les plus élevés de la ville, quand la fumée se dissipe, on peut voir les soldats russes et allemands se baigner face à face sur chaque rive de la Vistule, comme s'ils avaient tacitement accepté une trêve qui durerait autant que la détermination héroïque des Polonais.

Churchill est scandalisé par l'attitude de Staline et exaspéré par l'indifférence de Roosevelt.

Le président des États-Unis se soucie peu de la pénétration des Russes en Europe centrale.

« Je ne vois aucune raison de risquer la vie des soldats américains pour protéger les intérêts britanniques, réels ou supposés, sur le continent », a-t-il confié.

Churchill ne renonce pas, il écrit à Staline :

« Les Polonais sont attaqués par une division allemande et demie. Ils demandent une aide russe. »

Staline répond :

« Le gouvernement soviétique n'entend pas s'associer directement ou indirectement à l'aventure de Varsovie… Je ne puis imaginer que des détachements polonais qui n'ont ni canons, ni avions, ni chars puissent reprendre Varsovie que les Allemands défendent avec quatre divisions blindées, y compris la division Hermann Goering. »

Chacun soupçonne l'autre d'arrière-pensées.

« Il est pour le moins bizarre, écrit Churchill, qu'au moment où l'armée secrète polonaise se révolte, les armées russes interrompent leur offensive contre Varsovie et se soient retirées à quelque distance. Les avions russes n'auraient que 150 kilomètres à faire en tout pour parachuter des mitrailleuses et des munitions. »

Et Staline répond :

« Tôt ou tard, la vérité se fera jour sur la poignée de criminels ambitieux qui ont déclenché l'aventure de Varsovie. Ils ont pratiquement exposé un peuple sans armes à l'aviation, aux canons et aux blindés allemands… Chaque jour qui passe ne rapproche pas Varsovie de sa libération, mais permet aux hitlériens d'exterminer cruellement la population civile. »

Les Russes ne passeront la Vistule qu'au moment – le 16 septembre 1944 – où l'AK polonaise s'apprête à faire sa reddition aux Allemands.

Mais l'héroïsme polonais a eu un résultat.

Bach-Zelewski a fait fusiller Kaminski, se débarrassant ainsi d'un témoin. Car l'Obergruppenführer Bach-Zelewski commence à penser à la défaite allemande. Il fera accorder aux survivants de l'AK la qualité de « combattants » réguliers et il évoque avec Bor-Komorowski la… défense de la civilisation occidentale contre la ruée des hordes russes.

Personne n'est dupe.

Guderian, le chef d'état-major général, note :

« Ce que j'ai appris de Bach-Zelewski est tellement révoltant que j'en ai rendu compte au Führer le soir même. »

Les massacres ont eu lieu ! Mais l'Obergruppenführer Bach-Zelewski sauvera sa tête. Les Anglais refuseront d'autoriser son extradition en Pologne…

Devant les interminables colonnes de rebelles capturés, un officier allemand de la Wehrmacht est stupéfait de la « fière allure de ces prisonniers : les femmes, tête haute, entonnent des chants patriotiques… »

L'officier se souvient de ce qu'il a vécu, vu, fait ces dernières semaines : « La population implacablement exterminée. »

Il a noté dans son *Journal* durant ces combats inégaux, ces massacres : « Il faut fermer les yeux et le cœur. »

27.

L'officier allemand qui dans la Varsovie martyrisée de l'été 1944 « ferme les yeux et le cœur », détourne la tête, est le complice des massacreurs, et peut-être lui-même un tueur.

Mais d'autres hommes regardent la barbarie en face, luttent contre elle, témoignent pour l'Histoire.

Alexander Werth, le correspondant du *Sunday Times*, arrive en Biélorussie. Il parcourt les rues de Minsk qui ne sont plus qu'un monceau de décombres.

La Biélorussie a été le théâtre d'un combat « féroce et mortel » entre la Wehrmacht et les partisans. Les Allemands ont mis le feu aux forêts pour enfumer les partisans. Ils ont, à Minsk, ouvert des fosses et les ont remplies de Juifs abattus d'une balle dans la nuque et empilés, tête-bêche.

Au quartier général de la Gestapo, ils ont installé leurs chambres de torture. Et les cris des suppliciés déchirent les jours et les nuits.

Après Minsk, voici la Pologne, voici Lublin.

Quand le vent souffle de l'est, il apporte l'odeur de chair brûlée. On murmure qu'elle provient des cheminées du four crématoire d'un camp d'extermination situé à Maidanek.

Les Polonais se confient à Alexander Werth. Ils racontent comment ces derniers jours, les Allemands exterminaient les professeurs, les médecins, tous ceux qui, dans la Pologne libérée, pourraient contribuer au relèvement du pays.

Certains chuchotent que les Russes en 1940-1941, à Katyn, ont fait de même.

« Tuer un être humain, dit une maîtresse d'école, pour les Allemands, ça ne comptait pas plus que d'écraser un ver de terre. »

Ils ont commencé à tuer dès le mois de septembre 1940. Et ils ont fait de même dans toutes les villes de Pologne.

Vassili Grossman, l'écrivain correspondant de *L'Étoile rouge*, est lui aussi à Lublin. Les Polonais l'entourent.

« J'ai demandé si la population attendait l'armée Rouge, écrit Vassili Grossman. Plusieurs personnes m'ont répondu par des mots que j'avais déjà eu l'occasion d'entendre : "Comme le Messie." »

Ces Polonais-là n'appartenaient pas à l'Armée de l'Intérieur, *Armia Krajowa*, l'AK que les Russes ont laissée combattre à mains nues contre les Allemands, à Varsovie, sans lui porter secours.

Sans doute les interlocuteurs de Grossman se méfient-ils de lui qui porte l'uniforme russe et appartient à cette armée Rouge qui a déporté, tué tant de Polonais de septembre 1939 à juin 1941 ?

On se confie en revanche à Alexander Werth, l'Anglais.

« Nous n'avons pas confiance dans ce Comité National de Lublin, précisent-ils, vous voyez ce que je veux dire. »

Ce sont les Russes qui en fait, dans l'ombre, tirent les ficelles.

Ils auraient déjà arrêté 2 000 personnes…

Au Russe Vassili Grossman, on dénonce la violence nazie :

« Il n'y a qu'une catégorie de plaintes et de lamentations que je n'ai pas entendue en Pologne, écrit Grossman, qu'une catégorie de larmes que je n'ai pas vue : les plaintes et les larmes des Juifs. Il n'y en a pas en Pologne. Tous ont été asphyxiés, massacrés, depuis les grands vieillards jusqu'aux nouveau-nés. Leurs corps sans vie ont été brûlés dans des fours. Et à Lublin, la ville polonaise qui comptait la population juive la plus nombreuse, où avant la guerre vivaient plus de 40 000 Juifs, je n'ai pas rencontré un seul enfant, une seule femme, une seule grand-mère qui parlât la langue que parlaient mon grand-père et ma grand-mère. »

Comme Vassili Grossman, Alexander Werth « passe plusieurs jours à errer dans les rues de Lublin, parlant avec toutes sortes de personnes ».

Elles évoquent « ce terrible premier hiver de 1939-1940 où il s'était fait un véritable trafic d'enfants : les gosses de Poznan et d'autres villes polonaises prises par les Allemands (leurs parents avaient été tués ou arrêtés) arrivaient à Lublin par trains entiers et l'on pouvait en acheter un (souvent à demi mort de faim) pour 30 zlotys à un soldat allemand. Et il y avait eu des pendaisons en place publique et les salles de torture de la Gestapo.

« Si un Allemand estimait que vous lui aviez lancé un sale regard en le croisant dans la rue, il vous tuait. »

Cela relève de la barbarie ordinaire.

Alexander Werth va découvrir l'« usine de mort », installée à Maidanek, à 3 kilomètres de Lublin.

Camp de concentration de Maidanek après sa libération par l'armée Rouge en 1944.

C'est une « entreprise industrielle » où des Allemands travaillent à plein temps à tuer des centaines de milliers de non-Allemands : Juifs, prisonniers russes, polonais.

Alexander Werth pénètre dans les chambres à gaz.

« Ce sont des cabines de 5 mètres environ de côté, on y entasse de gré ou de force 200 à 250 personnes nues – hommes, femmes, enfants chacun leur tour. L'obscurité n'est trouée que par une ampoule de plafond et le judas de la porte. D'abord de l'air chaud jaillit du plafond, puis les "jolis cristaux bleu pâle" de gaz zyklon. Les cristaux se dissolvent dans l'air chaud, tuant tout le monde dans un délai variant de deux à dix minutes.

« Il y avait six chambres à gaz mitoyennes. Près de 2 000 personnes pouvaient y être gazées en même temps [1]. »

« Entendez-vous les cris des mourants ?

« Respirez-vous cet air chargé des fumées à l'odeur de chair brûlée que rejettent les cheminées du crématoire ?

« Voyez-vous ces dizaines de baraquements pleins des bagages et des vêtements des victimes ?

« Ces "dépouilles" sont triées, envoyées au dépôt central de Lublin et de là expédiées en Allemagne.

« Regardez ces jardins où poussent des choux magnifiques.

« Ces choux ont grossi à la cendre humaine. »

Les SS en raffolent. Et les prisonniers en mangent eux aussi.

Naturellement, les tueurs n'ont pas oublié d'arracher les appareils dentaires en or aux cadavres encore tièdes.

« On les envoyait au docteur Walter Funk, directeur de la Reich Bank », note Alexander Werth.

Werth parcourt le camp, croise ces prisonniers allemands que les Russes ont conduits à Maidanek, afin qu'ils voient ce

---

1. Alexander Werth, *La Russie en guerre*, *op. cit.*

« camp de l'assassinat », et qu'ils soient contraints ainsi d'ouvrir leurs yeux, sinon leur cœur.

Des groupes d'enfants et de femmes polonais leur lancent des cris de haine. Un vieux Juif hurle d'une voix cassée : « *Kindermorder, kindermorder !* », assassins d'enfants !

Les Allemands se mettent à courir « verts de terreur, les mains tremblantes, et claquant des dents ».

Parmi ces prisonniers allemands, combien savaient que, à Maidanek, des SS tuaient d'un coup de pied, à coups de marteau ?

Himmler avait visité le camp à deux reprises « et avec plaisir ». L'usine de mort avait tué 1 500 000 personnes !

La BBC n'a pas diffusé le reportage d'Alexander Werth.

Le *New York Herald Tribune* écrit, justifiant la prudence et le scepticisme :

« Mieux vaudrait attendre confirmation des horreurs qu'on nous apprend de Lublin. En dépit de tout ce que nous savons de la sauvagerie des nazis, ces faits apparaissent impensables… »

Cet été-là, celui de l'année 1944, d'autres camps d'extermination sont découverts par les Russes. Ils se nomment Sobibor, Belzec, Treblinka.

Himmler avait donné l'ordre que Treblinka – le premier camp d'extermination – fût détruit. Mais des bâtiments ont échappé à l'incendie, et Vassili Grossman, interrogeant une quarantaine de survivants de l'insurrection qui a soulevé les déportés, peut reconstituer le fonctionnement de « *l'enfer de Treblinka* ».

Le camp n° 1 a existé de l'automne 1941 au 23 juillet 1944. Il fut entièrement liquidé alors que les prisonniers entendaient déjà le grondement sourd de l'artillerie soviétique.

Le soir, tous les détenus avaient été tués.

En 10 mois, 3 millions de Juifs ont été assassinés à Treblinka.

Vassili Grossman voit les chambres à gaz, les crématoires, les objets, les vêtements ayant appartenu aux déportés.

Et ces sacs remplis de cheveux…

L'un des sacs s'est ouvert. « Les cheveux fins, légers, adorables d'une jeune fille sont là piétinés dans la terre… Tout était donc vrai. Le dernier espoir que tout cela ait été un songe s'écroule… »

« Et il semble que le cœur va s'arrêter, étreint par une peine, une douleur qu'un homme ne saurait supporter. »

28.

Vassili Grossman et Alexander Werth ont le « cœur étreint » parce qu'ils ont vu ces millions d'humains réduits en cendres, à Treblinka, à Maidanek.

Mais qui entend, en ce mois de juillet 1944, leurs voix brisées par une « douleur qu'un homme ne saurait supporter » ?

Les journaux sont réticents à publier leurs reportages.

À Londres comme à New York, les rédacteurs en chef ne veulent pas croire à tant d'horreur « impensable ».

À Moscou, Staline auquel le Soviet Suprême vient d'attribuer la plus haute décoration, l'Ordre de la Victoire, ne veut pas que l'on s'apitoie sur le sort des Juifs !

L'écrivain Constantin Simonov, favori du régime, évite, quand il dénonce les crimes des nazis, d'insister sur l'identité juive des victimes.

Or ces camps d'extermination visent explicitement l'anéantissement des Juifs.

Ils font partie de l'*Aktion Reinhard*, nom donné à cette mise en œuvre de la Solution finale, en Pologne, et en hommage à Reinhard Heydrich, le « protecteur » de Bohême-Moravie, abattu par des patriotes tchèques.

Mais les dirigeants et les peuples en lutte contre le nazisme, tendus dans leur volonté de chasser les Allemands, sont emportés, mobilisés par le sentiment national, la lutte de libération, les victoires militaires remportées contre les panzers et les SS. Ces millions de Juifs d'Europe exterminés, ce « crime contre l'humanité », on ne s'y attarde pas.

Il faut libérer les nations d'abord : se battre les armes à la main.

En France, pendant ce temps-là, les Allemands préparent le départ du camp de Drancy du dernier train de déportés juifs. Il se dirigera – le 17 août – vers le camp de Buchenwald.

Qui sait, parmi les combattants des Forces Françaises de l'Intérieur prêts à mourir pour libérer la nation, que 75 721 Juifs ont été déportés de France dont 6 000 âgés de moins de 12 ans !

Qui imagine qu'il n'y aura que 2 500 survivants, soit 3 % !

Mais des milliers de citoyens français ont caché, sauvé, au risque de leur vie, des dizaines de milliers de Juifs traqués par les nazis et les miliciens « français ».

Ces *Justes* ont le courage de combattants et, comme les FFI, ils sentent que la libération du pays est proche.

Les villes de Normandie et de Bretagne sont libérées en une quinzaine de jours : Coutances le 28 juillet, Granville le 30, Avranches le 31.

Rennes est prise par les troupes de Patton, le 4 août ; Brest, le 6 ; Nantes, le 10 ; Saint-Malo, le 14.

Le Führer donne l'ordre au Feldmarschall von Kluge de contre-attaquer. Les divisions allemandes s'avancent et sont encerclées dans la poche de Falaises.

Cinquante mille Allemands sont capturés, mais, note Eisenhower, nombreuses sont les unités – les divisions de panzers – qui réussissent à se replier.

Cependant, la défaite allemande est consommée, la route de Paris ouverte.

« Je maintiens et j'affirme que les chances de succès n'existaient pas », écrit von Kluge à Hitler.

C'est une lettre d'adieu.

« Quand vous recevrez cette lettre, je ne serai plus... », continue von Kluge, décidé à se suicider.

Il sait que les SS, la Gestapo le soupçonnent d'être l'un des conjurés du complot du 20 juillet. Il vient d'être destitué et remplacé par le général Model.

« J'ai toujours admiré votre grandeur, ajoute von Kluge à Hitler. Si le sort est plus fort que votre volonté et que votre génie, c'est que la Providence le veut ainsi. Montrez-vous maintenant encore assez grand pour mettre fin à une lutte sans espoir quand ce sera nécessaire... »

Hitler, recevant la lettre puis l'annonce de la mort de von Kluge, a ce commentaire :

« J'ai de fortes raisons de penser que si le Feldmarschall Kluge ne s'était pas suicidé, il aurait été de toute façon arrêté. »

Et le Führer ne veut même pas concevoir de cesser le combat. Les armes nouvelles ne vont-elles pas renverser le cours des choses ? La bataille de France continue donc.

Les Allemands se replient vers la Seine, d'autres se retranchent dans les ports : à Brest, Lorient, Saint-Nazaire, dans la presqu'île de Crozon.

Les combats sont acharnés, les FFI assiégeant ces places fortes.

Le mardi 1er août, la 2e Division Blindée (2e DB) du général Leclerc a débarqué à Varreville.

Un officier de la division écrit :

« Quand je me réveillai le 1er août à l'aube, après trois heures de sommeil sur le siège d'une jeep, ma première sensation fut l'émerveillement d'être en France, chez moi, non pas furtivement, mais au vu et au su de tout le monde ; la seconde fut que cet espace français où l'on était libre ne dépassait guère une vingtaine de milliers de kilomètres carrés. À quelle distance était Paris ? Fallait-il évaluer en kilomètres, en mois, en semaines ? »

Les 4 000 véhicules de la 2e DB s'ébranlent, quittant les dunes de Varreville pour les routes qui conduisent à Alençon, à Mortagne.

Ils roulent 200 kilomètres sans faire halte, soulevant l'enthousiasme des habitants des bourgs et des villages traversés.

Les FFI vont à leur rencontre, organisent des opérations de « nettoyage », liquidant les poches de résistance allemandes.

Là, les hommes de la Wehrmacht se constituent prisonniers. Ici, les SS contre-attaquent. Ces « 30 000 FFI rendent un "service inestimable", juge Eisenhower. Ils entourent les Allemands d'une atmosphère intenable de danger et de haine qui sape la confiance de leurs chefs et le courage de leurs soldats ».

Arrivée de la 2e DB à Alençon en 1944.

À Tours, à Orléans, à Chartres, à Blois, à Vendôme – dans ce cœur de la France –, les Allemands évacuent en hâte leurs services.

Les voitures de la Gestapo, ces Citroën noires, quelques véhicules blindés, des camions dans lesquels ont pris place des miliciens forment les convois de la défaite et de la fuite.

Ils sont attaqués par les FFI des maquis de la forêt d'Orléans. Là, les déserteurs de la Wehrmacht russes ou arméniens côtoient des étudiants parisiens, des paysans beaucerons. Tous font face aux contre-attaques menées par le 560e régiment SS. Et les nazis se vengent en massacrant les habitants des villages.

C'est bien l'insurrection nationale.

Les FFI de la Nièvre, de l'Auvergne harcèlent les unités allemandes. Les cheminots détournent les trains, déboulonnent les rails, détruisent les pylônes.

Pas un département de France qui reste à l'écart de ce soulèvement.

Et au coin d'une route, au pied d'un arbre, quelques bouquets de fleurs des champs signalent qu'un patriote est tombé là en combattant.

Cette insurrection nationale porte de Gaulle qui, durant cet été 1944, se rend aux États-Unis, au Canada.

Au terme de ses entretiens avec Roosevelt, celui-ci reconnaît l'autorité du Gouvernement Provisoire de la République française sur les territoires français libérés.

Mais cette reconnaissance ne vaut que pour la période de la Libération !

Qu'est-ce à dire ? Que Roosevelt se réserve de peser sur le destin de la France une fois la guerre finie.

De Gaulle rappelle que l'indépendance et la souveraineté de la nation sont inaliénables.

Il reste donc sur ses gardes, même au cœur du « triomphe » que lui réserve la ville de New York.

À Madison Square Garden, la chanteuse noire Maria Anderson entonne *La Marseillaise*, et toute la salle se lève et reprend d'une seule voix l'hymne national.

L'émotion empoigne de Gaulle. La France vit dans les cœurs, donc la France reprendra sa place.

Mais il ne se fait pas d'illusions, et à son retour à Alger il dira en souriant à ses proches :

« J'ai été acclamé par les Nègres, les Juifs, les estropiés et les cocus. »

La France, répète-t-il, ne sera reconnue grande puissance et respectée que si elle se bat aux côtés des Alliés.

De Gaulle inspecte les troupes françaises qui, en ce début d'août 1944, sont rassemblées à Naples et vont participer au débarquement prévu en Provence à la mi-août.

Le 7 août, dans une allocution radiodiffusée à Alger, de Gaulle annonce d'une voix vibrante :

« Voici venue l'heure de la grande revanche… Il n'est pas un Français qui ne sente et qui ne sache que le devoir simple et sacré est de prendre part immédiatement à ce suprême effort guerrier du pays…

« Courage ! Union ! Discipline ! Voici venus les jours où tout va se décider…

« Français, debout ! Et au combat ! »

29.

Se battre ?

Dans tous les maquis du sud de la France, de la frontière espagnole à la frontière italienne, on attend le message qui annoncera que les Alliés débarquent entre le Rhône et le Var ou bien sur les côtes plates du Languedoc.

Les Allemands ont concentré leurs 250 000 hommes à l'est d'Avignon, car ils ne croient pas à un débarquement sur les côtes de Provence rocheuses, tourmentées, à l'exception des longues et larges plages de sable du golfe de Saint-Tropez.

Dans la nuit du 14 août, la BBC diffuse une série de messages qui sont inlassablement répétés au milieu de dizaines d'autres :

« Le chasseur est affamé », « Nancy a le torticolis », « Ne bousculez pas l'estropié », « Ne folâtrez pas le matin », « Le xérès est un vin d'Espagne ».

Les résistants, les Délégués Militaires Régionaux (DMR) les décryptent. Ils savent désormais que l'on peut s'attendre à ce que le débarquement ait lieu dans les prochaines heures.

L'opération *Dragoon* vient de commencer.

Deux mille navires transportant 11 divisions vont débarquer les troupes sur 70 kilomètres de côtes, dans le département du Var, de Cavalaire à l'ouest, à Agay à l'est. Les troupes françaises, commandées par le général de Lattre de Tassigny, représentent 7 divisions.

C'est l'*Armée B* – qui deviendra la Première Armée Française, équipée de matériel américain.

Elle comporte 2 divisions blindées comptant 5 000 véhicules et 5 divisions d'infanterie qui en utilisent 2 500 !

Dans ces rangs, il y a des Sénégalais, des Marocains, des Algériens, des Tunisiens, des Français d'Afrique du Nord, et des vétérans de la 1e Division Française Libre (1re DFL), commandée par le général Diego Brosset.

Ces hommes-là, volontaires depuis juin 1940, ont gardé l'esprit FFL – Forces Françaises Libres – et ils ne se laissent pas « amalgamer » à d'autres unités.

Mais les dangers partagés, en Italie, puis ce 15 août 1944, vont forger peu à peu cette Première Armée, dont de Lattre peut dire :

« C'est une armée magnifique qui s'est constituée, une armée comme la France en a peu connu, car elle associe la science de ceux qui méritent le titre de *Grognards* – les vétérans des Forces Françaises Libres, ceux des champs de bataille de Libye, de Tunisie et d'Italie –, l'enthousiasme des volontaires de 1792, c'est-à-dire les FFI qui viendront s'y amalgamer. »

De Lattre de Tassigny est un chef charismatique, courageux. En novembre 1942, il a tenté de résister aux Allemands qui envahissent la « zone non occupée ». Emprisonné, il s'évade de France le 20 décembre 1943. Il atterrit à Alger, et rencontre le général de Gaulle.

Les deux hommes se sont connus en 1939, alors que tous deux faisaient partie de la 5e armée, l'un commandait les chars, l'autre l'état-major. Retrouvailles sobres.

« Vous n'avez pas vieilli, dit de Gaulle.

— Vous avez grandi », répond de Lattre.

En effet, de Gaulle n'est plus seulement un général. Il est le chef du Gouvernement Provisoire de la République française, le symbole de la Résistance, un homme d'État qui sait que Churchill, jusqu'à ces derniers jours, ne voulait pas d'un débarquement en Provence.

Churchill a tenté de convaincre Roosevelt et Eisenhower qu'il faut débarquer sur les côtes de l'Adriatique, dans la zone de Trieste, afin d'empêcher les Russes de « dominer » les Balkans.

Mais Churchill ne dévoile jamais cette arrière-pensée politique. Il avance des arguments militaires.

Eisenhower n'est pas dupe. Il a percé à jour ce que veut cacher Churchill.

« Bien qu'il ne m'eût rien dit de tel, écrit Eisenhower, je sentais qu'en réalité l'inquiétude du Premier ministre était peut-être d'une nature politique plutôt que militaire. Il se peut qu'il ait pensé que, si les Alliés occidentaux se trouvaient en force dans les Balkans, le monde d'après-guerre serait plus stable que si les armées russes étaient les seules à occuper cette région. Je lui déclarai que, si c'était là la raison pour laquelle il défendait la campagne des Balkans, il devrait immédiatement se rendre chez le président et lui exposer clairement les faits, ainsi que ses propres conclusions. Je comprenais bien que la stratégie pouvait subir l'influence de considérations politiques, et, si le président et le Premier ministre décidaient qu'il était profitable de prolonger la guerre, en augmentant ainsi son coût en vies humaines et en argent, afin de s'assurer les objectifs politiques qu'ils estimaient nécessaires, j'adapterais instantanément et loyalement mes plans en conséquence. Mais j'insistai sur le fait qu'aussi longtemps qu'il discuterait cette question pour des raisons militaires, je ne pourrais considérer ses arguments comme valables. »

Cependant, Churchill s'obstine à n'envisager que les questions militaires. Il n'est appuyé que par le général Juin, alors que de Gaulle soutient avec force Eisenhower qui juge nécessaire d'ouvrir « une seconde porte en Europe ».

Les troupes débarquées en Provence remonteront la vallée du Rhône et attaqueront ainsi le flanc de l'armée allemande aux prises déjà avec les forces alliées débarquées en Normandie.

« Comme d'habitude, constate Eisenhower, le Premier ministre poursuit la discussion jusqu'au moment même de l'exécution. »

Et la décision confirmée, il lui apporte tout son soutien. Il embarque à bord d'un contre-torpilleur pour assister au débarquement et au bombardement que les navires de guerre infligent sans discontinuer aux positions allemandes.

Le ministre de la Guerre A. Diethelm, suivi des généraux de Lattre de Tassigny et Goislard de Monsabert, passe en revue les troupes à Marseille le 29 août 1944.

Les Allemands sont écrasés, débordés, incapables de faire face à cette « deuxième invasion ».

Ils fuient, ils se rendent.

Toutes les prévisions les plus optimistes sont dépassées : Grenoble est libérée 7 jours après le Jour J, au lieu de l'être à J + 60 ! Toulon à J + 11 au lieu de J + 20 ; Marseille à J + 13 au lieu de J + 40.

Les patriotes de toutes ces villes se sont attaqués aux points de résistance ennemis.

La grève générale insurrectionnelle a été décrétée. Et les combats, le soulèvement national ont les apparences d'une révolution.

Annecy, Aix-les-Bains, Chambéry, Albertville sont libérées dans la dernière semaine d'août.

La France brise les chaînes qui l'étranglent depuis quatre ans.

Partout, les représentants du Gouvernement Provisoire de la République française – les commissaires de la République, ainsi à Marseille Raymond Aubrac –, les préfets s'installent.

L'État républicain dans cette atmosphère insurrectionnelle se met en place sans désordre majeur.

C'est un tour de force, presque un miracle.

30.

Miracle, le retour à l'ordre dans la France qui se libère ?

C'est le résultat de l'action obstinée de De Gaulle, de Jean Moulin, de Brossolette, de tant de martyrs dont les noms sont entrés dans l'Histoire et d'innombrables anonymes qui, républicains patriotes, voulaient éviter au pays les risques d'une guerre civile.

L'État rétabli en cet été 1944 est issu de la constitution, le 14 mai 1943, du Conseil National de la Résistance, regroupant tous les patriotes, à quelque parti qu'ils appartiennent dès lors qu'ils sont engagés dans la Résistance.

Cette unité nationale manifestée, de Gaulle veut la préserver en ce mois d'août 1944.

Il y faut pour cela d'abord faire respecter la France par les Alliés. C'est-à-dire affirmer la souveraineté nationale. Car la France a désormais une armée de plusieurs centaines de milliers d'hommes qui débarquent en Provence, se battent en Normandie, avancent vers Paris. Et les combattants de la Résistance sont au nombre de 50 000 !

Et tout va se jouer, comme toujours dans notre histoire, à Paris.

Dès le 16 août, de Gaulle est persuadé que le débarquement en Provence a réussi.

C'est en France, à Paris, qu'il doit être.

Le 17, les Américains insistent pour qu'il n'utilise pas son avion personnel, peu sûr, disent-ils, mais une forteresse volante qu'ils mettent à sa disposition.

« Je vous remercie vivement de l'offre que vous voulez bien me faire, mais je compte utiliser le *Lockheed Lodestar* qui me sert habituellement. »

Il a confiance dans le colonel de Marmier qui pilotera. Le général Juin et les officiers d'état-major suivront dans la forteresse volante prêtée par les Américains.

Escale à Casablanca, exigent les Alliés. Visite incognito de la ville. La foule rassemblée, pourtant silencieuse et ardente, bras levés. Émotion.

« Quel destin que le vôtre », lui murmure le résident général.

Escale à Gibraltar encore, au nom de la sécurité. Forteresse volante en panne. Les Alliés insistent : le *Lockheed* n'est pas armé. Il faut une escorte, différer le départ.

Est-ce une ultime manœuvre pour l'empêcher de gagner la France ?

De Gaulle se lève. Il partira.

Il fume calmement dans la cabine. Moment où le destin peut disposer de sa vie : un incident mécanique, une attaque allemande et il n'atteindrait jamais le sol de France. Il n'a pourtant aucune inquiétude. Sa vie ne peut s'interrompre à cet instant. Il doit conduire sa tâche à son terme.

Le dimanche 20 août, vers 8 heures, il atterrit sur l'aérodrome de Maupertuis, près de Saint-Lô.

Enfin ! Il marche sur ce sol. Il fait presque froid, il pleut, ce 20 août. Il est sur la terre de France, non pas en visiteur toléré, regardé avec indifférence par les soldats étrangers, comme à Bayeux, le 14 juin, mais en chef de gouvernement.

Il avance à grands pas vers cette grange transformée en une sorte de tour de contrôle. Une vieille voiture à gazogène, une Celtaquatre, est arrêtée. Il voit le général Koenig et François Coulet venir vers lui.

Il va savoir. Paris ? interroge-t-il. Il n'y a, à cette heure, que cette priorité. Paris.

Leclerc et sa 2e DB marchent-ils vers Paris ? Que font les Allemands de von Choltitz qui commande en chef dans la capitale ?

On a capté un message de Hitler ordonnant de défendre Paris à tout prix, de détruire s'il le faut les ponts, les monuments, les bâtiments officiels.

Il faut voir Eisenhower. Paris doit être libéré.

Il écoute Koenig tout en regardant la campagne normande.

C'est l'été, mais il est masqué. Comme la liberté de ce pays, tout enveloppée encore de manœuvres, d'ambitions et de périls.

Paris s'est insurgé, répète Koenig.

Tous les transports sont paralysés, et surtout, depuis hier, on tire dans les rues. La police s'est retranchée dans la préfecture de police, et fait le coup de feu contre les Allemands.

Rol-Tanguy et ses FFI se sont lancés dans l'insurrection. Détermination, enthousiasme, mais pas d'armes antichars.

Les Allemands disposent de plusieurs milliers de soldats aguerris, de tanks qui pourront balayer les barricades qui commencent à surgir partout.

Il a une bouffée d'orgueil. Paris reprend le fil de son histoire.

Puis il s'assombrit.

Paris peut être écrasé et détruit. Des milliers de morts.

Il pense à ces images de Varsovie en flammes. Varsovie insurgée elle aussi, le 1er août, et fusillée par les Allemands cependant que les Russes restaient l'arme au pied sur la rive de la Vistule, laissant égorger les patriotes polonais.

Paris ne doit pas être Varsovie.

La situation ne doit pas être symétrique. Des Alliés craignant une prise de pouvoir par les communistes ou par de Gaulle et tardant comme les Russes à aider les insurgés.

Cela ne sera pas. Il le faut. Il le peut. Il compte sur Leclerc, sur le sens national des résistants, même communistes, sur l'intelligence de Parodi, de Luizet, de Chaban, qu'il a choisis.

Il baisse la tête. Il y a péril.

Il faut battre la puissance allemande ou la neutraliser.

Il faut contrôler l'ambition communiste ou les débordements d'une population en armes. Il faut que Paris soit libéré par une troupe française.

Il faut déjouer peut-être la « suprême intrigue » de Roosevelt, son soutien à une manœuvre de Laval, la résurrection sous le patronage d'Herriot d'une Chambre des députés morte en juillet 1940.

Comment les Américains ne comprennent-ils pas que c'est là le meilleur moyen de faire naître le désordre en poussant vers les communistes des Parisiens indignés ? Est-ce cela que l'on veut ?

La voiture s'arrête. De Gaulle aperçoit au-delà de la clairière la tente qui sert de quartier général à Eisenhower. Elle est dissimulée sous les arbres de la forêt proche de Granville. Il traverse à grandes enjambées la clairière.

Il entend la pluie, plus drue, marteler la tente. Eisenhower est chaleureux et cependant de Gaulle perçoit, au fur et à mesure qu'Eisenhower situe en montrant sur la carte les points atteints par les avant-gardes alliées, de la gêne.

Une flèche manque. Personne ne marche sur Paris.

« Du point de vue stratégique, commence de Gaulle, je saisis mal pourquoi, passant la Seine à Melun, à Mantes, à Rouen, bref, partout, il n'y ait qu'à Paris que vous ne la passiez pas. »

De Gaulle fixe Eisenhower. Paris est pourtant le centre des communications. Et ce n'est pas un lieu quelconque, faut-il le dire !

« Le sort de Paris – de Gaulle hausse le ton – intéresse de manière essentielle le gouvernement français. C'est pourquoi je me vois obligé d'intervenir et de vous inviter à y envoyer des troupes. Il va de soi que c'est la 2e Division Blindée française qui doit être désignée en premier lieu.

« Il faut que les choses essentielles soient claires et soient dites. »

Eisenhower paraît mal à l'aise. Il promet que la décision d'offensive sur Paris va être prise, et la division de Leclerc sera chargée de cette opération.

« La Résistance s'est engagée trop tôt, ajoute-t-il.

— Pourquoi trop tôt, répond de Gaulle, puisqu'à l'heure qu'il est vos forces atteignent la Seine ? Je suis prêt, si le commandement allié tarde trop, à lancer moi-même sur Paris la 2e Division Blindée. »

Il est à nouveau dans la clairière, sous la pluie, se dirigeant lentement vers la voiture. Pourquoi cette réticence américaine à marcher sur Paris ?

Pourquoi la division Leclerc est-elle passée sous la tutelle de la 6e armée américaine et est-elle maintenant dans la région d'Argentan ? Est-ce pour permettre à une manœuvre politique – celle de Laval ? – de réussir à Paris ?

Il monte dans sa voiture. Se rendent-ils compte, ceux qui jouent cette carte, des risques qu'ils font prendre à la population parisienne ? Leur politique qu'ils croient habile n'est que la politique du pire.

Tout à coup, des cris : « Vive de Gaulle ! », le son des cloches.

On traverse un village qui, à l'exception de l'église, est détruit. Il faut s'arrêter, descendre, le maire pleure.

On chante *La Marseillaise*, on repart et c'est le champ de ruines de Cherbourg. Le soleil perce. Les gravats encombrent les rues.

Les mêmes cris, la même ardeur. Il se sent soulevé par cet enthousiasme. Comment ne balaierait-il pas les derniers obstacles ?

« Allons, dit-il, la France doit vivre puisqu'elle accepte de souffrir. »

Il parle au milieu des ruines.

« Le calvaire que nous gravissons, dit-il, est la plus grande épreuve de notre histoire. Mais nous savons de quel abîme nous émergeons et nous savons vers quel sommet nous montons ! »

31.

La Marseillaise est reprise plus tard à Coutances, à Avranches, à Fougères, à Rennes enfin.

La foule s'est rassemblée dans la nuit et sous la pluie d'averse. De Gaulle entend depuis le balcon de l'hôtel de ville cette rumeur de houle, ce nom scandé : « De Gaulle, de Gaulle ! »

Puis la nuit si courte, les nouvelles qui arrivent de Paris. L'échec du « complot désespéré » de Laval cependant que l'insurrection s'amplifie et que tout commence à manquer dans une ville paralysée. Hier, dit-on aussi, Pétain a été contraint de suivre les Allemands.

La fin.

De Gaulle regarde ces hommes rassemblés autour de lui dans les salons de la préfecture de Rennes.

Tous les rouages administratifs recommencent à fonctionner. L'État reprend sa place avec les responsables nommés par le Gouvernement Provisoire. Il en est sûr. Il n'y aura pas de désordre majeur.

« Il faut maintenant rassembler la nation, dit-il, dès qu'elle sortira du gouffre. Mais tout dépend de Paris. Si Paris devient un brasier, un foyer de troubles, le lieu où s'affronteront les passions, alors tout peut basculer. »

Il s'isole dans l'un des bureaux de la préfecture. Il va écrire à Eisenhower.

« Rennes, le 21 août 1944

« Mon cher général,

« Les informations que je reçois aujourd'hui de Paris me font penser qu'étant donné la disparition complète des forces de police et des forces allemandes à Paris, et dans l'état d'extrême disette alimentaire qui y règne, de graves troubles sont à prévoir dans la capitale avant très peu de temps.

« Je crois qu'il est vraiment nécessaire de faire occuper Paris au plus tôt par des forces françaises et alliées, même s'il devait se produire quelques combats et quelques dégâts à l'intérieur de la ville.

« S'il se créait maintenant une situation de désordre, il serait ensuite difficile de s'en rendre maître sans sérieux incidents et cela pourrait même gêner les opérations militaires ultérieures.

« Je vous envoie le général Koenig, nommé gouverneur militaire de Paris. »

Eisenhower comprendra-t-il ?

Le général de Gaulle à Rennes en août 1944.

Le jour du 22 août se lève. Il fait beau. Sur la place, devant l'hôtel de ville, des camions viennent se ranger. Ils assureront le transport de vivres vers la capitale dès qu'elle sera libérée. Mais quand ?

On apporte les dernières informations. Une trêve a été conclue à Paris, grâce à l'ambassadeur de Suède Nordling, entre le général von Choltitz et les représentants de la Résistance, Chaban-Delmas, Parodi. Les communistes avec à leur tête Rol-Tanguy ont condamné cette initiative. Trêve ?

De Gaulle a une « désagréable impression ». Voilà l'effet des lenteurs de l'offensive sur Paris. Le pourrissement de la situation, l'absence de clarté, alors qu'il faudrait agir vite, trancher.

Il prend la route du Mans. Il s'arrête à Alençon, à Laval. Le commissaire de la République, Michel Debré, l'accueille à la préfecture. Un officier se présente, capitaine Trévoux, de la 2e DB. Il apporte une lettre du général Leclerc.

De Gaulle la parcourt. Et il est envahi par la joie. Il reconnaît bien là Leclerc, sachant décider et prendre des risques.

« Depuis huit jours, le commandement nous fait marquer le pas… écrit Leclerc. Devant une pareille paralysie, j'ai pris la décision suivante : le commandant de Guillebon est envoyé avec un détachement léger, chars, automitrailleuses, infanterie, direction Versailles avec ordre de prendre le contact, de me renseigner et d'entrer dans Paris si l'ennemi se replie. Il part à midi et sera à Versailles ce soir ou demain matin. Je ne peux malheureusement en faire de même pour le gros de ma division, pour des questions de carburant et afin de ne pas violer ouvertement toutes les règles de subordination militaire… »

Voilà bien Leclerc. De Gaulle reste un instant rêveur, pensant à cet homme si proche de lui, qui dès le premier regard a conquis sa confiance et qui va libérer Paris après être parti du cœur de l'Afrique.

Il écrit rapidement.

« Laval, le 22 août 1944, 12 h
« Pour le général Leclerc
« J'ai vu Trévoux et lu votre lettre.
« J'approuve votre intention. Il faut avoir un élément au moins au contact de Paris sans délai.
« J'ai vu Eisenhower le 20.
« Il m'a promis que vous alliez recevoir Paris comme direction…
« Je coucherai ce soir au Mans et tâcherai de vous rencontrer demain. »

Nuit, longue nuit du Mans.

Il entend les chants patriotiques qu'on entonne dans les rues. Il s'approche de la fenêtre. Il s'étonne du calme qui l'habite. Et pourtant les nouvelles venues de Paris ne sont pas qu'heureuses…

Koenig vient de câbler que « l'insuffisance de son armement rend indispensable l'arrivée des troupes alliées » même si « après trois jours de lutte tous les édifices publics sont aux mains de la Résistance ». Seulement, les Allemands disposent encore de plus de 20 000 hommes et de 80 chars.

Il se remet à arpenter ce salon de la préfecture. Les combats ont repris à Paris. La trêve est de fait rompue. Le pire est possible, même s'il ne le croit pas probable.

Des heures passent. Les chants se sont éteints. Et tout à coup, ce bruit de voix, cette porte qui s'ouvre.

« Leclerc a reçu l'autorisation d'Eisenhower de marcher sur Paris. »

Comment dormir alors que s'approche le moment tant attendu ?

Le lendemain matin, 23 août, sur la route de La Ferté-Bernard à Nogent-le-Rotrou, de Gaulle se sent « entraîné par un fleuve de joie ». Et tout à coup c'est Chartres, pavoisé, les rues envahies par la foule.

Il dicte un câble pour le gouvernement à Alger.

« Je vous télégraphie de Chartres où je viens d'arriver. »

Et brusquement, il s'interrompt, tant la phrase lui paraît miraculeuse. Il est à Chartres. Il lui vient sur les lèvres des vers de Péguy. Il murmure :

« Mère, voici tes fils qui se sont tant battus. »

Puis il recommence d'un ton froid à dicter. Quelle que soit l'émotion, le moment est à la maîtrise de soi.

« À Paris, la situation est très tendue…

« L'accord avec les Alliés n'est toujours pas signé… Je comprends mal les raisons de ce retard.

« L'enthousiasme de la population est extraordinaire. Mais les problèmes demeurent.

« En attendant que l'ensemble du gouvernement vienne à Paris, il convient de constituer tout de suite autour de moi une délégation pour régler les problèmes immédiats… »

Un capitaine de la 2e DB, Janney, apporte un pli de Leclerc.

« Je viens d'arriver à Rambouillet avec un petit détachement précurseur de quelques voitures, écrit Leclerc. Malheureusement, les troupes de ma division ne peuvent être là avant ce soir… J'engagerai donc l'opération demain matin, au petit jour.

« Respectueusement. »

Demain 24 août, des soldats de la France Combattante, les meilleurs, ceux de juin 1940, ceux du Fezzan, entreront dans Paris. L'Histoire parfois rend justice.

De Gaulle écrit :

« Pour le général Leclerc

« Je reçois le capitaine Janney et votre mot.

« Je voudrais vous voir aujourd'hui.

« Je compte être à Rambouillet et vous y voir. »

Il hésite un instant, puis il ajoute :

« Je vous embrasse. »

Il roule vers Rambouillet, doublant les colonnes de chars et de véhicules blindés de la 2e DB. Philippe est dans l'un de ces engins. Que Dieu le laisse en vie !

Il le verra plus tard, à Paris, au moment de cette victoire qui s'annonce.

Il a, aux tournants les plus importants de cette guerre et de son destin, en juin 1940 et lors de cette nuit du 5 au 6 juin 1944, voulu que son fils soit à ses côtés, comme le témoin intime de l'histoire, et comme celui qui, demain, continuerait les de Gaulle, en France, comme ils le firent depuis Azincourt. Il faut qu'il voie son fils à Paris.

Il a reçu au Mans un groupe étrange, le frère du consul général de Suède, Rolf Nordling, le baron autrichien Poch-Pastor, officier de l'armée allemande, aide de camp de Choltitz et sans doute agent américain, et Jean Laurent, son ancien directeur de cabinet en 1940, aujourd'hui directeur de la Banque d'Indochine, accompagné du banquier Alexandre de Saint-Phalle.

Ils ont proposé de réunir l'Assemblée nationale de 1940, une nouvelle version du plan Laval-Herriot. Tout ce petit monde se soucie de la « transition » dans la légalité.

Encadrer de Gaulle puisqu'on n'a pu l'écarter ! Il est resté impassible. Ils n'ont pas entendu l'émotion et la colère gronder.

32.

De Gaulle est installé dans un appartement du château de Rambouillet, sous les combles. Il pleut de nouveau à verse.

À Paris, des éléments avancés de la 2e DB, commandés par le capitaine Dronne, sont parvenus jusqu'à l'Hôtel de Ville. Les cloches de la capitale ont sonné à toute volée.

Il marche dans le parc, sous la pluie. Il arpente la terrasse. Il fait transmettre un message à Charles Luizet, préfet de Paris.

Il compte, dit-il, à son entrée dans la capitale, se rendre non point à l'Hôtel de Ville où siègent le CNR et le Comité parisien de Libération, mais « au centre », au ministère de la Guerre, rue Saint-Dominique, parce que la France est en guerre, « parce qu'il faut établir que l'État, après les épreuves qui n'ont pu ni le détruire ni le desservir, rentre d'abord tout simplement chez lui ».

On lui apporte les premiers journaux libres parus à Paris : *Combat*, *Défense de la France*, *Franc-Tireur*, *Front National*, *Libération*, *Le Figaro*, *L'Humanité*. Certains d'entre eux publient en grosses lettres :

« Un seul chef, de Gaulle
Un seul amour, la France »

Mais derrière ces proclamations, il devine les intentions politiques divergentes.

Il lit l'article que publie François Mauriac dans *Le Figaro* :

« Tandis que les pas de l'officier allemand ébranlaient le plafond au-dessus de nos têtes… nous écoutions, les poings serrés, nous ne retenions pas nos larmes… "Le général de Gaulle va parler, il parle !" Au comble du triomphe nazi, tout ce qui s'accomplit aujourd'hui sous nos yeux était annoncé par cette voix prophétique… »

Lui, si seul en juin 1940, lui que Mauriac ne voulait pas écouter alors, ému seulement par les propos de Pétain.

C'est ainsi.

Il va marcher à nouveau sur la terrasse. Il fume un cigare en regardant passer les chars de la 2e DB.

Il faut qu'il entre rapidement dans Paris, dans les heures qui viennent, pour rassembler dans l'État ces forces qui, sans cela, il le sent déjà à lire ces journaux, peuvent diviser le pays.

Courcel vient lui dire que la radio britannique annonce la libération de Paris avec enthousiasme. On vient de recevoir un message du roi George VI qui exprime sa « profonde émotion ». *La Voix de l'Amérique* a elle aussi diffusé la nouvelle, mais sans chaleur.

Il a un instant d'inquiétude. Cette annonce prématurée alors que rien n'est définitivement joué démoralisera-t-elle les troupes allemandes ou au contraire suscitera-t-elle une réaction du Führer ? L'envoi de renforts ? Le bombardement de Paris ?

Tout à coup, voici Leclerc, vif, énergique, les yeux bleus dans son visage émacié à la peau tannée.

De Gaulle l'écoute expliquer qu'il entrera demain dans Paris. Qu'il a chargé Billotte de diriger l'assaut en direction de l'hôtel Meurice où se trouve von Choltitz.

Juste gloire pour Billotte, évadé de Poméranie, interné par les Russes et depuis fidèle et talentueux chef d'état-major.

De Gaulle fait quelques pas, s'éloignant de Leclerc. Il eût suffi de quelques divisions blindées commandées par des hommes comme ceux-là pour qu'en juin 1940 la France ne basculât pas dans l'abîme. Il en fait le serment, il ne laissera plus l'État, s'il le peut, s'enliser.

Il murmure à Leclerc : « Vous avez de la chance. »

Il regarde le général s'éloigner d'un pas rapide, lançant sa canne en avant d'un mouvement nerveux. C'est comme une image de la jeunesse héroïque.

La nostalgie, un instant, s'installe. Il pense à ce qu'il aurait ressenti s'il avait eu l'honneur de libérer Paris à la tête d'une division combattante.

Et soudain, cette angoisse, cette question qu'il n'a pas voulu poser à Leclerc : « Où est mon fils ? » Que Philippe vive cela, la libération de Paris.

Il entre dans sa chambre, commence à préparer le discours qu'aujourd'hui ou demain il devra prononcer.

Il faut que les mots aient une force telle et soient chargés d'une si grande émotion qu'ils s'inscrivent dans les mémoires, qu'ils soient à la hauteur de l'événement.

Il sursaute. Le lieutenant Claude Guy, l'officier d'ordonnance, pose devant lui deux tomes des *Chroniques* de Froissart, trouvés dans la bibliothèque du château.

À quoi bon continuer à écrire ? Il commence à lire. L'histoire de la France à ses origines est là, dans ce récit qui souvent prend les accents d'une légende.

Voilà le souffle qu'il doit retrouver demain, puisqu'il est celui qui continue l'histoire de la France.

C'est le matin du 25 août 1944. Il se promène dans le parc en compagnie de Claude Guy et de Geoffroy de Courcel.

Il veut desserrer l'émotion qui le tenaille à la pensée de cette journée qui commence et qui va, comme le 18 juin, marquer toute sa vie.

Il s'arrête devant une statue de Diane. Il se souvient de son enfance, de son père, des vers de *Phèdre* qu'il récitait.

Puis il revient lentement au château.

« Je me demande où est mon fils », murmure-t-il.

Il est 13 h 45, ce 25 août 1944. Il dicte une note pour le colonel de Chevigné, de la 2e DB.

« Je partirai de Rambouillet à 15 heures.

« Première destination : gare Montparnasse, où je compte vous retrouver.

« Mon itinéraire sera : Porte d'Orléans
Avenue d'Orléans
Avenue du Maine
Rue du Départ
Hall de la gare Montparnasse.

« Veuillez prévenir le général Leclerc. »

De Gaulle refuse la voiture blindée que le lieutenant Guy a prévue. Il s'indigne : c'est la voiture de Laval !

Et qu'est-ce que ces quatre automitrailleuses ? Va-t-il entrer dans une ville hostile, ennemie ?

Il veut à sa suite deux ou trois voitures. Le général Juin et Boislambert dans la première.

Il fait avancer devant le perron du château de Rambouillet une Hotchkiss noire, découverte. Il y monte. Il lève les yeux. Le ciel est d'un bleu méditerranéen.

Il fait un signe. La voiture commence à rouler. Il se sent à la fois « étreint par l'émotion et rempli de sérénité ».

D'abord la forêt, puis la campagne et déjà des groupes qui crient : « Vive de Gaulle ! », et tout à coup la foule, envahissant les rues pavoisées de Longjumeau. Il faut ralentir.

Il voit une femme avec un enfant dans les bras. Elle semble hypnotisée. Elle s'avance sur la chaussée. Il faut arrêter la voiture.

Porte d'Orléans. La multitude. Il se souvient de ce départ en juin 1940, de ce printemps noir où le ciel avait, comme aujourd'hui, les couleurs de l'été, comme pour rendre la tragédie plus sombre.

Tout cela racheté, la fierté de la nation reconquise et cette « exultante marée » qui cerne la voiture, malgré les tirs qui crépitent. On se bat.

Il voudrait voir Philippe.

Il aperçoit la foule qui l'attend avenue d'Orléans, et sans doute est-elle ainsi rassemblée tout au long du boulevard Saint-Michel, jusqu'à l'Hôtel de Ville où sont réunis les membres du Comité parisien de Libération et du Conseil national de la Résistance.

Qu'ils l'attendent ! L'État doit marquer sa prééminence.

L'avenue du Maine est déserte.

Voici la gare Montparnasse, la foule impatiente tumultueuse, encerclant les salles où sont rassemblés les prisonniers allemands. Leclerc s'avance sur le quai de la voie 21.

Il a obtenu la reddition du général von Choltitz, qui est en train de signer des ordres appelant les points d'appui de la Wehrmacht qui résistent encore à cesser le feu.

Des officiers français, explique Leclerc, vont partir avec ses ordres accompagnés d'officiers allemands.

Maîtriser son émotion, s'asseoir calmement, lire le texte de la capitulation allemande. Chaque mot comme une poussée de joie.

C'est le représentant du gouvernement de la République française qui a reçu la capitulation.

De Gaulle lit lentement. Pourquoi cette phrase qui précise que la capitulation a aussi été reçue par le colonel Rol-Tanguy, commandant des FFI de l'Île-de-France ? Pourquoi ces deux signatures au bas du document ?

Il lève la tête. Cet homme jeune au visage régulier, coiffé d'un calot, c'est le général Chaban-Delmas. De Gaulle hésite. Si jeune, ce général ! Il lui donne l'accolade.

Cet homme qui se tient près de Chaban-Delmas est Rol-Tanguy.

Cette signature à côté de celle de Leclerc, c'est la sienne.

Erreur et faute politique.

Ce matin même, le CNR, dans un communiqué, s'est présenté comme « la nation française ». Aucune allusion au gouvernement provisoire, à de Gaulle.

Comment Leclerc n'a-t-il pas saisi que le risque existe de voir l'État dépossédé de ses pouvoirs, concurrencé par un deuxième pouvoir, celui des *milices patriotiques*, du Comité d'action militaire, dominé par les communistes ?

Et dont Rol, valeureux combattant, patriote, est aussi le porte-parole ?

Il fixe longuement Rol. La France sera la plus forte. Il serre la main de Rol. Puis il entraîne Leclerc à l'écart.

Choltitz ne s'est pas rendu à Rol-Tanguy, mais aux hommes de la 2e DB, commence-t-il.

« D'autre part, vous êtes, dans l'affaire, l'officier le plus élevé en grade, par conséquent seul responsable. Mais surtout, ce libellé procède d'une tendance inacceptable. »

Il fait quelques pas. Même au cœur de la joie, dans ces instants suprêmes d'unité, il faut être vigilant.

« Sous les flots de la confiance du peuple, les récifs de la politique ne laissent pas d'affleurer. »

Il se tourne vers Leclerc :

« Pourquoi croyez-vous que je vous avais nommé gouverneur militaire de Paris par intérim dès Alger, si ce n'est pour prendre sous votre autorité toutes les forces avant l'arrivée de Koenig ? »

Les choses sont dites.

Il donne l'accolade à Leclerc et le serre longuement contre lui.

Au moment de quitter la gare et alors que les clameurs continuent de retentir, il aperçoit dans la foule des officiers ce visage maigre qui paraît encore plus émacié sous la large casquette d'officier de marine.

Émotion. Philippe, enfin.

Les généraux de Gaulle et, à droite, Leclerc et Juin, gare Montparnasse en août 1944.

« Viens avec nous, tu m'accompagnes », lance de Gaulle.

Philippe paraît hésitant. Il y a eu confusion. On l'a convoqué à la gare Montparnasse pour y rencontrer le général de Gaulle et sur place on a cru qu'il était l'un des officiers chargés de se rendre comme parlementaires auprès des points de résistance allemands.

« Mon général, dit Leclerc, l'enseigne de vaisseau de Gaulle a une mission. Il faut qu'il aille la remplir. »

Déception. Angoisse. Ce fils à peine entrevu est à nouveau lancé dans le danger.

De Gaulle le prend aux épaules, le serre, l'embrasse sans dire un mot.

Le devoir déchire.

Il garde cette image de son fils devant les yeux. Elle masque tous ces visages qui l'entourent alors qu'il sort de la gare, qu'on lui fraie un passage parmi la foule.

Il monte dans la voiture découverte. Il aperçoit Boislambert et Juin qui sont dans la voiture qui précède. Le Troquer, membre du CNR au titre du Parti socialiste, est dans la dernière voiture.

On emprunte le boulevard des Invalides. Il a la curieuse impression, émouvante, de remonter le cours du temps. Si brève, une vie.

Il reconnaît les façades des immeubles. Tout semble immuable. Et pourtant si extraordinaire, ce périple de sa vie, qui le reconduit ici, à son enfance, place Saint-François-Xavier.

Tout à coup, des rafales.

On tire depuis des balcons. Le cortège se disloque.

Il voit Boislambert et Juin bondir, armes à la main, s'engouffrer dans un immeuble. Il reste impassible, la voiture accélère, prend la rue Vaneau et la rue de Bourgogne.

Voici la rue Saint-Dominique, le 14, l'hôtel de Brienne, ministère de la Guerre. On tire des immeubles voisins. Il descend dans la cour.

Il est de retour.

Rien n'a changé.

Il reconnaît les armures dans le vestibule, les huissiers, les tentures. Il entre dans le bureau de Paul Reynaud. Il se souvient de cette nuit du 10 juin 1940, quand Mandel téléphonait pour avertir que Paris n'était plus sûr, qu'il fallait le quitter.

Mandel est mort. Mais « sur la table, le téléphone est resté à la même place et l'on voit inscrits sous les boutons d'appel exactement les mêmes noms ».

La mesure des vies. La mesure de l'Histoire. Il a un sentiment étrange. Rien ne manque ici « excepté l'État. Il m'appartient de l'y remettre ».

Le Général va et vient en fumant dans ce qui fut, en juin 1940, son bureau. Il se réapproprie l'espace et le présent.

Il écoute Alexandre Parodi et Charles Luizet qui décrivent la situation. Ils insistent pour qu'il se rende immédiatement à l'Hôtel de Ville où les membres du CNR s'impatientent.

Qu'ils attendent, dit-il.

Il ira d'abord à la préfecture de police.

Puis il précise que demain, samedi 26 août, il descendra les Champs-Élysées, de l'Arc de triomphe à la Concorde.
Ensuite, il se rendra à Notre-Dame pour le Magnificat.

Des risques ? Il sent Luizet et Parodi enthousiasmés et inquiets. Les Allemands, des collaborateurs, des miliciens, grouillent dans Paris en armes.
On se bat au Bourget. Un retour des Allemands n'est pas impossible.
Hitler peut déclencher une attaque aérienne sur la foule qui se rassemblera par millions.
Des troubles peuvent éclater à tout instant. La panique, affoler les présents.
Un attentat contre le général de Gaulle peut être tenté.

La 2e Division Blindée participera à la cérémonie, dit-il seulement.
Il ne veut pas entendre les objections de Parodi et de Luizet. Il sait bien qu'à chaque instant une tragédie peut couvrir d'un grand voile de sang ces heures d'enthousiasme.
Mais la France a besoin de cette apothéose, de cette fusion des Français qui vont se reconnaître, après ces années de honte et d'oubli. Ce sera le signe de la résurrection.
« Le défilé, dit-il, fera l'unité politique de la nation. »

Il sent l'angoisse de ceux qui l'entourent, Luizet, Parodi, Juin, Le Troquer.
Il devine leurs pensées lorsqu'il entre dans la cour de la préfecture de police, et passe en revue ces hommes qui, il y a quelques semaines encore, saluaient avec respect les officiers ennemis et appliquaient souvent avec zèle des lois indignes.
Mais à la fin des fins, ils se sont insurgés. Ils ont lavé leurs fautes et leur lâcheté dans le sang de ceux qui sont tombés dans les combats. Ils sont fiers à nouveau.
Ils lancent des hourras qui l'accompagnent alors qu'il sort de la préfecture et se dirige à pas lents vers l'Hôtel de Ville.

La foule l'entoure. Elle s'ouvre pour le laisser passer. Il est la figure de proue.

Chacun ici, par lui, veut recouvrer sa dignité. Pour chacun, ce moment est un acte de baptême. Pour lui aussi.

Il lève la tête. Le long crépuscule d'août incendie le ciel, sous lequel roulent les clameurs.

33.

Voici l'Hôtel de Ville, une garde d'honneur de jeunes hommes.

Il salue Bidault, président du CNR, qui lui présente les membres du Conseil et les représentants du Comité parisien de Libération réunis dans ce grand salon dont les fenêtres ouvrent sur la rumeur enthousiaste qui ne cesse pas.

Les membres du Conseil National de la Résistance en 1944.

Il suffit d'un regard.

L'union, à cet instant, est faite, quelles que soient les divergences, les arrière-pensées, qu'il faudra surveiller, contenir, combattre. Mais c'est le moment de l'élévation.

« Moi, ce soir, je crois à la fortune de la France », dit-il.

Il écoute les discours. Les mots sont dignes. Les gestes sont ralentis.

Et brusquement, c'est le silence.

Il fait un pas. Il écarte les bras, les phrases le traversent, lui d'abord, de part en part, et c'est comme s'il lisait ces mots qu'il a médités depuis hier soir, lorsqu'il feuilletait à Rambouillet les *Chroniques* de Froissart.

Il en a les larmes aux yeux, mais la voix est ferme et forte. C'est lui qui parle et ce sont les mille voix de la nation qui s'expriment.

« Ah, pourquoi voulez-vous que nous dissimulions l'émotion qui nous étreint tous, hommes et femmes qui sommes ici chez nous, dans Paris debout pour se libérer et qui a su le faire de ses mains ? Non ! Nous ne dissimulerons pas cette émotion profonde et sacrée. Il y a là des minutes qui dépassent chacune de nos pauvres vies !

« Paris ! Paris outragé ! Paris brisé ! Paris martyrisé ! Mais Paris libéré ! Libéré par lui-même, libéré par son peuple avec le concours des armées de la France, avec l'appui et le concours de la France tout entière, de la France qui se bat, de la seule France, de la vraie France, de la France éternelle. »

Il parle et la foule, dehors, sans l'entendre, porte ses paroles :

« La guerre, l'unité, la grandeur », dit-il. « Le libre suffrage universel. » Un régime où « aucun homme, aucune femme ne puisse redouter la faim, la misère, les lendemains ». Et puis ce « devoir de guerre qui exige l'unité nationale ».

« La nation n'admettrait pas, dans la situation où elle se trouve, que cette unité soit rompue. »

Il crie : « Vive la France ! »

Il remonte sur le rebord d'une fenêtre. Il se tient debout dans l'embrasure. Il sent qu'on le retient, qu'on s'inquiète. Il est une cible si facile à atteindre.

Mais il ne craint rien. Comment ne comprennent-ils pas que, ce soir, le ciel comme une mer Rouge s'est ouvert pour laisser passer la France ?

Il se retrouve dans le salon. Georges Bidault, entouré des membres du CNR, qu'il préside, s'avance. Les visages sont à nouveau crispés. C'en est fini pour ce soir de la grâce.

« Mon général, commence Bidault, nous vous demandons de proclamer solennellement la République devant le peuple ici rassemblé. »

De Gaulle fait une moue de dédain.

La République n'a jamais cessé d'être, dit-il. La France Libre, la France Combattante, le Comité français de la Libération nationale l'ont tour à tour incorporée. Vichy fut toujours nul et non avenu. Moi-même suis le président du gouvernement de la République. Pourquoi irais-je la proclamer ?

Il observe un instant ces hommes courageux, ces patriotes. Il devine à leur expression leur déception et déjà leur rancœur.

Il leur tourne le dos. Il faut qu'ils l'apprennent, leur histoire, leur combat doit prendre sa place, mais seulement sa place dans l'histoire de la nation. Leur lutte n'est que la pièce d'un puzzle.

Mais c'est la nation et l'État qui sont le tout. Et il ne recommence pas la France, il la continue.

De Gaulle regagne le ministère de la Guerre. On tire encore ici et là. On se bat toujours au Bourget.

Dans les salons du ministère de la Guerre qu'il traverse, dans la salle à manger qu'éclairent des lampes à pétrole et des bougies, car le courant vient d'être coupé, il se tait. Les mots se sont taris.

Il perçoit déjà autour de lui le murmure des ambitions, des divisions, des rivalités. Il ne veut pas être mêlé à cela.

« Que pensez-vous, mon général, des chefs de la Résistance ? » lui demande-t-on.

Il lève à peine les yeux.

« Ils ont besoin de dormir », dit-il.

Nuit déchirée par les détonations sèches des armes automatiques. Mais le matin, à l'aube, les chants d'oiseaux montent du parc.

C'est aujourd'hui, samedi 26 août, que doit se refermer la plaie ouverte sous le ciel aussi bleu du printemps de 1940.

Un officier lui apporte l'ordre du général américain Gerow, communiqué à l'aube, ce matin, pour le général Leclerc.

« Je crois savoir que vous avez reçu du général de Gaulle l'instruction de faire participer vos troupes à une parade cet après-midi à 14 heures, écrit Gerow. Vous ne tiendrez pas compte de cet ordre… Les troupes sous votre commandement ne participeront pas à la parade ni cet après-midi ni à aucun moment, sauf sur ordre que j'aurai signé personnellement… »

S'il ne fallait pas garder ce message pour les archives, il le déchirerait. Un général américain demande à être reçu. Il confirme l'ordre de Gerow.

De Gaulle l'écarte d'un mot :

« Leclerc a toujours fait ce que je lui demandais… même quand je ne lui demandais rien ! »

Il regarde l'officier américain s'éloigner, décontenancé. Resteront-ils toujours aussi aveugles et sourds devant les exigences d'une nation qui répond à l'appel de son Histoire ?

34.

Elle est là, l'Histoire, le 26 août 1944. Devant lui, de l'Étoile à la Concorde, vivante dans cette foule.

« Ah ! C'est la mer ! »

Des millions de visages, les drapeaux, les uniformes des hommes de la 2e DB et les croix de Lorraine sur les brassards. Des groupes sur les toits, d'autres « accrochés à des échelles, des mâts, des réverbères ».

« Ce n'est qu'une houle vivante dans le soleil sous le tricolore. »

Il avance sur la place de l'Étoile, qu'un barrage de chars coupe par le milieu. Mais la foule déborde pendant que la musique des gardiens de la paix ouvre le ban.

Les cris « Vive de Gaulle ! » déferlent. Il marche lentement. Il faut vivre cet instant et en même temps ne pas se laisser engloutir par ce flot.

Il est celui que la nation doit porter, soulever, soutenir, et qui ne doit pas cesser de veiller.

Il dit : « Quelle pagaille ! Qui est-ce qui est responsable de l'ordre ici ? »

Il entend, dominant parfois la clameur, les annonces des voitures haut-parleurs qui descendent et remontent les Champs-Élysées :

« Le général de Gaulle confie sa sécurité au peuple de Paris. Il lui demande de faire lui-même le service d'ordre et d'aider dans cette tâche la police et les FFI fatigués par cinq jours de combat. »

Il voit quatre chars s'ébranler, puis un cordon d'agents, de FFI, de secouristes, de soldats derrière eux, des motocyclettes, des side-cars, des jeeps, et, seul dans un espace vide, un huissier en habit noir, plastron blanc, chaîne d'argent.

Il marche d'un pas lent. Il répond aux vivats. Il entend. Il voit et se voit, levant et baissant les bras.

Il voudrait croiser chaque regard, s'attarder sur chaque visage. Toutes ces vies rassemblées et chacune exprimant un destin singulier.

Il se tourne à droite, à gauche. Ils marchent près de lui, ceux de la Résistance, Le Troquer, Bidault. Et puis Parodi, Pleven, Leclerc, Juin, Thierry d'Argenlieu, Koenig, tous les autres compagnons de juin 1940.

Il pense aux siens.

À Philippe, qui se bat au Bourget, à son père.

Il voit dans la foule « ces enfants si pâles » et la douleur le leste tout à coup.

Anne, petite Anne, ma souffrance au cœur de l'espérance.

Là, une vieille pleure, ici un homme crie merci. Des femmes sourient.

« Il se passe en ce moment un de ces miracles de la conscience nationale, un de ces gestes de la France qui parfois au long des siècles viennent illuminer son Histoire. »

Il va à la tête d'une foule qui s'écoule au milieu de deux foules, dans le soleil d'août. Il se sent à la fois tout et rien.

« Il remplit une fonction qui dépasse de très haut sa personne. » Il ne sert que d'« instrument au destin ».

Il marche au milieu de ces « innombrables Français ». « Ah, comme vous vous ressemblez ! »

Cette foule lave l'avenue souillée par l'occupant, et « l'Histoire ramassée dans ces pierres et dans ces places, on dirait qu'elle nous sourit ».

Les Parisiens, venus fêter l'insurrection et la libération de Paris et accueillir de Gaulle, se dispersent sous les tirs, le 26 août 1944, place de la Concorde.

Il monte dans la voiture découverte place de la Concorde. Et tout à coup, des tirs. Les gens se jettent à terre.

Et à nouveau des tirs quand il entre dans Notre-Dame. Des éclats de pierre giclent. On tire depuis les galeries au-dessus de la nef.

Il ne regarde que les vitraux. Il chante le Magnificat. Il n'a pas voulu que Mgr Suhard, qui a accueilli Pétain ici il y a quatre mois, célèbre la cérémonie.

Les tirs continuent. Il descend l'allée centrale. Les gens se sont couchés. Il voit une femme qui a même relevé ses jupes pour se cacher la tête.

On tire sur le parvis. Il est debout, immobile, ne voyant sur le parvis que ces gens allongés. Leclerc, de sa canne, frappe la tourelle d'un tank pour que celui-ci cesse le feu.

Mourir ici ? Dieu décide.

Il monte dans la voiture.

Des coups de feu encore rue Saint-Dominique. Et il apprend que des fusillades ont éclaté à l'Étoile, au rond-point des Champs-Élysées, à l'Hôtel de Ville.

Qui ? Allemands, miliciens ? On a arrêté deux d'entre eux, dont l'assassin de Mandel, qui se préparaient à l'Hôtel de Ville, hier soir, à tenter de l'abattre.

Qui ? Peut-être ceux qui, en maintenant un climat de désordre et d'inquiétude, espèrent contrôler le pays, s'emparer du pouvoir.

Il regagne son bureau.

C'en est fini des défilés. Il faut rétablir partout l'autorité de l'État, l'ordre, le règne de la loi républicaine.

La nation est à reconstruire, elle est en guerre.

Ces ébranlements sourds sont les explosions des bombes que l'aviation allemande lâche sur Paris, comme pour se venger de ce triomphe qu'elle n'a pu interdire.

C'est la guerre. Philippe qui se bat et qui, comme des dizaines de milliers d'hommes, peut mourir.

Il lit en marchant dans le bureau la lettre du général Leclerc écrite à son PC avancé.

« Combats sérieux », commente Leclerc.

De Gaulle s'interrompt. Stains, Le Bourget. Un flot de souvenirs, Henri de Gaulle qui racontait ses combats à Stains et au Bourget en 1871.

« Quelques-uns de nos bons officiers de la première heure y sont encore restés…, poursuit Leclerc. Un de mes cousins germains, lieutenant au régiment du Tchad, a été tué. Je croyais nos types épuisés par les efforts de ces derniers jours. Ils ont une fois de plus atteint les objectifs fixés par le commandement allié pendant que les Américains, à droite et à gauche, sont en retard. »

De Gaulle s'assied. C'est notre sol.

« L'énorme majorité de la population magnifiquement française et nationale, ajoute Leclerc, ne demande qu'à être commandée pour refaire la France. On veut de l'autorité.

« J'ai eu des contacts intéressants avec des officiers FFI… Ils m'ont affirmé que le Front National avait tout essayé pour utiliser au profit du "parti" l'enthousiasme français. L'affaire a manqué… Les dirigeants, même nommés par votre gouvernement, sont bien timides. Voilà, je crois, un des nœuds du problème… Votre tâche n'en sera pas facilitée, mon général.

« Veuillez croire, mon général, à l'assurance de mon entier et respectueux dévouement qui n'a fait que croître depuis le Cameroun 1940. »

Leclerc, fidèle, héroïque, enthousiaste, le plus proche de ses compagnons. Il relit les dernières lignes de sa lettre. Sans doute les « tirailleries » du 26 août étaient-elles bien une tentative de provocation.

Il feuillette les journaux de ce dimanche 27 août. *L'Humanité* titre :

« Paris vainqueur salue en la personne du général de Gaulle la France maintenue, la Résistance victorieuse, la lutte armée qui a sauvé le pays. »

Phrase habile. Il découvre un article en première page, selon lequel « une délégation des femmes et des Francs-Tireurs et Partisans Français s'enquiert à *L'Humanité* du retour de Thorez ».

Et une photo légendée : « Des officiers du général Leclerc rendent visite à *L'Humanité*. »

Un encart précise : « Il reste encore la 5e colonne à écraser. » C'est comme si la stratégie du Parti communiste se déployait sur cette première page du journal : assimiler la Résistance aux communistes, tenter même d'annexer l'armée, obtenir par une pression populaire organisée le retour du déserteur Thorez, et se servir de « l'épuration », de la « traque de la 5e colonne » pour tenir le pays.

Mais il faudrait pour cela réussir à « noyer » de Gaulle sous les éloges. Et le compromettre.

Ils se trompent. Il va réagir.

Il reçoit le Conseil National de la Résistance. Ces hommes se sont bien battus. Il les félicite.

« Mais, dit-il, c'est le gouvernement qui assume la responsabilité entière. »

Il précise d'une voix abrupte :

« Les organismes supérieurs du commandement et des états-majors des Forces de l'Intérieur existant à Paris sont dissous à compter du 29 août 1944. »

Immatriculation de tous les officiers, gradés et hommes des Forces de l'Intérieur, ainsi que recensement des armes et du matériel.

Il demeure impassible alors que des membres du CNR protestent, s'indignent, quittent le bureau en marmonnant, peut-être des avertissements et, qui sait, des menaces.

Qui craindre quand on fait son devoir ?

Il s'abandonne, le temps d'un dîner, à un regain d'amertume, comme si, après ces moments d'exaltation, patauger dans le marécage quotidien devenait insupportable :

« Incorrigibles et ingouvernables..., lance-t-il. Mouscaille de la France malgré tout ! Resquille de tout bord ! »

Personne ne commente.

On dîne de rations américaines, de bœuf en gelée, de sardines à l'huile provenant de stocks de l'armée allemande. Heureusement, le vin est convenable et le pain frais.

Il tourne la tête vers Philippe, venu dîner. Le fils de François Mauriac, Claude, qui depuis deux jours travaille au secrétariat, est assis près de lui.

Maurice Schumann voisine avec le lieutenant Guy et l'aide de camp Teyssot.

De Gaulle allume un cigare.

« J'admire la monarchie, dit-il, qui a pu se maintenir en France pendant si longtemps. C'est que les rois ont su rester populaires... Avec Louis XIV, le pouvoir royal s'éloigne du peuple, et c'est la fin... »

Il se lève.

Si le peuple est avec soi, tout est possible. S'il se dérobe, alors il faut partir, car au bout il n'y a que le désastre, pour soi, pour le pays.

35.

Le « désastre » : ce mot, de Gaulle le répète en cet été 1944.

On lui rapporte les propos, les manœuvres, les illusions des hommes de Vichy. Ce Maréchal déshonoré. Ce politicien, Laval, qui s'est vautré dans la trahison. Ces Doriot, ces Darnand, qui ont revêtu l'uniforme des Waffen-SS, ou qui comme Déat se sont proclamés nationaux-socialistes !

Ils ont oublié que c'est le soutien du peuple qui donne sa légitimité et sa force à l'homme public.

Ils ne sont entourés et suivis que par une poignée de complices.

Le peuple chante *La Marseillaise* et crie « Vive de Gaulle ! ».

De Gaulle refuse de recevoir les émissaires de ces hommes perdus. Au nom du maréchal Pétain, ils font savoir au général « Gaulle » qu'il n'a rien à craindre des mesures prises contre lui en 1940 !

Que de Gaulle se rassure : il conservera sa nationalité française et ne sera pas fusillé !

Le grotesque le dispute au misérable. Pétain est-il à ce point hors du temps !

« Vous direz aussi au général, a confié Pétain à l'un de ces messagers, que je n'ai pas l'intention de rester au pouvoir, quelques mois seulement pour lui assurer la transition et consolider l'union qui naîtra de notre entente. Ensuite, le plus vite possible, je voudrais retourner vivre en paix dans ma propriété et y achever mes jours tranquillement. »

« Tranquillement » !

Faire des promenades au milieu des lauriers du jardin de la propriété du maréchal à Villeneuve-Loubet !

Vivre « tranquillement » sur la Côte d'Azur comme si on n'avait pas serré la main de Hitler à Montoire ! Et comme s'il n'y avait pas eu les lois antisémites, les dizaines de milliers de déportés, de fusillés !

De Gaulle voit bien l'intention de Pétain : effacer les différences entre la collaboration et la France Libre.

« La légitimité des pouvoirs de Pétain ne peut être sérieusement mise en doute », déclare l'amiral Auphan, l'envoyé de Pétain.

« On ménagerait ainsi la dignité du maréchal Pétain et celle du général de Gaulle ! »

Comment prêter attention à ces contre-vérités ?

« Au moment où j'arrive à Paris, raconte de Gaulle, m'est remise une communication d'un représentant du maréchal Pétain. Le représentant avait, en vertu d'un ordre écrit, daté du 11 août 1944, tous pouvoirs pour rechercher avec nous une solution de nature à éviter les guerres civiles.

« J'ai éconduit le représentant. Où est la guerre civile ? »

Pour de Gaulle, le gouvernement de Vichy n'est pas légitime. Il est né de la défaite et de l'occupation.

« La République n'a jamais cessé d'exister », répète-t-il.

L'État de Vichy n'a aucune réalité.

Et le Gouvernement Provisoire de la République a un chef : le général de Gaulle.

Cette position claire et intransigeante du général rend vaines et ridicules les démarches et les illusions du maréchal Pétain.

La France est rassemblée derrière le général. La Résistance communiste est certes pleine d'arrière-pensées, mais elle clame son patriotisme. Et il en va de même de tous les courants de l'opinion.

Cela, Pierre Laval l'a compris dès le mois de juillet 1944. Son but est donc d'écarter de Gaulle du pouvoir qui va se mettre en place dès que Paris sera « libéré ».

Le chef du « gouvernement » compte sur les « Américains » dont on lui rapporte qu'ils souhaitent favoriser une « solution de transition ».

Les députés et sénateurs – ceux de l'Assemblée nationale qui se sont réunis à Vichy, en juillet 1940 – se réuniraient alors autour du président de la Chambre des députés, Édouard Herriot, actuellement réfugié à Nancy et surveillé par les Allemands.

Cette Assemblée accueillerait les « Américains ».

Laval serait le maître d'œuvre de ce gouvernement de transition. Et il croit réussir.

Il se rend à Nancy, avec l'appui de l'ambassadeur Otto Abetz, rencontre Herriot, le ramène à Paris.

Au moment où Paris se couvre d'affiches appelant à l'insurrection, Herriot déjeune avec Laval, à l'hôtel Matignon, résidence du « président du Conseil » !

Il suffit de quelques heures pour que ce château de cartes s'effondre.

Les ultras de la collaboration – Déat, Darnand, Doriot, Brinon – alertent le général SS Oberg, qui est à la tête de la Gestapo. Il téléphone directement à Hitler et Himmler, réclame – et obtient – les pleins pouvoirs, écartant ainsi l'ambassadeur Otto Abetz.

Ordre est donné de transférer Laval, Pétain, les membres du « gouvernement » français à Belfort : « décision irrévocable », martèle Oberg.

Le 18 août, alors que les premiers coups de feu sont tirés dans Paris, M. et Mme Laval, M. et Mme Herriot, M. et Mme de Chambrun – René de Chambrun a épousé la fille de Pierre Laval – et Otto Abetz prennent leur dernier déjeuner à Matignon.

Herriot obtient de regagner Nancy, quant au « gouvernement » de Laval, il « n'accepte pas de transférer son siège de Vichy à Belfort ».

Les Allemands menacent. Laval se soumet et démissionne.

C'est la fin du gouvernement de Vichy. La Gestapo envahit l'hôtel Matignon. Laval fait ses adieux à ses collaborateurs, prenant la pose héroïque, préparant sa plaidoirie, pensant à son avenir.

« Ce n'est pas le chef du gouvernement qui s'en va, ce ne sont pas des ministres qui l'accompagnent. C'est un nouveau groupe de prisonniers ajoutés à tant d'autres. »

À Vichy, le Maréchal a joué quelques heures avec l'idée de résister aux Allemands. Il convoque le général Perré, directeur général de la Garde à Vichy, lui demande d'élaborer un plan de bataille.

Le général peut disposer de 2 000 hommes. Ils iraient à la rencontre des troupes américaines : « Le maréchal Pétain se présenterait au général Eisenhower non pas en fugitif mais en chef d'État. »

Les Allemands menacent d'employer la force si Pétain refuse de quitter Vichy pour Belfort et, comme il l'a fait maintes fois depuis juillet 1940, Pétain s'incline en protestant. « Je n'ai pas le droit de laisser bombarder Vichy pour entrer dans l'Histoire avec plus de gloire », dit-il.

Le Maréchal rédige son « Ultime message aux Français ».

« Français,

« Au moment où ce message vous parviendra, je ne serai plus libre…

« Je n'ai eu qu'un seul but, vous protéger du pire. En certaines circonstances, mes paroles ou mes actes ont pu vous surprendre. Sachez qu'ils m'ont fait alors plus de mal que vous n'en avez vous-même ressenti.

« J'ai souffert pour vous, avec vous…

« Aussi, une fois encore, je vous adjure de vous unir. Il n'est pas difficile de faire son devoir, s'il est parfois malaisé de le connaître...

« Je représente légitimement l'ordre... Obéissez à ceux qui vous apporteront des paroles de paix sociale, sans quoi nul ordre ne saurait s'établir.

« Ceux qui vous tiendront un langage propre à vous conduire vers la réconciliation et la rénovation de la France par le pardon réciproque des injures et l'amour de tous les nôtres, ceux-là sont des chefs français...

« C'est avec joie que j'accepte mon sacrifice s'il vous fait retrouver la voie de l'union sacrée pour la renaissance de la patrie. »

Le dimanche 20 août, les soldats et policiers allemands brisent les chaînes qui ferment les portes de l'hôtel du Parc.

Puis les hommes de la Feldgendarmerie et de la Gestapo pénètrent dans l'hôtel sans rencontrer de résistance de la part des gardes du Maréchal, armés, des caisses de grenades ouvertes près d'eux.

On servira le petit déjeuner au maréchal Pétain et à son épouse. Puis ce sont les adieux du Maréchal à ses collaborateurs.

« J'élève une protestation solennelle contre cet acte de force, dit-il. Vous devez rester et continuer à faire fonctionner vos services. Faites comme moi, ayez confiance.

« Je reviendrai, je ne sais pas quand, mais peut-être bientôt. Je veux que tout continue ici, comme avant... Ayez confiance... »

À 8 h 15, le Maréchal monte dans sa voiture avec son épouse et le docteur Ménétrel.

Une foule de quelques centaines de personnes rassemblées sous la pluie l'acclame et chante *La Marseillaise.*

Encadrée d'automobiles allemandes et escortée par six motocyclistes de la garde du Maréchal, la voiture s'éloigne.

Le 21 août 1944, le Maréchal arrive à Belfort.

Tout au long de la route, les Français ont jeté, dans les villages traversés, des copies de la protestation du Maréchal contre son transfert forcé.

À Belfort, le Maréchal retrouve Laval et les « ministres » de son gouvernement fantoche.

Pétain refuse de les recevoir et de jouer un rôle politique :

« Je suis prisonnier, dit-il, un prisonnier ne connaît que ses gardiens. »

Sa ligne de défense est arrêtée.

36.

« Prisonnier », le maréchal Pétain ?

Ni de Gaulle ni aucun patriote engagé dans la Résistance ne peut admettre l'ultime pirouette de celui qui a voulu être chef de l'État en juillet 1940.

À l'heure de la Libération, il sait bien qu'il va devoir répondre de ses actes, ou de ceux qu'il a laissé accomplir.

« Prisonnier », Pétain ?

Non pas des SS, mais de ses ambitions, de sa soif de pouvoir et de gloire.

« Prisonnier » ? De la vieillesse qui, comme le dit Charles de Gaulle, est un naufrage.

Prisonnier de sa politique de collaboration, Pétain ne connaît pas « la joie immense, la puissante fierté qui ont déferlé sur la nation », en cet été 1944.

La voix de De Gaulle vibre quand, le 29 août 1944, il prononce ces mots. Il ajoute qu'« il y a quatre jours, les Allemands qui tenaient Paris ont capitulé devant les Français ». Et « à mesure que reflue l'abominable marée, la nation respire avec délices l'air de la victoire et de la liberté ».

De Gaulle note aussi : « Le monde entier a tressailli quand il a su que Paris émergeait de l'abîme et que sa lumière allait de nouveau briller. »

Des manifestants brandissent des drapeaux français à Londres, à New York, à Buenos Aires, à Sydney, et même dans la prudente Genève.

Dans les pays encore occupés par les armées de Hitler, les journaux clandestins exaltent l'insurrection parisienne.

Partout en Europe, les « partisans » sont aussi convaincus, en ce mois d'août 1944, que la victoire est proche, et qu'ils peuvent mener des actions audacieuses, en prenant le risque de se découvrir, de « descendre des massifs forestiers dans la plaine, d'agir dans les villes, de lancer des mots d'ordre de grève ».

C'est le cas en Italie du Nord, encore sous la botte fasciste et nazie.

Mussolini est d'autant plus décidé à durer que les Alliés, après avoir libéré Sienne, Arezzo, Livourne, Pise, puis, après un mois de combats, Florence, sont arrêtés par la Ligne Gothique.

Ces fortifications allemandes appuyées aux Apennins coupent, au nord de Florence, l'Italie en deux.

Au sud, Rome libérée depuis le 4 juin 1944, au nord, la vallée du Pô, ses grandes villes ouvrières, ses unités de « partisans », et cette armée allemande commandée par Kesselring qui, avec l'appui des « chemises noires républicaines » de Mussolini, organise des *rastrellamenti* – des ratissages – contre les partisans qui dans l'euphorie d'un été victorieux se sont souvent démasqués.

Le long de la Ligne Gothique, le front se stabilise et Mussolini décide de préparer un « réduit républicain » dans les Alpes. L'essentiel est d'attendre que les Alliés se déchirent.

Déjà en Grèce, les Anglais se heurtent aux partisans communistes.

Si la Ligne Gothique tient, tout est possible. Or les Alliés considèrent le front italien comme secondaire et ne cherchent pas à attaquer.

Mais alors que Dieu protège les Italiens du nord de la péninsule livrés aux nazis et aux fascistes !

Le général Juin, qui a commandé le corps expéditionnaire français en Italie, condamne cet attentisme aux conséquences cruelles pour les populations civiles et les partisans.

« Fait rare dans l'Histoire, écrit Juin, on aura vu une direction de guerre décider de sang-froid que la victoire ne serait pas exploitée et permettre délibérément que deux armées ennemies s'échappent et se reconstituent : l'Histoire jugera. »

Elle devrait aussi juger l'attitude du commandement américain sur un autre front, celui ouvert en Slovaquie.

Le Conseil National Slovaque – équivalent du CNR français – a lancé son appel à l'insurrection le 29 août 1944. Mais l'armée Rouge est loin, et les Américains n'aident pas les insurgés, souvent communistes.

Pourquoi les Américains devraient-ils favoriser la progression de l'armée Rouge vers l'ouest en soutenant l'insurrection slovaque ?

Les Russes eux-mêmes se méfient de ces partisans slovaques qui comptent aussi de nombreux démocrates.

Le soulèvement échoue et les représailles nazies s'abattent sur la population slovaque.

Quant aux insurgés, ils sont traqués par les divisions de la Waffen-SS, mais ils continuent de combattre, créant des zones d'insécurité pour les troupes allemandes.

La leçon de ces échecs – en Italie, en Slovaquie – est claire.

En cette fin d'été 1944, l'après-guerre de l'Europe s'esquisse.

À Varsovie, comme à Athènes, en Italie du Nord comme en Slovaquie, les « grands » Alliés s'observent.

Les Russes soutiennent les résistants, les partisans communistes, qui sont destinés, sous la protection de l'armée Rouge, à s'emparer du pouvoir.

Et Churchill voit bien la menace que représentera pour la démocratie la domination communiste en Europe centrale, après la chute de Hitler.

Mais que faire ? Les Américains ont refusé le projet de Churchill de débarquement dans les Balkans. On aurait pu devancer les Russes.

Trop tard !

Les offensives russes lancées dès le mois de juin ont détruit la 6e armée allemande.

Le 30 août, les Russes entrent à Bucarest, et s'emparent de Ploiesti située au centre des champs pétroliers roumains. Et la Roumanie, après un coup d'État du roi Michel, change de camp. Les troupes roumaines retournent leurs armes contre les Allemands.

Les chars russes entrant dans Bucarest, en août 1944.

En un même élan, les Russes envahissent la Bulgarie qui cesse les hostilités le 26 août.

Au nord, les troupes russes pénètrent en Finlande jusqu'à Viborg. Les Finlandais exigent des Allemands qu'ils quittent leur pays et négocient avec les Russes.

Ceux-ci atteignent, en cette fin d'été 1944, la frontière de la Prusse-Orientale.

Sur le front ouest, les troupes anglaises et canadiennes de Montgomery, nommé maréchal le 1er septembre, après une chevauchée de 300 kilomètres, entrent le 4 septembre 1944 à Bruxelles et le lendemain s'emparent de l'immense port d'Anvers.

Les Allemands n'ont même pas eu le temps de faire sauter les installations portuaires et les Alliés disposent ainsi d'une base de ravitaillement au contact de leurs troupes.

Que peut faire Hitler alors que ses armées, à l'Oouest et à l'Est, se désagrègent, que des dizaines de milliers de soldats se rendent aux Anglo-Américains et même aux Russes ?

Le 31 août, le Führer réunit quelques-uns de ses généraux à son Grand Quartier Général.

Il les harangue d'un ton monocorde mais énergique.

Il annonce qu'il fera juger par contumace le général von Choltitz, commandant du Grand Paris, qui s'est rendu aux Français dans la capitale !

Choltitz a trahi : il n'a pas exécuté les ordres de destruction des ponts de Paris, et le Führer avait précisé : « Même si cette destruction systématique doit entraîner celle de monuments artistiques. »

De même, Paris n'a pas été bombardé par l'artillerie lourde et les V1, comme le Führer l'avait demandé.

Mais Hitler, d'un geste de la main, balaie violemment ce passé, tout en répétant que les traîtres seront châtiés, quel que soit leur rang.

Sa voix se fait plus forte.

Qui sait, dit-il, qu'en ce mois d'août 1944 les fabrications d'armement du IIIe Reich ont atteint leur record ?

Les usines, malgré les bombardements quotidiens, ont produit 869 chars et 744 canons d'assaut, de quoi équiper 10 nouvelles divisions blindées !

« Nos pertes vont être comblées, à l'ouest comme à l'est », répète le Führer.

Il s'approche de ses généraux, poings fermés, brandis.

« Si c'est nécessaire, dit-il, nous combattrons sur le Rhin. Cela ne fait aucune différence.

« Quelles que soient les circonstances, nous poursuivrons notre lutte jusqu'à ce que – pour citer Frédéric le Grand – un de nos damnés ennemis soit las de se battre !

« Nous lutterons jusqu'à ce que nous obtenions une paix qui garantisse l'existence de la nation allemande pour les 50 ou 100 prochaines années et qui surtout ne souille pas notre honneur une deuxième fois comme en 1918. »

Le Führer ferme les yeux quelques secondes, puis il reprend :

« Je ne vis que dans le but de mener ce combat parce que je sais que, sans le soutien d'une volonté de fer, cette guerre ne sera pas gagnée. »

Il dévisage l'un après l'autre les généraux. Et rares sont ceux qui soutiennent son regard quand il déclare que l'état-major de la Wehrmacht manque de cette « volonté de fer ».

Le Führer s'éloigne, voûté, la démarche hésitante.

Les généraux se lèvent, le saluent, bras tendu.

« Le moment viendra, dit le Führer, où la tension entre les Alliés atteindra son point de rupture. L'Histoire nous apprend que toutes les coalitions ont fini – tôt ou tard – par se désintégrer.

« Il n'est que d'attendre le bon moment en dépit de toutes les difficultés. »

QUATRIÈME PARTIE

Septembre
—
Décembre 1944

« Le sort des guerres est décidé en dernier ressort par celui des antagonistes qui renonce à la victoire.
« Nous ne devons laisser passer aucune occasion de montrer à l'ennemi que, quoi qu'il fasse, il ne devra jamais escompter notre capitulation Jamais ! Jamais ! »

Adolf HITLER parlant à ses généraux,
12 décembre 1944

37.

Hitler, ce 1er septembre 1944, va et vient, bras croisés, buste penché en avant.

Il ne veut pas écouter ses généraux ! Il a parcouru leurs rapports.

Et la colère et le mépris ne le quittent plus.

Ils écrivent que les armées allemandes du front de l'Ouest ont perdu 500 000 hommes, dont la moitié ont été faits prisonniers.

« Il n'y a plus d'armées de terre – ni de chars, de camions et de canons –, encore moins d'aviation », conclut l'un d'eux.

Et ces généraux, qui ne savent pas ce que signifie avoir une « volonté de fer », se demandent comment défendre le sol sacré de la mère patrie !

Ces défaitistes imaginent que la guerre est terminée. Ils le souhaitent !

Le visage et les épaules du Führer sont secoués par des tics, ses mains tremblent.

Hier, 31 août, il a harangué ces pleutres. À quoi cela a-t-il servi ?

Il va donner des ordres à Goebbels pour qu'il organise la mobilisation générale.

Il faut que Himmler, qu'il a nommé chef de l'Armée de l'Intérieur, lève 25 divisions de *Volksgrenadiers*.

Il suffira d'abaisser l'âge d'appel au service armé de 17 ans à 16 ans et demi et de faire une sélection rigoureuse du personnel indispensable pour recruter près de 700 000 hommes en trois mois !

Mais Himmler, Reichsführer SS, est aussi ministre de l'Intérieur, chef de la police civile, et Hitler ne veut pas confier trop de pouvoir au même homme !

Car il faut même se défier de Himmler.

Ce sera donc le *Reichsleiter* Martin Bormann qu'il chargera de créer – d'abord sur le front de l'Est – des unités territoriales, encadrées par des membres du Parti nazi. Et cette levée en masse, le *Volkssturm*, sera la digue contre laquelle viendront se briser les hordes slaves, ces Russes, ces bolcheviks, qui menacent la Prusse-Orientale.

Hitler s'est affalé dans l'un des fauteuils de ce wagon-salon, placé au centre du train qui sert de Grand Quartier Général au Führer. Tout autour du train immobile s'étend une forêt épaisse, dont les arbres sont éclairés par les lumières du train.

Des SS montent la garde tous les cent pas. Leur présence seule rappelle que l'Allemagne peut être envahie dans les jours qui viennent, que la Luftwaffe n'a plus la maîtrise du ciel.

Mais ce train illuminé est comme la preuve que le Führer a une confiance totale dans la victoire. Que la Providence veille sur lui.

Les ultras de la collaboration franco-allemande qui attendent d'être reçus ce 1er septembre 1944 par le Führer le ressentent ainsi.

Il y a là, impatients et intimidés, Déat, Darnand, Brinon. Des SS les ont fouillés minutieusement.

Doriot a refusé de laisser un SS ouvrir sa serviette. Finalement, devant les protestations et la détermination de Doriot, les Allemands cèdent et Ribbentrop reçoit longuement les Français.

Le ministre ne doute pas de la victoire finale du Reich, de la rupture de l'Alliance entre les Anglo-Américains et les communistes russes.

Laval a refusé de répondre à l'invitation de Hitler. Il a adopté la même attitude que le maréchal Pétain.

« Vous avez vous-même, a-t-il écrit à Pétain, renoncé à vos fonctions de chef de l'État, je fais de même comme chef du gouvernement. »

Ce n'est pas une démission, mais une abdication.

Le Führer, auprès de qui les Français sont enfin introduits, regrette l'absence de Laval, et son visage exprime le mépris.

Il félicite Doriot, ce « vrai soldat ». Il veut que les Français qui ont choisi de collaborer avec le Reich ne renoncent pas à l'action politique.

« Certains, dit-il, Laval, Pétain, imaginent peut-être l'Allemagne vaincue ? Messieurs, j'ai déjà eu l'armée anglaise sur le Rhin. Je dispose d'armes secrètes dont les V1 et les V2 ne vous donnent qu'une faible idée. Grâce à ces armes, je reprendrai l'offensive, je rejetterai les Saxons à la mer. »

Le Führer s'est levé, et il fixe longuement chacun de ses interlocuteurs.

« Ce sera terrible, reprend-il, parce que ça se passera sur le corps de votre pays. »

Il baisse la tête.

« Je vous en demande pardon à vous, messieurs, à la France et à Dieu. »

Les Français sont envoûtés.

Rentré à Belfort, Brinon organise une Commission gouvernementale, substitut dérisoire d'un gouvernement fantoche qui n'existe plus, Laval et Pétain ayant renoncé à toute activité politique.

Mais le pouvoir, fût-il la plus médiocre et grotesque des illusions, fascine.

Déat – chargé du Travail, de la Solidarité sociale – jalouse Brinon et Darnand, chef de la Milice, comme Doriot qui se tient à l'écart mais a l'oreille du Führer.

Le 7 septembre, les Allemands ordonnent le départ de Belfort, car on entend déjà le canon des armées alliées.

Pétain, Laval protestent.

« J'ai refusé de quitter la France en 1940, dit le Maréchal, je refuse de me plier à votre exigence. Je suis emmené en captivité en Allemagne. Je prends acte de cette nouvelle contrainte. »

Laval peine à parler. Il se compare à un capitaine de navire qui n'a pas le droit de dire à ses hommes : « Restez pendant que je vais partir. »

Dans l'émotion du départ, Laval oublie à Belfort sa pelisse. Il exige qu'on aille la chercher alors que le convoi est déjà parvenu à Fribourg-en-Brisgau.

Depuis novembre 1942 – au moment du débarquement américain en Afrique du Nord –, Laval a fait coudre dans cette ample et lourde pelisse une ampoule de poison.

On arrive à Sigmaringen, une petite cité des bords du Danube. Elle est dominée par le château des Hohenzollern-Sigmaringen, immense et romantique construction qui surplombe la cité et la contrée.

Les Allemands, malgré les protestations des proches de Pétain, feront hisser sur le château le drapeau français et accorderont à compter du 1er octobre 1944 le privilège de l'extraterritorialité à la citadelle.

Le château de Sigmaringen.

Le Maréchal loge au septième étage.

Laval est conduit dans le Wurtemberg, à Wilflingen, où il habite une simple gentilhommière car Hitler ne lui pardonne pas d'avoir refusé de le rencontrer et de s'être retiré de toute activité politique.

Laval se morfond, morose, amer, déprimé.

Il pleure lorsqu'on lui annonce que sa fille et son gendre, le comte de Chambrun, ont été arrêtés. Il marmonne : « J'ai manqué ma vie. J'aurais dû élever des cochons. J'aurais gagné autant d'argent. »

« Pétain n'existe pas, ajoute-t-il, c'est moi qui ai créé le Pétain politique. »

À Sigmaringen, les Français – quelques milliers de miliciens avec leurs familles – suscitent l'hostilité d'une population qui n'a pas subi la guerre, mais dont les proches, mobilisés, la font encore ou ont déjà été tués.

Ces « Français », que veulent-ils ?

Ils choquent par leur comportement. C'est la lie d'une fausse armée qui est tout au plus une « bande » de spadassins.

Mais Darnand plastronne. Il a été reçu par le Führer, félicité pour le sacrifice des miliciens « morts pour une grande cause ».

Himmler, qui a besoin de combattants et de main-d'œuvre, exige de Darnand que 2 000 miliciens soient enrôlés dans la brigade Charlemagne qui combat sur le front russe. Deux mille autres travailleront dans les usines du Reich.

Darnand accepte l'ultimatum de Himmler alors que de nombreux miliciens voudraient se dérober à cet enrôlement forcé.

Darnand, en uniforme de commandant de la Waffen-SS, les passera en revue.

« Faites votre devoir ! »

Au « sommet », les « chefs » se disputent les apparences d'un pouvoir qui n'existe pas.

Jean Luchaire, homme politique et journaliste, rallié à la collaboration, a créé une radio, *Ici la France*, qui émet chaque jour de 19 h 30 à 21 heures.

Jacques Doriot a aussi « sa » radio : *Radio-Patrie* – que relaie *Radio Stuttgart* – diffuse des messages à des agents qui sont parachutés en France.

Doriot – fasciné par la réussite du gaullisme – crée même un Comité de Libération française.

Radio-Patrie serait l'équivalent de la radio de la France Libre, et Doriot l'anti-de Gaulle, menant le combat de la « vraie Résistance » depuis l'Allemagne !

« Je vous sais un soldat courageux, lui dit Hitler qui le reçoit à plusieurs reprises dans cet automne 1944. Vous êtes aussi, je pense, un homme politique véritablement révolutionnaire. Je veux croire en votre réussite. »

Le Führer se tourne vers Himmler.

« Vous donnerez à M. Doriot les pouvoirs et les moyens matériels qui lui sont nécessaires pour mener à bien sa tâche. »

38.

Les propos élogieux du Führer, Jacques Doriot les répète de sa voix grasse de tribun à ses militants rassemblés autour de lui. Ils acclament le « chef » et d'autant plus que les « moyens matériels » promis par Hitler arrivent.

Doriot dispose désormais d'argent, de voitures, d'essence, de papier pour les publications de son Parti Populaire Français (PPF). Sa radio – *Radio-Patrie* – bénéficie d'un émetteur puissant.

Mais que veut Hitler ?

Il reçoit plusieurs fois, dans cet automne 1944, Jacques Doriot. Il semble fasciné par cet ancien communiste qui boit et sue, dont les manières sont frustes, qui parle haut.

Hitler en l'observant se souvient de ces vieux membres du Parti nazi souvent d'origine modeste qui, dans les années 1930, faisaient le coup de poing contre les communistes. Et certains étaient « noirs dehors et rouges dedans », anciens communistes devenus membres des Sections d'Assaut nazies.

C'est tout cela que lui rappelle Doriot, et alors que les frontières du Reich sont menacées Hitler parle de la victoire prochaine, grâce aux armes secrètes.

Alors Hitler sera maître d'une Europe nouvelle.

C'en sera fini des finasseries de Laval, des hésitations hypocrites de Pétain ! Place à Doriot, chef d'un gouvernement « véritablement révolutionnaire ».

Doriot écoute Hitler. Il ne doute pas que, après la victoire, il balaiera tous ses rivaux, Déat, Luchaire, Brinon, et même Darnand !

Les chimères de Hitler nourrissent celles de Doriot.

Elles deviennent des réalités pour les membres du Parti Populaire Français qui sablent le champagne, célèbrent le Führer, le « chef » Doriot, les Armes secrètes, la défaite des Alliés. On boit. On chante.

Jacques Doriot, fondateur du Parti Populaire Français (PPF).

Les Allemands voisins des locaux du PPF, à Landau, s'indignent. La fête des Français devient orgie. Les jeunes femmes du PPF s'y livrent avec enthousiasme.

C'est l'euphorie d'une nuit.

Dans les jours qui suivent, certains de ces « doriotistes » seront parachutés ou infiltrés en France.

Parfois, une quinzaine d'« agents » traversent les lignes chaque semaine. Ils émettent quelques messages contenant des renseignements sans importance.

Radio-Patrie, comme l'avait fait la BBC pour les résistants, leur adresse des messages personnels. Puis c'est le silence.

Les agents de Doriot sont démasqués, condamnés, fusillés pour « intelligence avec l'ennemi », « espionnage ».

Les chimères se brisent contre les réalités.

Car la France se libère, la France se rassemble derrière le « gouvernement d'unanimité nationale » du général de Gaulle et celui-ci parcourt le pays pour incarner aux yeux des foules qui l'acclament l'ordre, l'État.

Ce discours est d'autant plus attendu que dans certains départements, des groupes armés pillent, au nom de la Résistance, et fusillent sans jugement les « collabos ».

La rumeur se répand que les « exécutions sommaires » ont tué des dizaines de milliers de personnes : le chiffre de 100 000 victimes est avancé [1].

Dans presque chaque ville, chaque village, la vengeance se déchaîne.

C'est le temps de l'épuration.

On découvre les fosses des patriotes assassinés par les nazis. Il faut des coupables. Des noms sont lancés. La foule de ces résistants de la dernière heure effaçant, par leur violence, leur lâcheté de quatre années se précipite.

On lynche parfois, on tue, on dénude les femmes accusées d'avoir dénoncé leur mari, « couché avec les Boches ». On les tond, on les frappe, on les promène nues dans les rues, entourées d'hommes en armes.

Ces violences, ces vengeances révèlent l'existence de « bandes », de groupes qui invoquent l'épuration et rêvent de révolution. Et derrière eux se profile l'organisation communiste qui veut, peut-être, s'emparer du pouvoir d'État ou le dominer.

Les rapports que reçoit de Gaulle sont alarmants.

« L'indiscipline est si répandue qu'elle conduit souvent à un état voisin de l'anarchie, constate le haut fonctionnaire en mission dans le sud de la France. Des chefs de bande surgissent qui s'assurent une clientèle. À ces bandes, il faut du pain et des jeux. Leurs chefs les entraînent dans les villes libérées pour y trouver ceci et cela. Quand l'occasion se présente, ils tâchent au surplus de s'emparer du pouvoir (comme à Limoges)… Le mois qui commence sera vraisemblablement

1. Il est très exagéré. On estime autour de 10 000 les victimes d'exécutions sommaires.

décisif pour le gouvernement et peut-être pour le pays… Hier, j'ai entendu cette phrase qui résume bien la situation actuelle : "La résistance du 6 juin 1944 écrasera la résistance du 18 juin 1940." Le mois qui s'ouvre montrera si le général de Gaulle est vraiment un chef de gouvernement ou bien un Kerenski, qui n'a pas su en 1917-1918 arrêter Lénine. »

Voilà le péril. Qu'une partie de l'opinion craigne la révolution, le désordre.

Et que cette menace débouche réellement sur l'anarchie générale. Que les Alliés se saisissent de cette situation pour empêcher la France de s'asseoir parmi les « grands » États, à la table des vainqueurs.

L'urgence est là. Rétablir l'ordre et l'État.

Il faut que le pays voie, entende de Gaulle.

Il va se rendre dans toutes les régions, et d'abord celles qui sont le plus troublées, le Sud-Est, le Sud-Ouest. C'est de lui que tout dépend.

De Gaulle-Kerenski ? On ne connaît pas encore l'homme du 18-Juin, on l'imagine comme un chef hésitant qui pourrait ouvrir la porte aux « bolcheviks ». De Gaulle est confiant.

Mais les semaines qui viennent seront les plus dures. La guerre continue. Les Allemands tiennent encore Dunkerque, Strasbourg, des poches sur l'Atlantique.

Les ports sont détruits, les lignes téléphoniques coupées. La misère et la faim, bientôt le froid tenaillent les habitants des grandes villes. Le marché noir sévit.

Et sourd partout l'aspiration à une transformation sociale profonde.

C'est tout cela que de Gaulle doit affronter.

« Il me faut me jauger moi-même », murmure de Gaulle.

Il pense à ces milliers de patriotes fusillés, déportés au long de ces quatre années d'occupation.

Il pense aux otages exécutés, aux pendus de Tulle, aux massacrés d'Oradour-sur-Glane.

Il pense à ces centaines d'hommes qui sont tombés pour la libération de Paris : 600 soldats, 28 officiers, 2 500 membres des FFI et plus de 1 000 civils.

Tous ceux-là, morts pour la France, ne peuvent pas servir de marche pied au Parti communiste, dont le secrétaire général Maurice Thorez a déserté en 1939 et a passé la guerre en Union soviétique, et qui demande maintenant à rentrer en France, amnistié.

Et le Parti communiste est une menace car ses militants, combattants courageux et patriotes – à compter de juin 1941 –, dirigent souvent les unités FFI, ont constitué des *milices patriotiques* qui imposent leur loi dans les départements.

On a communiqué à de Gaulle la lettre du commandant des FFI de l'Ouest – sans doute un communiste – adressée au chef d'état-major national des FFI – proche des communistes.

C'est une véritable déclaration de refus d'obéissance. Refus d'incorporation des FFI dans l'armée. Refus de la dissolution des états-majors FFI. Toutes décisions prises par de Gaulle comme chef du Gouvernement Provisoire de la République française.

Le commandant du FFI de l'Ouest écrit :

« Tous nos cadres et nos troupes sont prêts à seconder les efforts de l'état-major national… Considérez que vous avez 85 000 hommes derrière vous ! »

Voilà pour l'Ouest.

De Gaulle reçoit Raymond Aubrac, commissaire de la République à Marseille. Aubrac avoue qu'il ne se sent pas sûr de pouvoir maintenir l'ordre.

De Gaulle le toise.

« Vous m'affligez, Aubrac ! Vous représentez l'État. Vous vous devez de remplir votre mission. »

Comment ces responsables ne saisissent-ils pas que ce qui se joue en ce moment, ce n'est pas seulement la question de la paix civile, de l'ordre républicain, mais aussi celle de la place de la France dans le monde, demain ?

« Plus le trouble est grand, dit de Gaulle, plus il faut gouverner. »

39.

De Gaulle doit aller vite, recomposer le Gouvernement Provisoire.

Il consulte les représentants des partis, des mouvements de résistance, puis il s'isole, dresse des listes de ministres, hésite, raye, rajoute un nom.

Il prendra deux communistes. Il reçoit Jacques Duclos, le leader du parti, qui parle à nouveau du retour en France de Maurice Thorez.

De Gaulle reste impassible. Il souhaite, dit-il, simplement écarter Fernand Grenier, qui à Alger a mis en cause la politique du gouvernement à propos du Vercors. Il ne faut jamais rien laisser passer.

Il choisit pour le ministère de l'Air Charles Tillon, le fondateur des Francs-Tireurs et Partisans Français, un résistant communiste de la première heure, puis François Billoux, à la Santé publique. Jules Jeanneney, l'ancien président du Sénat, sera ministre d'État, Georges Bidault, le président du CNR, ministre des Affaires étrangères, Pierre Mendès France aura en charge l'Économie nationale, François de Menthon sera à la Justice.

« C'est un gouvernement d'unanimité nationale », dit-il.

Il hausse les épaules quand il lit les premiers commentaires de la presse.

Les journaux issus de la Résistance regrettent que ce soit un gouvernement qui fait « place à toutes les tendances politiques ». Eh quoi ! La France n'est-elle pas diverse dans son unité ? Faudrait-il le pouvoir d'un clan ?

Le 9 septembre, de Gaulle se rend en compagnie de Louis Joxe, secrétaire général du gouvernement, à l'hôtel Matignon où va se réunir le premier Conseil des ministres. Il aperçoit, flottant au-dessus du porche, un drapeau tricolore surchargé de la croix de Lorraine.

Il s'arrête sur le trottoir de la rue de Varenne.

« Je n'ai cessé de vous le dire, le drapeau national comporte trois couleurs et aucun emblème supplémentaire. »

Il entre dans la salle du Conseil.

Chacun ici, dit-il, pourra s'exprimer. Il écoutera tous les avis, et tranchera. Dans quelques semaines, début novembre, une Assemblée consultative élargie à de nouveaux délégués se réunira au palais du Luxembourg. La France, conclut-il, aura ainsi adapté son exécutif et son législatif provisoires à la nouvelle situation.

« La victoire ouvre devant nous un avenir difficile mais lourd d'espoir. Au travail, messieurs. »

Ce message, de Gaulle doit l'adresser, au palais de Chaillot, à des milliers de résistants et à tous les corps constitués.

Il s'enferme trois nuits durant pour préparer le discours. Il écrit, rature, jette les feuillets sur le sol, apprend chaque phrase de ce texte qui sera retransmis sur toutes les places de Paris, dans toute la France.

Il veut que ce soit l'ouverture d'une nouvelle époque. Il faut qu'il réussisse à faire partager sa foi, son espérance en la France et l'ambition qu'il a pour elle.

Le mardi 12 septembre, il écarte l'immense tenture tricolore du bord de scène. Il fait face à la salle debout qui l'ovationne, puis chante *La Marseillaise*. Il est entouré de Georges Bidault et de Jules Jeanneney. Il aperçoit, assis à droite de la scène, les membres du CNR. À lui de parler, de convaincre.

« Ce qu'il nous en a coûté de pertes, de fureur, de larmes… », commence-t-il.

Discours du général de Gaulle au palais de Chaillot, le 12 septembre 1944.

La salle, devant lui, plongée dans l'obscurité, est comme un gouffre immense où sa voix résonne et d'où elle se répand dans tout le pays.

« La France veut faire en sorte que l'intérêt particulier soit toujours contraint de céder à l'intérêt général, continue-t-il, que les grandes sources de richesse commune soient exploitées et dirigées non point pour le profit de quelques-uns, mais pour l'avantage de tous, que les coalitions d'intérêts soient abolies une fois pour toutes et qu'enfin chacun de ses fils, chacune de ses filles puisse vivre, travailler, élever ses enfants dans la sécurité et dans la dignité. »

Il attend que cessent les applaudissements.

« Mais les plus nobles principes du monde ne valent que par l'action », reprend-il.

Il veut une augmentation des salaires et des allocations familiales de plus de 50 %. Il veut la création d'une Sécurité sociale, la création de comités d'entreprise, la nationalisation des houillères, du transport aérien, des banques.

Mais cela ne suffira pas.

« Il faut d'abord un vaste et courageux effort national », martèle-t-il.

« Vous tous, croisés à la croix de Lorraine, vous qui êtes le ferment de la nation… Il vous appartiendra, demain, de l'entraîner vers l'effort et vers la grandeur… »

Il fait un pas en avant. Il entonne *La Marseillaise.*

Et maintenant, il faut parcourir la France.

Il se tourne vers son aide de camp, le capitaine Claude Guy, qui lui fait part de ses inquiétudes.

Les villes sont pleines d'hommes en armes. Des miliciens se cachent dans certains quartiers de Toulouse. Marseille est sans police efficace.

« Écoutez, Guy, lance de Gaulle, j'en ai assez de cette question de sécurité, entendez-vous ? Je ne veux plus qu'on en parle. »

Il va. Lyon. Marseille. Toulon. Toulouse. Bordeaux. Orléans.

« Ici, devant la statue de la Sainte Libératrice, la statue de Jeanne d'Arc… nous apercevant à quel point nous sommes près les uns des autres, nous allons exprimer cela en chantant pieusement le même chant, notre hymne national, *La Marseillaise.* »

Il va. Besançon. Dôle. Nancy. Lille. Lens. Arras. Le Havre. Rouen. Louviers. Évreux. Lisieux. Caen. Troyes. Chaumont. Luxeuil. Dijon.

Partout, il dit la vérité.

« Nous sommes une grande nation appauvrie… Certains ont pu croire que le concours des Alliés serait puissant et rapide. Ce sont là des illusions. »

Il répète que la guerre sera encore dure et longue.

« Je puis vous dire que, depuis le commencement de la bataille de France, nous n'avons pas reçu de nos alliés de quoi armer une seule unité française. »

Il évoque « l'Europe une », même si les États de l'Ouest doivent nouer entre eux des rapports particuliers.

Partout *La Marseillaise* comme la trame d'une ville à l'autre. Partout encore, il doit marteler :

« Vous parlez d'honneur, de liberté, de purification. Et la victoire, qu'en faites-vous ? Ce que je vois, moi, par-devers tout, c'est la France victorieuse. »

Il serre les poings, lève le bras :

« Nous allons montrer que nous sommes la France. »

Au sud et dans l'Ouest surtout, il doit affronter les chefs FFI, leur montrer, comme à Marseille ou à Toulouse, où est l'autorité de l'État. Il fait sortir les gendarmes des casernes où les FFI les ont cantonnés. Il rappelle au « colonel Ravanel », héros de la Résistance toulousaine, qu'il n'est que le lieutenant Asher. Il nomme « vol et pillage », « abus de pouvoir », « meurtre », ce que l'on désigne sous les mots de « réquisition », « arrestation », « exécution ».

Il fait arrêter sa voiture au centre de Toulouse, malgré les objurgations du préfet qui parle de miliciens armés, de risque d'attentat.

« Écoutez ! Pour éviter les attentats, monsieur le préfet, il suffit d'un peu d'autorité. Et pour acquérir cette autorité, que je ne suis pas certain que vous possédiez, monsieur le préfet, il convient de la montrer. »

Il préside ces défilés militaires « pittoresques ». Mais aucun mépris. Il voit les larmes dans les yeux de ces hommes qui s'essaient à la discipline militaire, qui feront les combattants de la première armée française, où nombreux sont ceux qui s'engagent et qu'il retrouve, quand il les passe en revue, aux côtés du général de Lattre.

Amalgame entre vieux et jeunes soldats, comme en 1792. Il lui semble qu'il a eu, autrefois, quand il écrivait *La France et son armée*, la vision de cela, comme si le destin avait voulu le préparer à sa mission.

Mais il faut aller jusqu'au bout de cet amalgame, imposer la dissolution des *milices patriotiques*, ces groupes armés que le plus souvent les communistes contrôlent, mais que d'autres résistants défendent aussi comme l'expression de leur combat, la garantie de leur autonomie.

Il faut agir avec prudence et autorité, se servir des communistes pour faire plier les communistes.

Il reçoit de Moscou un nouveau télégramme de Maurice Thorez, qui ne peut toujours pas rentrer en France puisqu'il est condamné à mort pour désertion et qu'il lui faut donc obtenir une « grâce amnistiante ».

Il lit le texte de Thorez :

« Me référant à vos paroles sur l'union nationale plus que jamais nécessaire, et n'ayant pas reçu de réponse à mes télégrammes antérieurs, je demande à nouveau au gouvernement de faciliter mon retour immédiat en France. »

Donnant donnant.

Le 24 octobre, le gouvernement adopte une ordonnance permettant d'amnistier les condamnations prononcées par les tribunaux militaires avant le 17 juin 1940...

De Gaulle dicte, le 25, un télégramme pour Robert Garreau, le représentant de la France à Moscou :

« L'application de cette ordonnance permettra, sans doute très prochainement, à M. Maurice Thorez, de rentrer en France. Vous êtes autorisé à le lui dire. Toutefois, vous ne pourrez lui accorder le visa nécessaire qu'après réception d'une nouvelle instruction télégraphique... »

40.

C'est le Conseil des ministres du 28 octobre 1944.

De Gaulle reste debout. Dans la nuit, il a appris qu'à Maubeuge et malgré les grâces qu'il a accordées, deux condamnés ont été exécutés par les FFI.

Ce n'est pas tolérable. Il parle, annonce la dissolution des *milices patriotiques*. Tout l'armement qui se trouve en possession de particuliers est à verser dans le délai d'une semaine aux commissariats de police et aux brigades de gendarmerie.

Il regarde fixement les deux ministres communistes, François Billoux et Charles Tillon : « Voilà ce que le gouvernement se doit de faire, voilà ce qu'il fera. Maintenant, si vous n'êtes pas d'accord… »

Ils se taisent.

Il a la conviction que la partie est gagnée. Il n'y aura pas de soulèvement communiste en France. Thorez veut rentrer avec la garantie gouvernementale, ce qui signifie aussi que Staline n'a point donné l'ordre d'une stratégie insurrectionnelle !

Thorez invoque l'union nationale ?

Il faut utiliser tous les Français, dès lors qu'ils veulent suivre la bonne direction !

De Gaulle reçoit les membres du CNR qui ont demandé audience afin de protester contre la dissolution des *milices patriotiques*. Il veut témoigner ainsi à ces hommes courageux « égard et amitié ».

Il écoute leurs arguments, prend acte de leur position unanime. Il faut, disent-ils, conserver les *milices patriotiques*.

Il secoue la tête. Inacceptable. Une seule armée. Un seul État. Des réformes dans l'ordre et point de révolution.

Ils insistent. Ils élèvent la voix. Il les interrompt.

« Écoutez ! De deux choses l'une, ou il n'y a en France qu'un gouvernement, le mien, et vous vous soumettez à mes décisions, ou vous comptez y opposer le vôtre et on verra bien qui l'emportera. »

Ils plieront. La France veut des réformes, la justice, une autre organisation sociale, mais point de troubles.

Certes, les communistes pèsent lourd, mais avec Thorez à leur tête, Thorez tenu par Staline parce qu'il a passé toute la guerre là-bas, à l'ombre du Kremlin sans connaître la Résistance, ses périls et sa gloire, ils prêcheront l'unité nationale.

Et puis, Thorez n'est pas amnistié, mais bénéficie seulement d'une « grâce amnistiante ». Nuance humiliante. On peut maintenant télégraphier à Moscou : « En conséquence, vous pouvez lui accorder le visa pour se rendre en France. »

« Les communistes, voyez-vous, dit de Gaulle, ne sont pas dangereux… Tout au plus des roseaux peints en fer. On ne fait pas de révolution sans révolutionnaires. »

Il s'interrompt, puis lance d'une voix gouailleuse :

« Et il n'y a qu'un seul révolutionnaire en France, c'est moi. »

Bref moment de satisfaction et presque de joie, le temps d'une phrase.

Voici le brutal retour des réalités. Des articles, des pamphlets. « Le gouvernement de Gaulle cherche à endormir la Résistance… s'il veut essayer de la tuer, il lui suffit de jouer la nation contre la Résistance, c'est-à-dire qu'il lui suffit sur le plan intérieur de prendre la suite du gouvernement de Pétain. »

Il se sent atteint au plus profond de lui-même par cette incompréhension, cette suspicion. Peut-être devrait-il déjà se retirer ?

Cette tentation le saisit tout à coup, l'entraîne. Oui, c'est cela. Il est un moment absent. Il faudra qu'il donne des instructions pour que l'on commence des travaux à La Boisserie.

Puis il se reprend, lit une note d'un nouveau chargé de mission, un jeune professeur, Georges Pompidou, recruté par René Brouillet. Ce dernier, ami de Georges Bidault et recommandé par Michel Debré, est devenu directeur adjoint du cabinet de De Gaulle. Il a recruté Pompidou, un « normalien » comme lui. Ce Pompidou écrit à propos de l'opinion publique : « Ce que les Français de bonne foi attendent donc, c'est que le Gouvernement Provisoire gouverne... »

De Gaulle hausse les épaules. Pompidou dresse la liste des souhaits des Français. De Gaulle prend la plume, écrit rageusement en marge :

« Ce que les Français de bonne foi attendent, c'est en somme que la France soit aujourd'hui autre chose que ce qu'elle est, c'est-à-dire une nation gravement malade depuis longtemps, sans institutions, sans administration efficiente, sans diplomatie, sans hiérarchie... et entièrement vide d'hommes de gouvernement. »

Il pense à Brossolette, à Moulin, à Cavaillès, à Jacques Bingen, à Scamaroni, à tant d'autres, les meilleurs, morts.

« À cela, ni moi ni personne ne pouvons remédier en deux mois, c'est l'affaire d'un long et dur effort et d'au moins une génération.

« L'effort est commencé. Nous verrons ! »

Le 1er novembre, il se rend au mont Valérien puis au château de Vincennes, là où tombèrent des centaines de fusillés.

Il parle dans l'humidité grise de l'automne.

« Ces morts, ces humbles morts, ces martyrs, ces soldats, la terre maternelle enveloppe désormais leur repos. »

Tout à coup, comme une menace, une série d'explosions qui déchirent le silence dans lequel résonnaient ces mots.

De Gaulle reprend :

« Morts massacrés pour la France ! Vous êtes notre deuil et notre orgueil… Mais vous êtes aussi notre lumière, pour nous éclairer tout au long de la route qui mène à notre nouvelle grandeur. »

Il remonte dans la voiture. On lui dit qu'un train de munitions vient d'exploser à Vitry-sur-Seine. On dénombre une trentaine de tués et une centaine de blessés.

Les communistes accusent aussitôt « la cinquième colonne fasciste » d'avoir provoqué l'accident, qui serait donc un attentat.

De Gaulle ferme à demi les yeux. Il se sent seul malgré les approbations qui l'entourent. Voilà l'origine de ce sentiment étrange qui l'étreint.

« Je suis déjà dans un désert », murmure-t-il.

Mais la France est presque entièrement débarrassée de l'occupant.

Le 30 septembre 1944, la ville et le port de Calais sont libérés.

Le 14 novembre, la 1re Armée Française de De Lattre entre en Alsace.

Le 19 novembre, elle atteint le Rhin.

Le 23 novembre, la 2e DB libère Strasbourg.

Le général Leclerc qui la commande avait, le 2 mars 1941, après la conquête de l'oasis de Koufra, dans l'Érythrée italienne, fait prêter à ses hommes – une poignée de Français Libres – ce serment :

« Jurez de ne déposer les armes que lorsque nos couleurs, nos belles couleurs flotteront à nouveau sur la cathédrale de Strasbourg. »

C'est fait. Mais les soldats de Leclerc vont garder leurs armes.

La guerre n'est pas finie.

De Strasbourg, on voit l'Allemagne.

41.

L'Allemagne ?

Eisenhower sourit quand, en ce début septembre 1944, on l'interroge sur les opérations à venir.

Les troupes anglo-canadiennes du maréchal Montgomery – il a été élevé à cette dignité le 1er septembre – viennent les 4 et 5 septembre de libérer Bruxelles et Anvers.

Les troupes alliées ont été accueillies par une foule enthousiaste. La guerre semble près de finir. Les prisonniers allemands se comptent par dizaines de milliers.

L'Allemagne ?

« Nous y entrerons comme dans du beurre », disent les proches d'Eisenhower, répétant ce que déclare le Service Interallié de Renseignements.

Le 15 septembre, Eisenhower écrit à Montgomery :

« Nous serons bientôt maîtres de la Ruhr, de la Sarre et de la région de Francfort, et j'aimerais avoir votre avis sur ce qu'il faudrait faire ensuite. »

Sur le front de l'Est aussi – dans les Balkans d'abord –, la situation des Allemands est dangereuse. À peine s'il subsiste un semblant de front.

Les troupes russes sont entrées en Bulgarie le 5 septembre et aussitôt les Bulgares se déclarent en guerre avec l'Allemagne.

Le 15 septembre, l'armée Rouge fait sa jonction avec les partisans et l'armée yougoslave de Tito.

Commence pour les troupes allemandes un interminable calvaire dans les montagnes arides de Serbie et du Monténégro.

Les partisans les harcèlent, tendent des embuscades.

Les Allemands n'avaient pas pris conscience de la haine qu'ils avaicnt suscitéc.

N'étaient-ils pas les « élus », les représentants d'une race supérieure, et les Slaves, qu'étaient-ils sinon des *Untermenschen* ? Et l'on pouvait tuer ces « sous-hommes », les exterminer ; c'était dans l'ordre naturel des choses.

Mais les *Untermenschen* sont devenus des guerriers redoutables.

« Notre retraite est un cauchemar, raconte un officier de la Wehrmacht. Les routes sont quelquefois minées dans les défilés sur des longueurs de 20 à 30 kilomètres, de sorte qu'au bout de huit jours nous avons perdu presque tous nos véhicules. La plupart des hommes n'ont plus que des souliers éculés et se sont débarrassés de tout leur fourniment, ne gardant que leur fusil. La nuit, une moitié de la compagnie doit monter la garde pour qu'on puisse se reposer sans rien craindre des partisans. Chaque village traversé porte les traces de la férocité impitoyable de cette guérilla… »

Plus au nord, les Russes entrent en Estonie et en Lettonie. Ils atteignent la frontière de la Prusse-Orientale.

En Hongrie, l'avance des Russes vers Budapest incite le régent Horty à prendre ses distances avec l'Allemagne.

Il veut faire sortir son pays de la guerre. Aussitôt, les nazis, appuyés par les fascistes hongrois du mouvement des Croix Fléchées, s'emparent du pouvoir, et organisent la déportation de milliers de Juifs hongrois vers les chambres à gaz d'Auschwitz.

« Tournez vos armes contre les oppresseurs allemands, clament les résistants hongrois. Aidez l'armée Rouge pour une Hongrie libre et démocratique. »

En fait, les Hongrois craignent que derrière un paravent démocratique ne se cachent les communistes embarqués sur les tanks de l'armée soviétique.

Et les Russes rencontrent une farouche résistance des Allemands et des Hongrois lors du siège de Budapest.

C'est bien l'équilibre des forces dans l'Europe de l'après-guerre qui pèse déjà sur ces derniers mois de 1944.

Hitler le sait.

Malade, bourré de médicaments par le docteur Morell, il ne peut dissimuler le tremblement qui désormais affecte tout le côté gauche de son corps. Mais ses facultés intellectuelles, quand elles ne sont pas emportées par la colère ou la paranoïa, restent vives.

Il invoque auprès de ses généraux ou d'un Doriot les armes secrètes, mais en fait il compte sur l'éclatement de l'Alliance des Anglo-Américains et des Russes.

« Jamais l'Histoire, dit-il au général Guderian, n'a connu une coalition comme celle de nos adversaires, composée d'éléments aussi hétérogènes poursuivant des buts aussi divergents… Des États super-capitalistes d'un côté, des États super-marxistes de l'autre.

« D'un côté, un Empire en train de mourir, la Grande-Bretagne, de l'autre, une colonie aspirant à la succession des États-Unis. Chaque partenaire est entré dans la coalition avec l'espoir de réaliser ses propres ambitions politiques. »

Il ajoute que les Anglo-Saxons sont l'élément le plus faible moralement et matériellement.

« Une bonne raclée les ramènera à la raison », lance-t-il.

Le Führer écarte avec un rugissement de colère les propos qu'il appelle défaitistes et qui prétendent que la Wehrmacht et les divisions SS n'ont plus les moyens d'arrêter la progression des Alliés vers le Rhin.

« Toute retraite en bon ordre est devenue impossible, écrit le général Speidel. Les armées alliées motorisées cernent par petits groupes les divisions d'infanterie allemandes et les écrasent séparément... Aucune force terrestre allemande de quelque importance ne peut être jetée dans la bataille et il n'y a pratiquement aucun secours à attendre de l'air. »

Hitler ignore l'amère plaisanterie qui circule au sein de la Wehrmacht en Normandie :

« Si tu vois un avion blanc, c'est un Américain ; un noir, c'est un Anglais ; si tu ne vois rien, c'est la Luftwaffe. »

Himmler, Reichsführer, commandant l'Armée de l'Intérieur et les divisions SS et Waffen-SS, connaît l'état d'esprit de bien des soldats allemands.

Le 10 septembre, il diffuse à toutes les unités un ordre du jour menaçant :

« Certains éléments indésirables croient que la guerre sera terminée pour eux aussitôt qu'ils se seront rendus à l'ennemi... Ils se trompent. Tout déserteur trouvera son juste châtiment. De plus, sa lâche conduite entraînera les suites les plus désastreuses pour les membres de sa famille qui seront fusillés sans jugement. »

Des chefs d'unité vont plus loin encore.

Ils s'adressent souvent à de jeunes recrues qui n'ont pas encore 17 ans et qui constituent ces divisions de *Volksgrenadier*, qui n'ont aucune expérience du front.

« Des traîtres ont déserté nos rangs, écrit leur colonel. Ces misérables ont livré d'importants secrets militaires. Des Juifs calomniateurs et fourbes vous travaillent à coups de propagande et tentent de vous enrôler parmi ces misérables. Laissez-les en vain cracher leur poison ! Quant aux misérables traîtres qui ont oublié leur honneur, leur famille répondra de leur défection... »

Les soldats allemands sont ainsi pris en tenaille : en face d'eux l'ennemi et derrière eux les menaces sur leurs familles.

Et dans la tête les ordres du jour du Feldmarschall von Rundstedt et du Feldmarschall Model qui font appel à leur patriotisme, à leur fidélité au Führer.

« Je compte sur vous, soldats du front de l'Ouest, pour défendre le sol sacré de l'Allemagne... jusqu'au dernier d'entre vous ! *Heil Hitler !* » écrit von Rundstedt.

« Soldats du groupe d'armées, déclare Model.

« Pas un seul d'entre nous ne cédera un pouce de sol allemand tant qu'il sera vivant. Quiconque reculera sans livrer bataille sera traître à son peuple !

« Soldats, notre patrie, la vie de nos femmes et de nos enfants sont l'enjeu de la bataille !

« Notre Führer et ceux qui nous sont chers ont confiance en leurs défenseurs !

« Vive l'Allemagne, et notre Führer bien-aimé ! »

La Wehrmacht se bat.

Mais en désordre, si bien que le 11 septembre, la 1re armée américaine du général Hodges pénètre en territoire allemand.

Au sud, l'armée du général Patton progresse encore plus rapidement vers le Rhin. Et au nord, les troupes de Montgomery se dirigent vers la Ruhr.

Or l'approvisionnement en essence, en matériel, ne suffit pas pour alimenter deux « poussées » : ce sera le nord ou le sud. Et Eisenhower hésite.

Certes, Montgomery a pris Anvers, mais les généraux anglais ont oublié de s'emparer des ponts sur le Rhin. Et les Allemands s'accrochent au nord dans la région d'Arnhem.

« Monty » propose une opération aéroportée – *Market Garden* – sur Arnhem qui n'est qu'à une vingtaine de kilomètres de la frontière allemande.

Eisenhower approuve Montgomery, mais ce plan a pour conséquence de ne plus permettre l'approvisionnement suffisant de l'armée de Patton (la 3e armée américaine).

Planeur de la 1re unité alliée aéroportée
en Grande-Bretagne le 17 septembre 1944.

Patton ne reçoit plus que 145 000 litres d'essence par jour au lieu des 1 800 000 nécessaires !

Il tempête, il hurle :

« Mes hommes peuvent toujours manger leur ceinturon, mais mes chars ne peuvent pas se passer d'essence ! »

Seulement, Monty est éloquent, « insatiable », et Eisenhower est soucieux qu'autour de lui, parmi les chefs alliés, règne l'harmonie !

Alors, il approuve Monty… tout en rétablissant une partie du ravitaillement pour l'armée de Patton !

Le 17 septembre 1944, un corps aéroporté de 3 divisions est chargé par Montgomery de couper les ponts sur le Rhin, près d'Arnhem.

La 2e armée britannique doit marcher à sa rencontre.

La 82e division américaine devant capturer les ponts de Nimègue et de Grave, la 101e division américaine s'assurerait de la route entre Grave et Eindhoven.

La 1re division aéroportée s'empare d'Arnhem, mais elle est encerclée et les forces qui doivent la rejoindre n'y parviendront pas.

Le 25 septembre, Montgomery ordonne aux survivants de la 1re division aéroportée de se replier.

Deux mille quatre cents hommes sur un effectif de plus de 10 000 hommes réussissent à atteindre de nuit l'autre rive.

L'opération *Market Garden* est un échec.

Churchill ne l'admet pas. Il télégraphie au général Smuts qui préside l'Afrique du Sud :

« En ce qui concerne Arnhem, j'ai l'impression que vous vous en faites une idée quelque peu inexacte. La bataille a été une nette victoire, mais la division de tête qui réclamait beaucoup et à juste titre n'a reçu qu'une bouchée. Pour ma part, je n'ai pas été déçu par cette affaire et je suis heureux que nos chefs militaires soient capables de courir de tels risques. »

En fait, Eisenhower n'avait pas osé concentrer tout l'effort allié sur une seule direction offensive, celle de Montgomery ou celle de Patton. Il a seulement privilégié le maréchal anglais.

Quant à celui-ci, trop sûr de lui, persuadé qu'on « entrerait en Allemagne comme dans du beurre », il n'a pas préparé l'opération avec minutie, négligeant les renseignements qui faisaient état, autour d'Arnhem, d'unités de panzers.

Mais le plus grave – outre les pertes humaines militaires et civiles – est que les Alliés n'ont pas exploité la décomposition du front allemand, en jetant toutes leurs forces en un point donné.

Peut-être la guerre eût-elle pu finir à l'automne 1944 alors que tueries et massacres, exterminations de dizaines de milliers de déportés se poursuivirent pendant des mois, jusqu'au printemps 1945.

La responsabilité en incombe-t-elle à Eisenhower ?

Interrogés après la fin de la guerre, les généraux allemands – Westphal, Blumentritt – soulignent qu'en septembre-octobre 1944, le choix du point d'attaque était moins important que le fait de concentrer tous ses efforts pour faire aboutir cette attaque.

« La situation générale du front occidental était extrêmement mauvaise, écrit Westphal. Une lourde défaite en un point quelconque de ce front, qui présentait des brèches en de si nombreux points qu'il ne méritait même pas ce nom, aurait pu mener à la catastrophe si l'ennemi exploitait ses chances avec habileté. Un danger particulièrement aigu provenait du fait que pas un seul pont sur le Rhin n'avait été miné. Il fallut des semaines pour réparer cette omission. [...] Jusqu'à la mi-octobre, l'ennemi aurait pu percer n'importe où avec facilité, puis il aurait pu franchir le Rhin et pénétrer profondément en Allemagne sans rencontrer d'opposition. »

Le général Blumentritt ajoute :

« Berlin et Prague auraient été occupés par les Occidentaux avant l'arrivée des Russes. »

42.

Les Russes ?

Churchill, en cet automne 1944, ne pense qu'à eux, à cette armée Rouge qui est restée immobile sur la rive est de la Vistule pendant que les Polonais insurgés se faisaient massacrer dans les ruines de Varsovie.

Cette armée Rouge qui est le glaive de Staline et qui découpe les Balkans, l'Europe centrale au mieux des intérêts de la Russie et du communisme.

Quel serait le jugement de l'Histoire si l'Angleterre n'avait sacrifié tant d'hommes, versé son sang, sa sueur et ses larmes pour arracher l'Europe des griffes du nazisme que pour la livrer aux tueurs de Katyn et aux spectateurs cyniques de la destruction de Varsovie ?

Qui a conscience de cette menace russe ?

Les généraux américains, et le premier d'entre eux Eisenhower, n'ont qu'une vision limitée au théâtre des opérations militaires. Roosevelt est soucieux de sa réélection en novembre 1944, et s'imagine être le seul à pouvoir négocier avec Staline.

Churchill s'emporte, s'impatiente.

Il confie à la fin du mois de septembre 1944, de retour de Québec où il a rencontré le président des États-Unis :

« Tout pourrait s'arranger si je parvenais à gagner l'amitié de Staline. Après tout, le président Roosevelt est stupide de penser qu'il est le seul à pouvoir traiter avec Staline. Je peux parler avec Staline d'homme à homme et je suis sûr qu'il se montrera raisonnable. »

Il s'interrompt, mâchonne son cigare, le front creusé par de profondes rides :

« Sinon, il y aura des conséquences sanglantes à l'avenir. Staline est un homme anormal. »

Puis Churchill se reprend, vante les qualités de Staline, « ce grand et rude chef de guerre, un homme au courage et à la volonté inépuisables, qui parle franchement et même carrément, qui possède ce sens de l'humour salvateur… Je crois lui avoir fait sentir que nous étions dans cette guerre de bons et fidèles camarades ».

Churchill peut se rendre à Moscou, négocier en tête à tête sur l'avenir de l'Europe.

« Je vais courtiser Staline comme un homme courtiserait une jeune fille. Mais après la guerre, je ne veux pas rester seul en Europe avec l'Ours ! »

Or la fin de la guerre est proche et l'armée Rouge déferle.

Il faut agir vite, alors que, pour la première fois depuis 1940, Churchill sent que la lassitude gagne le peuple anglais. Assez de sueur, de sang, de larmes ! Mais tout semble recommencer, en pire.

Ruines d'un quartier bombardé de Londres en 1944.

Les V1, ces bombes volantes – *doodlebugs* –, s'abattent sur Londres, au rythme de 70 engins par jour !

À compter du 8 septembre, les V2 s'ajoutent aux V1, creusant d'immenses et profonds cratères. Chaque V2 est bourré d'une tonne d'explosifs.

V1 et V2 provoquent en quelques mois (jusqu'en mars 1945) 9 000 tués et 25 000 blessés. Et les dommages matériels sont considérables.

Cette guerre ne finira donc jamais ?

Churchill sent le désarroi, la lassitude de son peuple.

Aller à Moscou, s'entendre avec Staline, c'est redonner, à la veille de l'ultime effort, de l'élan à la coalition, du regain de prestige et d'initiative à l'Angleterre.

Churchill part donc pour Moscou où il arrive, le 9 octobre 1944, après un vol de trente-six heures.

Il est brûlant de fièvre, mais il se rend directement au Kremlin afin d'ouvrir les négociations avec le maréchal Staline.

Il a 70 ans !

Faste de l'accueil, chaleur des démonstrations d'amitié de Staline.

Le maréchal félicite Churchill d'avoir déclaré à la Chambre des communes, le 4 octobre :

« Hitler, Goering, Goebbels et Himmler figurent sur la liste britannique des criminels de guerre. »

Staline ajoute que le peuple russe a été touché d'apprendre que Churchill reconnaissait que « les Russes avaient cassé les reins à la machine de guerre allemande ».

« Nous ne l'oublierons pas », dit Staline.

Phrase ambiguë.

Qu'est-ce que les Russes garderont en mémoire : la déclaration de Churchill ou la réalité du rôle déterminant de la Russie dans la guerre ?

Avant d'accueillir Churchill, Staline a répété à Molotov, son ministre des Affaires étrangères :

« La question des frontières se résoudra par la force. »

Pour l'heure, assis face à Churchill, il se tait, observant son interlocuteur qui écrit sur un bout de papier des noms, des chiffres.

Pour chaque nation, Churchill évalue l'influence respective des Britanniques et des Russes.

« Roumanie : 90 % pour la Russie, 10 % pour les autres.

« Grèce : 90 % pour la Grande-Bretagne – en accord avec les États-Unis – et 10 % pour la Russie.

« Yougoslavie : 50/50.

« Hongrie : 50/50.

« Bulgarie : 75 % pour la Russie, 25 % pour les autres. »

Churchill pousse la feuille de papier vers Staline.

Celui-ci la lit d'un seul regard et avec un crayon bleu coche sans hésiter les pourcentages.

Churchill est surpris de cette approbation totale et immédiate.

« On pourrait nous taxer de cynisme et dire que nous disposons de la vie de millions d'individus avec beaucoup de désinvolture, n'est-ce pas ? » interroge-t-il.

Il hésite, puis ajoute :

« Brûlons ce papier. »

Staline, les yeux plissés, dit avec un sourire :

« Non, gardez-le. »

Les ministres Eden et Molotov vont durant deux jours négocier à partir de ce document.

Il a suffi de quelques minutes pour parvenir à ce « partage ».

Mais Churchill craint que ce ne soit la situation des troupes de l'armée Rouge sur le terrain qui détermine l'influence « occidentale » ou russe.

Cependant, il ne renonce pas et s'illusionne encore.

Le 13 octobre, il écrit à son épouse :

« Les affaires vont bien. Nous avons réglé beaucoup de choses au sujet des Balkans et désamorcé des quantités de querelles en puissance. Les deux variétés de Polonais – ceux de Londres et ceux de Lublin, les uns pro-occidentaux, les autres pro-russes – sont arrivées et sont logées pour la nuit dans deux cages distinctes. Nous les verrons demain à tour de rôle. [...] J'ai eu des conversations très agréables avec le vieil Ours. Plus je le vois, plus il me plaît. Maintenant, on nous respecte ici, et je suis sûr qu'ils veulent coopérer avec nous. »

Churchill désire parvenir, presque à n'importe quel prix, à une entente avec Staline, qui permettra à l'Angleterre de demeurer une grande puissance influente.

Il dit :

« De bonnes relations avec Staline sont plus importantes qu'un tracé de frontières. »

Il se rassure en répétant : « Staline n'a qu'une parole. »

Il fait la leçon aux Polonais fidèles au gouvernement polonais en exil à Londres, afin qu'ils acceptent le Comité national de Lublin, création russe.

« Si vous pensez pouvoir conquérir la Russie, eh bien, vous êtes tombés sur la tête, vous devriez être enfermé, dit-il au chef du gouvernement en exil à Londres. Vous nous entraîneriez dans une guerre qui pourrait faire 25 millions de morts. Vous seriez liquidé. Vous détestez les Russes ; je sais que vous les détestez. Nous, nous avons avec eux des relations amicales – bien plus amicales qu'elles ne l'ont jamais été… et j'entends que cela continue ! »

Est-il dupe ?

Ou bien fait-il le pari qu'un « pacte avec le diable » est nécessaire pour « assurer la paix » ?

Il exalte l'amitié des Trois Grands – Russie, États-Unis, Grande-Bretagne.

« La paix revenue, cette amitié peut sauver le monde, et c'est peut-être grâce à elle seule que nos enfants et nos petits-enfants pourront vivre en paix. Ce but, à mes yeux, peut être atteint aisément. Sur le champ de bataille, les résultats obtenus sont bons, très bons, cependant qu'un travail non moins excellent s'accomplit derrière le front : grandes sont les espérances de voir la victoire porter des fruits éternels. »

Staline est satisfait.

Le « directoire » des Trois Grands fait de la Russie soviétique, suspecte depuis 1917, un partenaire reconnu, l'égal des grandes démocraties.

Katyn et tant d'autres crimes sont ensevelis dans le silence.

Staline et Churchill sont ovationnés lorsqu'ils apparaissent dans la loge du Théâtre Bolchoï en compagnie de l'ambassadeur américain accompagné de sa fille Kathleen. À la fin du spectacle, un dîner est offert par Staline dans une pièce attenante à la loge.

Un Russe compare les Trois Grands à la Sainte-Trinité.

« Dans ce cas, lance Staline, Churchill est le Saint-Esprit. Il n'arrête pas de voler dans les airs. »

Et Churchill évoque ses « deux amis », le président Roosevelt et le maréchal Staline.

Le 19 octobre, Staline accompagne Churchill à l'aéroport, et quand l'avion du Premier ministre commence à rouler sur la piste, il agite son mouchoir !

Mais il suffit de quelques semaines pour que la « grande amitié » se fissure.

En Grèce, les communistes essaient de s'emparer du pouvoir. Ils se soulèvent à Athènes.

Churchill aussitôt, en dépit des Américains et de l'opinion publique anglaise, fait intervenir les troupes britanniques.

« Nous devons tenir et dominer Athènes, dit-il au général Scobie qui commande les unités anglaises. Il faut procéder sans effusion de sang si possible mais avec effusion de sang si nécessaire. »

Lui-même, à la fin de l'année, se rendra à Athènes, parcourant les rues de la capitale à bord d'une automitrailleuse, indifférent au danger.

Et les communistes ne s'empareront pas de la Grèce.

De Gaulle ne doute pas de la détermination de Churchill. Ce Premier ministre-là ne sera jamais un Chamberlain, qui, en septembre 1938, à Munich, capitula devant Hitler.

Churchill veut bien dîner avec le diable mais avec une longue cuillère et il est capable de renverser la table !

43.

De Gaulle le reçoit à Paris.

C'est le 11 novembre 1944. Ce jour des morts pour la patrie. De Gaulle regarde devant lui la tombe du Soldat inconnu. À ses côtés, Winston Churchill, arrivé la veille au soir à Paris en compagnie de sa femme, de sa fille et d'Anthony Eden.

Ils ont déjà remonté en voiture l'avenue des Champs-Élysées.

Délire de la foule. Cris enthousiastes pour cet homme joufflu qui lève le bras, doigts écartés en forme de V, sa grosse tête ronde écrasée sous la casquette bleue à feuilles de chêne dorées d'officier de la Royal Air Force.

Winston Churchill et le général de Gaulle descendant les Champs-Élysées le 11 novembre 1944.

De Gaulle l'observe. Churchill a droit à la reconnaissance du pays. Et peut-être la nation, en voyant l'allié s'incliner devant le héros inconnu ou la statue de Clemenceau, oubliera-t-elle la honte de juin 1940.

Alors, faste pour Churchill.

Baignoire en or au premier étage du Quai d'Orsay, qui lui est tout entier réservé. Escorte de gardes républicains en grand uniforme entourant la voiture découverte, et maintenant descente à pied des Champs-Élysées en compagnie de Duff Cooper, d'Alexander Cadogan et d'Anthony Eden.

De Gaulle marche à ses côtés. La foule crie :

« Vive Churchill ! Vive de Gaulle ! Vive l'Angleterre ! »

Puis c'est le défilé des troupes. La musique qui joue *Le Père la Victoire* parce que de Gaulle sait que Churchill connaît cette chanson à la gloire de Clemenceau.

De Gaulle se penche :

« For you », dit-il au Premier ministre.

On se rend aux Invalides sur le tombeau de Foch et celui de Napoléon.

« Dans le monde, il n'y a rien de plus grand », murmure Churchill.

Échange de toasts au ministère de la Guerre.

« Dans mille ans, commence de Gaulle, la France n'aura pas oublié ce qui fut accompli dans cette guerre par le noble peuple que le très honorable Winston Churchill entraîne avec lui vers les sommets d'une des plus grandes gloires du monde. »

Churchill a les larmes aux yeux.

De Gaulle se souvient, en conviant le Premier ministre à prendre place dans son bureau aux côtés d'Eden et de Bidault, de ces rencontres tumultueuses au 10, Downing Street ou à Marrakech, et de cette humiliante conférence d'Anfa.

Tant de conflits. Et maintenant, la France qui peut recevoir chez elle avec faste !

« Je croyais ce matin, dit Churchill, assister à une résurrection. »

Mais dans la salle de conférences, de Gaulle, dès les premiers échanges, constate que le Premier ministre se dérobe. Il l'écoute répondre dans son français chaotique aux questions précises qu'il pose.

Bien sûr, Churchill accepte que la France fasse partie de la commission qui va décider du sort de l'Allemagne. Et même que les troupes françaises disposent d'une zone d'occupation après la victoire.

Mais cela reste vague, Churchill ne veut pas s'engager aux côtés de la France.

« Nos deux pays nous suivront, insiste de Gaulle. L'Amérique et la Russie entravées par leurs rivalités ne pourront pas passer outre. D'ailleurs, nous aurons l'appui de beaucoup d'États et de l'opinion mondiale qui, d'instinct, redoutent les colosses. En fin de compte, l'Angleterre et la France façonneront ensemble la paix comme deux fois en trente ans elles ont ensemble affronté la guerre. »

Churchill voudra-t-il de cet accord qui peut faire de l'Europe la maîtresse du jeu ?

Il hésite d'abord à répondre, parle de l'émotion qu'il a ressentie en se rendant à l'Hôtel de Ville, accueilli par les acclamations des personnalités de la Résistance.

Il a pleuré durant toute la cérémonie, avoue-t-il.

« Vos révolutionnaires, on dirait des travaillistes. C'est tant mieux pour l'ordre public, mais c'est dommage pour le pittoresque. »

Puis il tire sur son cigare, se penche vers de Gaulle.

« Dans la politique aussi bien que dans la stratégie, reprend-il, mieux vaut persuader les plus forts que de marcher à leur encontre. C'est ce à quoi je tâche de réussir. »

De Gaulle le fixe. Donc, Churchill refuse d'être l'allié de la France, d'ouvrir une voie européenne entre les deux colosses.

« J'ai noué avec Roosevelt des relations personnelles étroites, continue le Premier ministre. Avec lui, je procède par suggestions afin de diriger les choses dans le sens voulu. Pour la Russie, c'est un gros animal qui a eu faim très longtemps. Il n'est pas possible aujourd'hui de l'empêcher de manger, d'autant plus qu'il est parvenu en plein milieu du troupeau des victimes.

« Mais il s'agit qu'il ne mange pas tout. Je tâche de modérer Staline qui, d'ailleurs, s'il a grand appétit, ne manque pas de sens pratique. Et puis, après le repas, il y a la digestion.

« Quand l'heure viendra de digérer, ce sera pour les Russes assoupis le moment des difficultés. Saint Nicolas pourra peut-être alors ressusciter les pauvres enfants que l'ogre aura mis au saloir. »

44.

Cet ogre russe, ce Staline qui fascine Churchill, de Gaulle, à l'automne 1944, veut le connaître, conclure avec lui un pacte franco-soviétique.

C'est la manière, pour la France, de faire contrepoids aux Anglo-Américains si réticents à admettre que la France s'est arrachée à l'abîme. À plusieurs reprises déjà, depuis leur entrée dans la guerre en juin 1941, les Russes ont reconnu, soutenu la France Libre.

Et de Gaulle a veillé à ce que sur le front russe combattent des Français, les pilotes de l'escadrille *Normandie-Niemen*, dont les Russes vantent l'héroïsme.

Les symboles comptent dans les relations entre États.

De Gaulle, d'une phrase lancée devant les députés de l'Assemblée consultative – qui tient lieu de Chambre des députés dans l'attente des élections –, a annoncé son voyage à Moscou, son projet de pacte et son but :

« Rebâtissons notre puissance, voilà quelle est désormais la grande querelle de la France. »

Le 24 novembre 1944, de Gaulle s'envole pour Moscou où il arrive le 1er décembre.

Le voyage a été long.

En avion d'abord, jusqu'à Bakou, avec escales au Caire et à Téhéran où il rencontre le roi Farouk, puis le chah d'Iran, façon de montrer que la France est de retour.

Puis en train, de Bakou à Stalingrad, et Moscou.

Le général de Gaulle accueilli à la gare de Moscou par Molotov en décembre 1944.

De Gaulle découvre la grise immensité russe, les foules figées, silencieuses, grises elles aussi.

Partout, de Gaulle sent la contrainte et la peur, la condescendance des officiels russes.

Ils rappellent que la France, aux plans politique et militaire, n'est rien d'autre qu'une nation qui a été battue en 1940 et qui a accepté de collaborer.

Pour bien marquer la différence, lorsque Staline lève son verre, en présence de De Gaulle, il ne boit qu'à la santé de Roosevelt et de Churchill et il tient ce dernier informé des conversations avec de Gaulle.

De Gaulle constate qu'il est ignoré de la foule russe et qu'on ne fait rien pour faire connaître quels sont sa place et son combat.

La France Libre vaut moins que les Polonais du Comité National de Lublin.

On organise pour lui et son ministre des Affaires étrangères, Georges Bidault, une visite du métro de Moscou, et on les laisse être bousculés, comme de quelconques voyageurs dont on écrase les pieds. Et sans doute veut-on ainsi faire comprendre à de Gaulle qu'il ne représente qu'une petite puissance, encore engluée dans sa défaite.

Quant aux négociateurs russes, ils sont brutaux, aux limites de l'impertinence et de la vulgarité.

« Ça manque d'élégance, ça manque de courtoisie, c'est un régime brutal, inhumain », commente Bidault.

De Gaulle reste impassible, lors des entretiens avec Staline – les 2, 6 et 8 décembre 1944 –, mais il rend coup pour coup.

Lors de la réception qu'il offre dans les locaux de l'ambassade de France, il s'adresse à Alexander Werth, le correspondant du *Sunday Times*, lui parle de sa visite à Stalingrad.

« Ah ! Stalingrad, dit-il, c'est tout de même un peuple formidable, un très grand peuple.

— Les Russes, ah, oui, approuve Werth.

— Mais non, je ne parle pas des Russes, je parle des Allemands. Tout de même, avoir poussé jusque-là [1] ! »

À aucun moment, il ne se laisse démonter, ne cachant pas son dégoût des scènes d'ivrognerie auxquelles se livrent les Russes, et le premier d'entre eux, Staline, qui boit directement au goulot des bouteilles de champagne et menace ses diplomates de les faire fusiller…

Mais de Gaulle a l'intuition que les Russes, tout en essayant d'arracher des concessions, signeront à la fin ce pacte franco-soviétique, et soutiendront la France face aux Anglo-Américains.

Le communiste Maurice Thorez, gracié, vient d'arriver en France et, lors du premier meeting qu'il a tenu, il a déclaré :

« Mener la guerre jusqu'au bout, jusqu'à Berlin, voilà la tâche unique du moment, la loi pour tout Français… »

Sans aucun doute, Maurice Thorez applique la politique de Staline comme il l'a fait en 1939, en soutenant le pacte germano-soviétique, en désertant et en passant ces années de guerre en Russie…

---

1. Alexander Werth, *La Russie en guerre*, *op. cit.*

Donc de Gaulle ne se laisse pas impressionner par le jeu brutal de Staline. Il a percé à jour le tyran.

Il exige de loger à l'ambassade de France, un bâtiment dévasté par les bombardements, sans chauffage. Mais cette « vie de camp » vaut mieux que la « maison des hôtes de l'URSS » rue Spiridonovka, « truffée de microphones ».

Première réunion au Kremlin. Voici Staline. Si petit, replet, le teint jaune, la voix ténue, à peine perceptible.

De Gaulle s'assied en face de lui, de l'autre côté d'une grande table à tapis vert.

Staline commence à tracer des figures géométriques au crayon rouge sur sa feuille de papier. De Gaulle le dévisage. L'homme exprime la fourberie, l'obstination, la dissimulation.

« Communiste habillé en maréchal, dictateur tapi dans sa ruse, conquérant à l'air bonhomme. »

Staline se tait. Et pourtant de Gaulle a le sentiment que tout va être dit, dès cette première rencontre. Il va parler clair.

« La frontière géographique et militaire de la France, dit de Gaulle, est constituée par le Rhin, et l'occupation de cette ligne est nécessaire à sa sécurité. »

Staline plisse les yeux, ne s'engage pas. La France a-t-elle abordé cette question à Londres et à Washington ? demande-t-il.

On parle des frontières de l'URSS. Là, Staline est précis. Il veut que les frontières de la Pologne subissent un déplacement de l'est vers l'ouest : sa frontière avec l'Allemagne sera sur l'Oder et la Neisse.

En somme, les Russes ont fixé seuls ce qui se passera à l'est et vont discuter de ce qui doit intervenir à l'ouest, commente de Gaulle.

On déjeune à la Spiridonovka.

« Ce doit être bien difficile de gouverner un pays comme la France, dit Staline.

— Oui, et pour le faire je ne puis prendre exemple sur vous, car vous êtes inimitable.

— Thorez… » commence Staline.

Il lève la main, poursuit :

« Ne vous fâchez pas de mon indiscrétion. Je connais Thorez, à mon avis, c'est un bon Français. Si j'étais à votre place, je ne le mettrais pas en prison, du moins pas tout de suite.

— Le gouvernement français traite les Français d'après les services qu'il attend d'eux », répond de Gaulle.

Il ne cesse de regarder ce personnage dont l'attitude exprime tour à tour la vulgarité, la violence et la brutalité, le cynisme cruel et le mépris, mais aussi l'intelligence et la roublardise.

Staline porte un uniforme à l'ample vareuse. Il est chaussé de bottes noires en cuir souple.

Il paraît assoupi, puis tout à coup il s'exclame :

« Ah ! ces diplomates, qu'ils sont ennuyeux, qu'ont-ils à parler ainsi ! Une mitrailleuse ! Voilà ce qu'il faudrait ! Une mitrailleuse sur eux, ils se tairaient vite. »

La menace est toujours présente. Dans les toasts qu'il prononce, levant son verre, disant à tel ou tel Soviétique : « Fais ce que tu dois, sinon tu seras pendu comme on fait dans ce pays. »

Mais quel est ce pays ?

De Gaulle assiste au Grand Théâtre à un spectacle de ballet. Il parcourt les galeries du musée des Trophées où sont rassemblées les prises de guerre, de l'uniforme du maréchal von Paulus, le vaincu de Stalingrad, aux drapeaux à croix gammée des divisions allemandes détruites.

De Gaulle reçoit, à l'ambassade de France, les intellectuels et les écrivains amis de la France et, parmi eux, le général comte Ignatiev, ancien attaché militaire du tsar à Paris.

Ce pays, c'est la Russie, sur laquelle on a collé le masque du communisme qui la déforme et qui l'exprime.

Et quand le masque tombera, il restera la Russie.

De Gaulle se rend plusieurs fois au Kremlin. Dîner fastueux. Staline boit, porte de nouveaux toasts, se tourne vers Palewski, Polonais libre : « Je bois aux Polonais. On ne cesse jamais, monsieur Palewski, d'être polonais. »

C'est bien la vieille obsession russe, l'éternelle volonté de soumettre la Pologne qui perce chez Staline.

Staline veut que la France reconnaisse le gouvernement polonais prosoviétique qui siège à Lublin, et abandonne le gouvernement polonais installé à Londres.

De Gaulle écoute, impassible.

« Je prends note de votre position, dit-il. Mais je dois vous répéter que le futur gouvernement de la Pologne est l'affaire du peuple polonais, et que celui-ci, selon nous, doit pouvoir s'exprimer par le suffrage universel. »

De Gaulle ne baisse pas les yeux quand Staline le fixe, gronde, peste, laisse entendre qu'il n'y aura pas, si les Français ne reconnaissent pas le gouvernement de Lublin, de pacte franco-soviétique.

Ne pas céder, même quand Staline tente de séduire.

Le régiment *Normandie-Niemen* est amené à Moscou pour que de Gaulle puisse passer en revue ces aviateurs français. Il est fier de ces hommes, les seuls soldats d'Occident à se battre en Russie. Il les décore dans le froid glacial, puis il se rend à l'ambassade.

Ne pas céder.

Et pourtant, mesurer que les Anglo-Américains, Churchill l'a avoué, accepteront la domination de Moscou sur l'Europe centrale.

Ne pas céder.

« Parce que l'avenir dure longtemps. Tout peut un jour arriver, même ceci, qu'un acte conforme à l'honneur et à l'honnêteté apparaisse en fin de compte comme un bon placement politique. »

Ne pas céder.

Et, au terme d'une soirée interminable avec projection de films de propagande, dire à Staline : « Je prends congé de vous, le train va m'emmener tout à l'heure. Je ne saurais trop vous remercier… »

Entendre Staline murmurer : « Restez donc, on va projeter un autre film. »

Et s'éloigner. Puis attendre à l'ambassade. À 4 heures du matin, les Russes ont renoncé à leurs exigences. Le gouvernement polonais de Lublin n'est pas reconnu par la France, qui se contentera d'y envoyer un délégué, le capitaine Christian Foucher. Et le pacte est signé.

Dîner à nouveau, à 5 heures du matin, le 10 décembre.

« Vous avez tenu bon, à la bonne heure, dit Staline. J'aime avoir affaire à quelqu'un qui sache ce qu'il veut, même s'il n'entre pas dans mes vues. »

Il bavarde, détendu, amical.

« Après tout, il n'y a que la mort qui gagne », murmure-t-il. Hitler, au fond, est « un pauvre homme qui ne s'en tirera pas… Si vous, la France, avez besoin de nous, nous partagerons avec vous jusqu'à notre dernière soupe. »

Puis il se tourne vers l'interprète et, d'une voix dure, lance : « Tu en sais trop long, toi, j'ai bien envie de t'envoyer en Sibérie ! »

Dernière image de cette aube russe dans les ors médiévaux du Kremlin, ce 10 décembre 1944.

« Je vois Staline assis seul à une table, dit de Gaulle, il recommence à manger. »

45.

De Gaulle, fier d'avoir résisté à « l'Ogre russe » et obtenu la signature d'un pacte franco-soviétique, sans faire de concessions majeures sur la « question polonaise », quitte Moscou le lundi 11 décembre 1944.

Le lendemain soir, 12 décembre – simple hasard du calendrier –, un groupe de généraux allemands, choisis parmi les plus brillants et expérimentés des commandants du front de l'Ouest, se présentent au quartier général du Feldmarschall von Rundstedt.

On leur demande de remettre leurs armes, leurs porte-documents, et ils sont invités à monter dans un car.

Après une demi-heure de route dans la nuit et la neige, on les dépose à l'entrée du bunker souterrain qui abrite, près de Francfort, à Ziegenberg, le Grand Quartier Général du Führer.

Ils sont introduits dans la salle de conférences.

L'un d'eux, le général Hasso von Manteuffel, qui vient d'être promu par Hitler général d'armée – promotion exceptionnelle pour un officier de seulement 47 ans –, est frappé par l'aspect du Führer.

Assis dans son fauteuil, Hitler, les yeux mi-clos, est pâle, tassé, voûté, le visage bouffi.

Il se lève difficilement, les mains agitées par un tremblement nerveux et le bras gauche secoué par un tic violent qu'il s'efforce de dissimuler. Il marche en traînant la jambe.

Mais cet homme qui semble tenaillé par la maladie se met à parler avec une telle énergie qu'on est emporté par sa volonté.

Il trace un tableau de la situation militaire.

Les Américains ont pris, le 24 octobre, Aix-la-Chapelle, la résidence de Charlemagne – Hitler serre les poings. Mais ils n'ont pas réussi à percer vers le Rhin. Ils n'imaginent pas que « nous allons contre-attaquer ».

Car Hitler refuse la défensive.

Il lance des chiffres.

« J'ai reconstitué 28 divisions, dont 9 de panzers. Nous allons attaquer les Ardennes, et au sud 6 divisions attaqueront en Alsace. »

Le but de l'offensive est de s'emparer d'Anvers, de couper l'armée britannique de ses bases de ravitaillement, de la forcer à évacuer le continent.

Ce sera un second Dunkerque. Et le Führer se retournera alors vers les Russes.

Hitler regarde ses généraux qui semblent accablés.

Il rugit quand Guderian lui parle d'une énorme offensive que les Russes vont déclencher alors qu'on a dégarni, pour cette contre-attaque à l'Ouest, le front de l'Est.

« C'est le plus énorme bluff depuis Gengis Khan, hurle Hitler. Qui est responsable de cet amas de sottises ? »

Les généraux Manteuffel, Model et le Feldmarschall von Rundstedt voudraient parler, mais d'un geste menaçant le Führer le leur interdit.

« Vous n'avez pas à me critiquer, dit-il. Voilà cinq ans que je commande l'armée allemande en campagne, et durant cette période j'ai acquis plus d'expérience qu'aucun de ces messieurs de l'état-major général ne peut espérer en acquérir jamais. J'ai étudié Clausewitz et Moltke et tous les écrits de Schlieffen. Je suis mieux au courant que vous ! »

Les généraux sont figés, accablés.

Le plan de l'offensive des Ardennes est un ordre du jour du Führer qui doit être appliqué à compter de la nuit du 15 au 16 décembre.

« Je fus stupéfait, raconte von Rundstedt. Hitler ne m'avait pas consulté au sujet des chances de réussite. À mes yeux, il était évident que les forces disponibles étaient largement insuffisantes pour un plan extrêmement ambitieux. Model fut de mon avis. En fait, aucun militaire ne pouvait croire que l'objectif d'atteindre Anvers était réalisable. Mais je savais maintenant qu'il était inutile de protester auprès de Hitler de l'impossibilité de quoi que ce soit. Après avoir consulté Model et Manteuffel, je compris que le seul espoir était de détourner Hitler de ce projet fantastique en proposant un autre plan susceptible de lui plaire et qui soit plus réalisable. C'était le plan d'une offensive limitée ayant pour but de réduire le saillant allié autour d'Aix-la-Chapelle en le prenant en tenaille. »

Hitler rejette ce plan « modeste », « réduit ». Il donne des ordres pour que le plan initial, « son plan d'attaque des Ardennes », soit immédiatement mis en route, dans le secret le plus complet.

« Toutes les divisions de ma Ve armée de panzers furent rassemblées, explique von Manteuffel, mais de manière très espacée, entre Trier et Krefeld, afin que les espions et la population ne puissent pas soupçonner nos intentions. On raconta aux soldats qu'ils étaient mis sur le pied de guerre pour faire face à la prochaine attaque des Alliés contre Cologne. Seul un nombre très restreint d'officiers d'état-major furent informés du véritable plan. »

Pour sa part, von Rundstedt constate amèrement :

« Il n'y a pas de renforts appropriés ni de ravitaillement en munitions et, bien que le nombre de divisions blindées fût élevé, celles-ci disposaient de peu de chars – c'est en grande partie des forces de papier. »

Von Manteuffel, découvrant que le plan de Hitler prévoit une opération d'artillerie commençant à 7 h 30, trois heures trente avant l'assaut de l'infanterie fixé à 11 heures, s'exclame :

« Tout ce que notre artillerie réussira à faire sera de réveiller les Américains, et ils auront trois heures et demie pour organiser leur défense. »

Le général Hasso von Manteuffel sur le front de l'Ouest en 1944.

« Je proposai à Hitler un certain nombre de modifications. La première était de déclencher l'assaut à 5 h 30, à l'abri de l'obscurité, mais lui permettant de se concentrer sur un certain nombre d'objectifs clés, tels que les batteries, dépôts de munitions et quartiers généraux qui avaient été localisés avec précision.

« Je proposai ensuite de fournir dans chaque division d'infanterie un "bataillon d'assaut" composé des officiers et des hommes les plus expérimentés. (Je sélectionnai les officiers moi-même.) Ces bataillons d'assaut devaient avancer dans l'obscurité, à 5 h 30, sans aucun tir d'appui d'artillerie, et pénétrer entre les postes avancés américains. Ils éviteraient, si possible, d'engager le combat avant de s'être enfoncés profondément.

« Des projecteurs, fournis par les unités de Flak – défense antiaérienne –, éclaireraient le chemin des troupes d'assaut en projetant leurs faisceaux lumineux sur les nuages afin qu'ils se reflètent sur le sol. J'avais été très impressionné par une démonstration de ce genre à laquelle j'avais assisté peu de temps auparavant et j'étais persuadé que ce procédé permettrait une pénétration rapide avant le lever du jour.

« Après avoir exposé mes propositions à Hitler, je lui représentai qu'il était impossible de réaliser l'offensive autrement, si nous désirions avoir des chances raisonnables de réussite.

« J'insistai : “À 16 heures, il fera nuit. Vous ne disposerez donc que de cinq heures, si vous lancez l'assaut à 11 heures, pour réaliser la percée. Il est très douteux que vous puissiez y parvenir en si peu de temps. Si vous acceptez d'adopter mon idée, vous gagnerez cinq heures et demie de plus. Puis, lorsque la nuit tombera, je pourrai lancer les chars. Ils progresseront pendant la nuit, traversant les rangs de notre infanterie et, à l'aube du lendemain, ils seront en mesure de lancer leur propre attaque contre la position principale sur une voie d'approche dégagée.” »

Hitler écoute, semble accepter les propositions de von Manteuffel et dévoile l'opération *Griffon* qu'il a conçue et dont il a confié la réalisation au SS Otto Skorzeny, l'homme qui a réussi à arracher Mussolini à ses gardiens.

Dans une première phase, explique Hitler, une compagnie de commandos parlant parfaitement l'anglais et revêtus par-dessus leur uniforme allemand de battle-dress américain, se déplaçant à bord de quarante jeeps, s'infiltreront à travers les lignes ennemies.

Leur but : couper les câbles téléphoniques, changer les panneaux indicateurs, miner des ponts, fermer des routes.

Dans une deuxième phase, une brigade de panzers camouflés en unités américaines devait aller s'emparer des ponts sur la Meuse.

Au matin du 16 décembre 1944, la contre-offensive des Ardennes voulue et conçue par le Führer est lancée.

Et les commandos d'Otto Skorzeny réussissent à créer confusion, panique, immenses embouteillages. Les Américains, qui ont capturé quelques-unes de ces jeeps, organisent des contrôles qui bloquent la circulation des unités. Le général Bradley raconte ce qu'il a vécu.

« Un demi-million de GI's jouaient au chat et à la souris chaque fois qu'ils se rencontraient sur la route. Ni le grade, ni les pièces d'identité, ni les protestations ne mettaient le voyageur à l'abri d'un interrogatoire à chaque carrefour rencontré. À trois reprises, des GI's méfiants m'intimèrent l'ordre de prouver mon identité. La première fois en identifiant Springfield comme la capitale de l'Illinois (mon interrogateur prétendait que c'était Chicago) ; la deuxième fois en localisant avec précision les différents joueurs d'une ligne de mêlée au football américain ; la troisième fois en donnant le nom de l'époux du moment d'une blonde appelée Betty Grable. Le nom de Grable m'arrêta, mais la sentinelle n'en fit pas autant. Satisfait de m'avoir collé, il me laissa néanmoins passer. »

L'un des commandos capturés assure que certains groupes ont pour mission de « liquider » Eisenhower et d'autres généraux alliés.

Les services de sécurité multiplient les précautions et Eisenhower est contraint de s'y soumettre, ce qui rend encore plus difficile l'exercice du commandement suprême.

Le capitaine Butcher qui se rend le 23 décembre 1944 au quartier général écrit :

« J'ai été à Versailles aujourd'hui et j'ai vu Ike. Il est prisonnier de notre police de sécurité et il s'irrite énormément, mais en vain, des restrictions qui sont imposées à ses déplacements. La maison est entourée de toutes sortes de gardes, certains armés de mitrailleuses, et lorsqu'il se rend à son bureau ou en revient, il doit rouler précédé, et parfois suivi, par un garde armé à bord d'une Jeep. »

La contre-offensive rencontre d'abord des succès foudroyants. Elle bénéficie non seulement de l'effet de surprise, mais aussi du brouillard bas qui couvre la région, interdisant à l'aviation alliée d'intervenir durant cinq jours.

En outre, comme le rapporte von Rundstedt :

« Le moral des hommes prenant part à l'offensive est extraordinairement haut lors du déclenchement de celle-ci. Ils croient réellement que la victoire est possible, à la différence des généraux qui connaissent la vérité. »

Pas de réserve. Pas de carburant en quantités suffisantes. Les Allemands sont bloqués à moins de 500 mètres de l'énorme dépôt d'essence de Stavelot qui contient plus de 12 millions de litres d'essence !

Et la résistance des Américains au carrefour routier de Bastogne bloque la percée allemande, d'autant plus que, le ciel se dégageant, l'aviation alliée peut massivement intervenir. Elle soutient les blindés du général Patton qui, venant du sud, attaquent le flanc de la percée allemande.

Le général von Manteuffel mesure les conséquences de cette situation.

« Nous avions à peine recommencé d'avancer que les Alliés déclenchèrent leur contre-offensive, écrit-il. Je téléphonai au général Jodl et le priai d'informer le Führer que j'allais retirer mes forces avancées de la partie antérieure du saillant que nous avions créé. [...] Mais Hitler interdit ce mouvement de repli. Si bien qu'au lieu de nous replier à temps, nous fûmes repoussés petit à petit sous la pression des attaques alliées, en souffrant inutilement. [...] À cause de l'interdiction par Hitler de tout repli, nos pertes furent bien plus élevées au cours de cette phase des combats qu'elles ne l'avaient été précédemment. Ces pertes signifiaient la faillite totale car nous ne pouvions pas nous en permettre d'aussi élevées. »

Von Rundstedt partage l'analyse de Manteuffel :

« Je voulus arrêter l'offensive à un moment opportun, dit-il, alors qu'il était évident qu'elle ne pourrait pas atteindre son but, mais Hitler insista avec fureur pour qu'elle continue. Ce fut un second Stalingrad. »

Hitler, le visage boursouflé par le mépris que lui inspirent ses généraux, refuse de discuter leurs arguments.

Il brosse d'une voix exaltée le tableau de cette coalition qui réunit les serviteurs du capitalisme juif, Roosevelt et Churchill, et le communiste Staline.

« C'est le moment pour nous de frapper, car à tout moment ce front commun maintenu par une coalition artificielle peut s'écrouler dans un fracas de tonnerre, pourvu qu'il n'y ait aucun relâchement de notre côté...

« Nous ne devons laisser passer aucune occasion de montrer à l'ennemi que, quoi qu'il fasse, il ne devra jamais escompter notre capitulation. Jamais ! Jamais ! »

Sur le terrain, la combativité des Américains surprend les Allemands qui encerclent Bastogne.

Ils envoient un message écrit au commandant de la 101e division aéroportée américaine et ils reçoivent pour toute réponse un mot qui vaut camouflet et refus de reddition : « *Nuts* ».

Le 23 décembre, les unités de panzers sont prêtes à déferler sur la Meuse, mais sont immobilisées par le manque de carburant et l'absence de renforts.

« Le soir du 24, écrit Manteuffel, il devient évident que nous sommes parvenus à un palier. Nous savons désormais que jamais nous n'atteindrons notre objectif. »

Et cependant, le Führer soliloque des heures durant devant ses généraux, semblant ignorer qu'à Bastogne les chars de Patton ont brisé l'encerclement de la ville.

D'un geste, Hitler refuse d'admettre qu'il faudra retirer au plus vite les troupes sous peine de les laisser capturer dans la nasse des divisions alliées.

Il insiste au contraire pour qu'une offensive soit lancée en Alsace.

Il parle de l'histoire de Rome, de celle de la Prusse.

« La question est toujours, martèle-t-il : l'Allemagne a-t-elle le désir de survivre ou bien sera-t-elle détruite ? La perte de cette guerre sera la perte du peuple allemand. »

Il s'interrompt, découvre les visages sombres et perplexes de ses généraux.

Il reprend :

« Je m'empresse d'ajouter, messieurs, que vous ne devez pas en conclure que j'envisage – même de loin – la perte de cette guerre… Je n'ai jamais admis le mot "capitulation"… Pour moi, la situation actuelle ne présente rien de nouveau. J'en ai connu de bien pires. Je ne le mentionne, en passant, que parce que je tiens à vous faire comprendre ma persévérance acharnée et mon indifférence aux épreuves. Quels que soient le fardeau de mes soucis et leur incidence sur ma santé, rien ne fera varier d'un pouce mon inébranlable décision de poursuivre la lutte jusqu'à ce que le sort nous favorise. »

Il fait appel aux généraux pour appuyer de « toute leur énergie » les nouvelles offensives.

Puis il conclut :

« Il nous appartient encore de changer le cours du destin ! »

Ce sont les derniers jours de l'année 1944.

Le mois de décembre a été glacial. L'offensive allemande dans les Ardennes est brisée, mais bien qu'éliminée, affaiblie, la Wehrmacht a dans son sein des hommes qui ont la détermination des désespérés, et veulent mourir en tuant.

Hitler est l'un de ces hommes-là !

Il menace l'Alsace, Strasbourg qui vient d'être libérée.

Le 24 décembre 1944, pour manifester la volonté de la France, de Gaulle est venu inspecter la 1re armée française de De Lattre et la 2e DB de Leclerc ; Strasbourg ne sera pas abandonnée et l'Alsace et les Vosges seront défendues.

Quoi qu'en pense l'état-major allié qui envisage, murmure-t-on, de ne défendre ni Strasbourg ni l'Alsace !

Ce 24 décembre, Churchill est à Athènes qu'il parcourt en automitrailleuse afin d'imposer aux communistes un cessez-le-feu et l'évacuation d'Athènes.

CINQUIÈME PARTIE

Janvier — 7-8 mai 1945

« Nous ne capitulerons pas. Jamais. Nous pouvons sombrer. Mais nous emporterons un monde avec nous. »

Adolf HITLER,
janvier 1945

« Le pape, combien de divisions ? S'il nous le dit, il pourra peut-être devenir notre allié. »

STALINE à la conférence de Yalta,
4 au 11 février 1945

46.

Le Führer, ce 9 janvier 1945, dans son Grand Quartier Général de Ziegenberg, hurle, désignant, le bras à demi levé, le général Guderian, chef de l'état-major général, auprès de qui se tient le général Gehlen.

C'est à la demande de Guderian que Gehlen, chef des renseignements du front de l'Est, a présenté les cartes, les synthèses, qui prouvent que les Russes vont lancer une offensive d'hiver.

Elle débutera le 12 janvier, partira des positions actuelles sur la Vistule, se déploiera selon un axe Varsovie-Berlin.

Mais elle embrasera tout le front, du nord au sud, la Prusse-Orientale, la Poméranie, la Silésie. Et pour finir, elle vise l'Oder et Berlin.

« *Mein Führer*, dit Guderian, nous voici à minuit moins cinq ou plutôt à la dernière minute. J'espère, *Mein Führer*, que vous allez prendre la décision de ramener de l'Ouest les renforts indispensables au front de l'Est, et cela cette nuit même. »

Le Führer, affalé jusque-là dans un fauteuil, se redresse, les yeux flamboyants de colère.

« Je me suis rendu en personne à Cracovie, ajoute Guderian, au groupe d'armées A, pour prendre connaissance de leur point de vue qui est le mien. »

Guderian sait que le Führer, depuis le 1er janvier 1945, a multiplié les offensives sur le front ouest, refusant d'admettre que la bataille des Ardennes est perdue, jetant 8 divisions en Sarre, attaquant en Alsace, n'acceptant le recul des troupes qu'après des jours de refus.

Cent vingt mille hommes – tués, blessés, disparus, prisonniers – et 6 000 véhicules, 1 600 avions, 600 tanks et canons ont été ainsi perdus, qui auraient pu contenir les Russes.

Mais Hitler s'est obstiné, répétant :

« En dépit de tout, nous tenons bon sur tout le front est. »

Et c'est pourquoi Guderian est revenu accompagné de Gehlen.

« Il pourra vous présenter toute la documentation que vous désirez. »

Le Führer est debout maintenant.

Il oscille, faisant quelques pas à la manière d'un vieillard, traînant sa jambe gauche. Son dos est voûté, sa tête profondément enfoncée dans les épaules, ses cheveux bruns sont parsemés de mèches grises. Sa veste croisée pend sans forme de ses épaules. Il a le visage pâle et enflé. Tout son corps exprime l'épuisement. Il a de la peine à lever son bras, sa main gauche tremble.

Mais il hurle, sa voix, ses yeux révèlent une volonté que seule la mort peut briser.

Il invective Gehlen tout en l'ignorant, en s'adressant à Guderian.

Tout ce qu'on lui a présenté, ce sont des « idioties », dit-il.

Il faut enfermer leur auteur dans un asile d'aliénés.

« Si vous envoyez le général Gehlen dans un asile, vous feriez bien de me réserver le même sort », répond Guderian.

Hitler s'éloigne, revient, affirme que le « front est n'a jamais possédé de meilleures réserves ».

« Le front est ressemble à un château de cartes. Si on l'enfonce sur un point, il s'écroulera », dit Guderian alors que le Führer quitte la salle de réunion-conférences.

Guderian, comme les généraux qui commandent sur le terrain, imagine ce que peut être le sort des populations allemandes de Prusse, de Poméranie, de Silésie, si l'armée Rouge occupe un territoire.

Les Russes se vengeront de ce qu'ils ont subi.

Déjà, les officiers de l'armée Rouge répètent à leurs hommes rassemblés les conclusions des articles d'Ilya Ehrenbourg, l'écrivain devenu propagandiste.

« L'Allemagne est une sorcière. Les villes allemandes brûlent ? Je suis heureux. Les Allemands n'ont pas d'âme ! »

Ehrenbourg rappelle « les fosses communes, les ravins remplis d'innocents, les champs de choux de Maidanek… ».

« Les bottines, les petits souliers et les chaussons des petits enfants assassinés à Maidanek marchent eux aussi vers Berlin… Nous dresserons des gibets à Berlin. »

Autant d'appels à la vengeance sauvage, à la haine, et donc au pillage, au viol, au meurtre.

« Soldats de l'armée Rouge, tuez, tuez ! À mort les fascistes, car il n'y a pas d'innocents chez eux ! Ni ceux qui vivent ni ceux qui ne sont pas encore nés ! À mort ! À mort ! »

Or les Gauleiters de Poméranie, de Prusse, de Silésie, ont reçu mission de convaincre les populations allemandes de demeurer chez elles. Naumann, le secrétaire d'État du ministère du Reich pour l'Éducation populaire et la Propagande, a répété devant une assemblée de plusieurs milliers de personnes à Posen que jamais le front de l'Est ne serait entamé, que l'avance russe allait se briser.

Les Gauleiters ont repris ce thème.

Arthur Greiser, Gauleiter de la province de la Warthe, déclenche à chaque phrase les applaudissements lorsqu'il affirme :

« Nous n'avons jamais douté qu'en fin de compte nous devions remporter la victoire. Nous n'avons jamais douté que le flot bolchevique expirerait devant les frontières de la province de la Warthe et y subirait sa défaite décisive. Aussi personne n'a abandonné la province. Avec une confiance inébranlable dans le Führer et dans la victoire finale, tous ont attendu l'heure du combat et de la décision, prêts à opposer au bolchevisme, si c'était nécessaire, le rempart de leurs cadavres pour sauver l'Allemagne et l'Europe de la barbarie de l'Est ! Nous devons remercier le secrétaire d'État Naumann d'avoir affirmé une fois de plus à tous les habitants de la Warthe que, selon la volonté du Führer, la soldatesque bolchevique ne mettra jamais le pied sur cette terre. Remercions-le de nous avoir montré une fois de plus à quel point la victoire finale est proche. »

Il s'interrompt un instant avant de poursuivre :

« ... Vive le Führer ! Vive le Grand Reich allemand ! Vive l'heure où le bolchevisme doit s'effondrer et où nous pourrons enfin remplir, sans rencontrer d'obstacles, notre mission allemande dans les territoires de l'Est. »

Les populations allemandes qui ont assisté à ces réunions et écouté ces propos rassurants sont rentrées paisiblement chez elles.

Le 12 janvier 1945, 180 divisions russes – des centaines de milliers d'hommes, des milliers de tanks T34 et de canons, d'« orgues de Staline » – s'élancent vers l'Ouest.

Le 17 janvier tombe Varsovie.

« Le 27 janvier, écrit Guderian, le raz-de-marée russe prend pour nous les proportions d'un désastre complet. »

Ce 27 janvier, les troupes de Joukov traversent l'Oder et sont à 200 kilomètres de Berlin.

Le 29 janvier, Poznan est encerclée.

Cracovie, Tilsitt, Tannenberg sont déjà tombées.

Budapest est encerclée et sera conquise le 13 février.

Vienne, Prague, Torgau et naturellement Berlin sont des cibles proches.

La Silésie et son charbon sont perdus.

La Prusse est isolée du Reich.

Le général
Heinz Guderian.

Le désastre est tel que Guderian se tourne vers le ministre des Affaires étrangères, Ribbentrop, et lui demande de proposer un armistice à l'Ouest.

La question est posée le 27 janvier par Hitler lui-même.

« Pensez-vous que les Anglais voient avec enthousiasme ce qui se passe sur le front de l'Est ? » demande le Führer.

Le général Jodl répond que les Anglais ont toujours considéré les Russes avec méfiance.

Guderian ajoute :

« Si cela continue, nous recevrons un télégramme des Anglais dans quelques jours. »

Les dirigeants nazis vivent ainsi dans l'illusion, la seule manière qui leur reste de nier la réalité et d'espérer échapper à la justice des vainqueurs.

Ils ignorent que Churchill a, le 6 janvier 1945, envoyé un message à Staline soulignant qu'« à l'Ouest la bataille est très dure... Pouvons-nous compter sur une importante offensive russe sur le front de la Vistule, ou ailleurs durant le mois de janvier ? À mon avis, le temps presse ».

Staline répond favorablement dès le lendemain.

« Les nouvelles que vous me donnez, écrit Churchill, seront un grand encouragement pour le général Eisenhower. Car les renforts allemands devront être coupés en deux. »

Staline dans son ordre du jour de février 1945 affirme que « notre offensive d'hiver a eu pour premier effet de stopper l'offensive allemande à l'Ouest destinée à reprendre la Belgique et l'Alsace »...

Et Churchill souligne « que ce fut un très beau geste de la part des Russes et de leur chef de hâter le démarrage de cette vaste offensive au prix de lourdes pertes. La satisfaction d'Eisenhower fut très grande ».

On est loin de la chimère d'une rupture d'alliance à laquelle veulent croire les dirigeants nazis.

En fait, le Führer lui-même ne peut donner le change.

Quand le 30 janvier 1945, il prononce le rituel discours pour l'anniversaire de sa nomination aux fonctions de chancelier le 30 janvier 1933, sa voix lugubre se déchaîne pour dénoncer « la conspiration judéo-internationale » contre l'Europe, mais il ne promet pas un retournement de la situation du Reich.

« En épargnant ma vie, le 20 juillet 1944, dit-il, le Seigneur a montré son désir de me voir demeurer votre Führer. »

Puis, sans un mot de réconfort, il lance un appel :

« Travailleurs allemands, travaillez ! Soldats allemands, combattez ! Femmes allemandes, soyez plus que jamais fanatiques ! Ce que nous accomplissons, aucune nation ne peut l'accomplir ! »

Une Allemande nationale-socialiste écrit :

« Pendant les derniers mois de la guerre, je devais lutter contre mes larmes chaque fois que j'entendais la voix [de Hitler] à la radio ou que je le voyais aux actualités. Nous ne voulions pas reconnaître les signes, toujours plus nets, qui annonçaient la chute prochaine ; notre cœur avait peur de la terrible vérité.

« Les actualités nous montraient un homme vieillissant, qui marchait courbé, en jetant des regards à la dérobée. Sa voix rendait un ton désespéré. Allait-il donc échouer ? Les efforts fabuleux que le peuple allemand avait accomplis pour diriger le monde étaient, à nos yeux, personnifiés en Hitler. Celui qui le regardait contemplait la somme immense de sacrifices en vies, santés et biens, que ces efforts avaient demandés. Tout cela devait-il être vain ? »

Un élève officier, après avoir écouté le discours du Führer, écrit à sa femme :

« C'était merveilleux d'entendre la voix du Führer. Quel lourd fardeau il doit porter ! Quand on y pense, il est presque vil d'écouter les paroles du Führer dans l'espoir qu'elles vont apporter une décision. Mais de fait, une décision a été prise. Aucun miracle ne nous sauvera, sauf celui du cran allemand. »

Mais Hitler lui-même désespère.

Il a quitté, après l'échec de l'offensive dans les Ardennes, son Grand Quartier Général de Ziegenberg.

Et il vit dans le bunker au-dessous de la Chancellerie du Reich, à Berlin.

« Je sais bien que la guerre est perdue », confie-t-il à l'un de ses officiers d'ordonnance.

Il ajoute : « Mon plus cher désir, c'est de me tirer une balle dans la tête. »

L'Allemagne périrait aussi.

Déterminé, il répète aussitôt :

« Nous ne capitulerons pas. Jamais. Nous pouvons sombrer, mais nous emporterons un monde avec nous. »

47.

Combien de millions sont-elles les Allemandes, et combien sont-ils les Allemands qui, dès ce mois de janvier 1945, ont vu, selon les mots de Hitler, leur « monde sombrer » ?

Ils sont sur les routes de Prusse, de Silésie, de Poméranie.

Ils avaient cru que jamais les Russes ne pénétreraient dans le Reich.

Les ministres, les Gauleiters, les membres du Parti avaient assuré que les « barbares », les « Mongols », les « bolcheviks » allaient être repoussés, exterminés.

Et tout à coup, à la mi-janvier, des voitures haut-parleurs ont parcouru les rues des villes – ainsi à Breslau, capitale de la Silésie – et les Allemands ont entendu les mots inimaginables :

« Les femmes et les enfants évacuent la ville à pied en direction d'Opperau-Kanth. »

Plus de trains. Un vent polaire. Une température de 20 degrés au-dessous de zéro. Une neige haute d'un demi-mètre. L'Oder recouvert d'une solide carapace de glace.

Une jeune femme écrit à sa mère :

« Je vais tenter d'arriver chez vous. Je t'en prie, maman, sois calme, mais je n'aurai pas Gabi avec moi et j'ai un bras gelé...

« Je ne pouvais plus la porter et elle était morte. Je n'en pouvais plus. Alors je l'ai bien enveloppée et je l'ai ensevelie profondément dans la neige sur la route après Kanth. Gaby n'y est pas seule. Des milliers de mères marchaient avec leurs enfants et elles ont mis comme moi leurs morts dans le fossé, aucune voiture ne pourra ainsi les déranger et leur faire du mal… »

Cela n'est rien encore.

Sur ces routes qui vont vers l'ouest, il y a les milliers de déportés que les SS encadrent. Ils ont quitté Auschwitz, le 19 janvier 1945, alors que les SS tuaient les plus faibles et détruisaient le camp. Ils marchent et certains sont en guenilles, pieds nus, squelettiques. Ils sont 58 000 ! Ils tombent. Les SS les tuent d'une balle dans la nuque.

Il y a des détenus qu'on dirige vers d'autres pénitenciers. Cinq cent soixante-cinq prisonnières se mettent ainsi en route le 21 janvier 1945 pour parcourir 36 kilomètres – du pénitencier de Fordon, près de Bomberg, à celui de Krone. Il n'y eut que 40 survivantes.

Cela n'est rien encore.

Une colonne de SS mitraille les prisonnières qu'on évacue de Krone… Et des soldats allemands qui passent tirent des détenues hors des rangs et les violent.

Marchent aussi des travailleurs français, des Italiens, des Belges, des Hollandais, tous ces hommes requis pour le Service du Travail Obligatoire ou prisonniers de guerre qui essaient dans cet exode, cette débâcle de sauver leur vie. Ils pillent. Ils sont les nouveaux maîtres.

Les Russes arrivent.

Et tout commence.

Un officier russe raconte :

« En Pologne, le délit le plus courant, c'était *dai chazy* – donne-moi ta montre. Mais le pillage et le viol à grande échelle n'ont commencé qu'après l'entrée en Allemagne.

Nos soldats étaient à ce point frustrés qu'ils ont souvent violé des vieilles de 60, 70, ou 80 ans... Le comportement des Kazakhs et autres troupes asiatiques a été particulièrement déplorable. »

L'écrivain et correspondant de guerre Vassili Grossman voit l'infanterie russe qui circule dans des carrioles, des calèches, des cabriolets, ornés de tapis, d'édredons, de glaces, de tout le butin accumulé.

Grossman entend les plaintes d'une femme violée sous les yeux de son mari par plus de dix hommes.

« Des cris de femme par une fenêtre ouverte », note-t-il.

Il recueille le « récit de la façon dont on violait dans une grange une mère qui allaitait. Ses proches entrent dans la grange, demandent qu'on la laisse sortir un moment parce que l'enfant a faim et qu'il pleure. »

Grossman voit « la terreur dans les yeux des femmes et des jeunes filles ».

Une petite fille porte des ecchymoses noires, veloutées, sur le cou et le visage. Un œil est enflé, sur les bras des bleus énormes.

« Il se passe des choses horribles avec les Allemandes. »

Un jeune officier russe raconte à son tour ce qu'il a vu quand son unité a rattrapé une colonne de réfugiés allemands.

« Des femmes, des mères et leurs enfants étaient couchés des deux côtés de la route et devant chacune il y avait une bruyante armada d'hommes pantalons baissés. Les femmes qui saignaient ou perdaient conscience étaient poussées de côté et nos hommes abattaient celles qui essayaient de sauver leurs enfants...

« Des officiers souriants se tenaient à proximité, veillant à ce que chaque soldat sans exception participe... »

On brûle les villages, les fermes isolées, on viole les femmes, on les tue d'un coup de couteau, on les torture.

Les soldats ont en mémoire les articles d'Ehrenbourg, qui incitent au meurtre, au viol. Ils ont vu Maidanek et Auschwitz.

Ils savent ce que les Allemands ont fait en Ukraine, en Biélorussie, jusqu'aux rives de la Volga. Ils ont vu les fosses remplies de centaines de massacrés.

Ils se vengent.

Un soldat écrit :

« Il est absolument clair que si nous ne leur faisons pas vraiment peur maintenant, il n'y aura aucun moyen d'éviter une nouvelle guerre à l'avenir. »

Peut-être sont-elles – au moins – 1 500 000 Allemandes à avoir été violées, et la plupart d'entre elles plusieurs fois.

Tout cela n'est rien encore.

Il y a 8 millions de personnes qui fuient vers l'Ouest.

Il en arrive 50 000 par jour à Berlin. Cinq cent mille sont réfugiées à Dantzig. Six mille d'entre elles embarquent à bord d'un paquebot, le *Wilhelm Gustloff*, qu'un sous-marin russe torpille : 5 300 morts.

Il y a les 2 000 bombardiers qui rasent Nuremberg.

Les 1 000 bombardiers américains qui, en plein jour le 3 mars 1945, détruisent le centre de Berlin.

Il y a, le 13 et le 14 février 1945, les raids britanniques et américains – nuit et jour – qui engloutissent Dresde sous « une seule mer de flammes ».

Combien de morts ? 40 000 ?

Un typhon de feu – 8 000 bombes explosives, 600 000 bombes incendiaires – tourbillonne, aspirant les personnes qui se trouvent à cent mètres de distance…

Les trains remplis de réfugiés qui arrivent de l'est brûlent dans la gare centrale.

Vue de Dresde en ruine en février 1945.

Pourquoi Dresde – ville sans défense, sans industrie ? s'interrogent les Allemands. Les Alliés veulent donc détruire l'Allemagne !

C'est ce que dit Heinz Guderian, le chef d'état-major général de l'Armée. En Allemagne, répète-t-il, l'armée Rouge ne veut que piller, violer, tuer.

Goebbels évoque le « rideau de fer » que Staline fera tomber dès que l'Allemagne capitulera. Le Tyran, le tsar rouge occupera aussitôt l'Europe du Sud-Est et les nations ainsi emprisonnées seront massacrées. On veut exterminer l'Allemagne, car sa résistance et sa victoire empêcheront cet assassinat de l'Europe.

Le Führer, dans un appel lancé le 15 avril 1945 à tous les combattants du front de l'Est, quel que soit leur grade, déclare :

« Le mortel ennemi judéo-bolchevique avec ses masses commence son offensive brutale. Il tente de détruire l'Allemagne et d'exterminer notre peuple… Vieillards et enfants seront assassinés, femmes et filles avilies en putains de caserne. D'autres devront marcher jusqu'en Sibérie. »

Le sort de l'Allemagne est entre les mains de ses soldats. S'ils combattent avec une volonté de fer et esprit de sacrifice, « les bolcheviks seront saignés à blanc devant la capitale du Reich allemand ».

48.

Hitler ment et fuit le réel.

Il sait, quoi qu'il dise, que le sort de l'Allemagne, et donc celui des Allemands, de toutes ces Allemandes violées, torturées, abattues, n'est plus entre les mains de ses soldats.

Les combattants épuisés de la Wehrmacht, les vieux et les adolescents – parfois âgés de 14 ans – du Volkssturm, ne peuvent plus que se sacrifier vainement face à la ruée des divisions de Joukov, de Koniev, exaltées par le désir de se venger, de piller, de détruire, de violer, de tuer.

Les Russes ont la tête pleine de souvenirs douloureux et ils sont exaltés par les malédictions d'Ilya Ehrenbourg.

« C'est la terreur qui pousse les Allemands et leurs femelles vers l'ouest, dit-il… Il y a huit cents ans les Polonais et les Lituaniens disaient : "Nous les torturerons au paradis comme ils nous ont torturés sur terre." À présent nos patrouilles sont aux abords des châteaux des chevaliers Teutoniques à Allenstein, à Osterode, à Marienburg… Nous n'oublierons rien. Allemagne, tu peux tourner en rond, tu peux brûler, tu peux hurler dans ton agonie, l'heure de la vengeance a sonné ! »

Staline comprend, justifie l'attitude des soldats de l'armée Rouge qui ont même violenté des femmes russes, requises par les Allemands pour le travail forcé.

Il confie à Djilas, un Yougoslave, proche de Tito :

« Je suppose que vous avez lu Dostoïevski. Vous savez que l'âme humaine est terriblement complexe. Imaginez un homme qui s'est battu de Stalingrad à Belgrade, qui a vu sa terre dévastée sur des milliers de kilomètres, et les cadavres de ses camarades et de ses proches. Comment peut-il réagir normalement ? Après tout, qu'y a-t-il de mal à ce qu'il prenne un peu de bon temps avec des femmes après toutes les horreurs qu'il a subies ? »

Un officier russe évoquant ces soldats qui violent de très vieilles femmes (80 ans !) décrira même « la surprise des grands-mères qui souvent ne s'en plaignaient pas » !

Churchill, lui, écrit à son épouse :

« Je t'avoue que mon cœur se serre quand j'entends dire que des foules de femmes et d'enfants allemands se pressent sur les routes en colonnes longues de 60 kilomètres pour fuir vers l'ouest… Je suis bien persuadé qu'ils le méritent, mais cela n'atténue en rien la cruauté du spectacle. »

Le Premier ministre britannique vient d'atterrir en compagnie de Roosevelt, ce 3 février 1945, à la base aérienne de Saki, en Crimée, non loin de Yalta, où doit se tenir du 4 au 11 février une conférence des Trois Grands.

C'est Staline qui en a choisi le lieu : Yalta, cette ville où les tsars avaient leurs habitudes, où les palais n'ont pas tous été détruits par les Allemands, qui n'est qu'à quelques heures de train de Moscou.

Churchill et Roosevelt ont accepté, pour complaire à Staline, dont les troupes sont sur l'Oder, de faire un harassant voyage jusqu'à Yalta.

Churchill est frappé par l'état de santé de Roosevelt.

Le président des États-Unis, qui a été réélu pour un quatrième mandat le 7 novembre 1944, est exténué. Le visage est émacié, le regard vague. Il peut à peine se lever de son fauteuil de paralytique. Il a des absences, regard perdu, bouche entrouverte.

À la conférence de Yalta, en février 1945, de gauche à droite, au 1er plan : W. Churchill, F. D. Roosevelt et J. Staline.

Les médecins lui ont déconseillé de faire ce long voyage aérien. Paraplégique depuis 1921, il est hypertendu, épuisé. Il a maigri de façon inquiétante. À 62 ans, c'est déjà un vieillard.

Mais Roosevelt passe outre l'avis des médecins.

Pour lui, cette conférence des Trois Grands a une importance capitale.

Il veut maintenir son alliance avec Staline qui lui paraît être la condition de la paix, quand – dans quelques mois au plus tard – l'Allemagne nazie sera vaincue.

Il lui semble que lui seul peut servir d'intermédiaire entre l'« uncle Joe » russe et Churchill si méfiant, si attaché à la grandeur de l'Empire britannique.

Roosevelt veut achever de bâtir l'Organisation des Nations unies. Il a besoin des concessions de Staline qui revendique quinze sièges occupés par… toutes les républiques de l'URSS ! Comme si elles étaient indépendantes ! Il devra se contenter de trois – Russie, Ukraine, Biélorussie.

Il y a l'avenir de la Pologne, que Churchill tente d'arracher aux griffes de l'Ours russe. Et il en va de même pour toute l'Europe centrale et balkanique.

Et il y a le destin de l'Allemagne qui sera occupée et Churchill veut imposer la France comme l'une des Grandes Puissances occupantes. Ni Roosevelt ni Staline ne veulent permettre à la France de faire partie à nouveau des Grandes Puissances.

Mais Churchill a confié à Roosevelt qu'il ne céderait pas sur ce point : si les États-Unis retirent leurs troupes d'Europe – comme Roosevelt l'a prévu –, il ne veut pas rester seul dans la cage avec l'Ours russe.

Roosevelt écoute Churchill avec lassitude.

Ce n'est pas seulement l'effet de la maladie. Il se défie de l'Angleterre et de la France, « ces vieilles puissances coloniales ». Il a confiance en la Russie.

« Staline va travailler avec moi pour un monde de démocratie et de paix », dit-il.

Il est prêt aux concessions, et Churchill est accablé quand il apprend que le général Eisenhower a décidé d'arrêter ses troupes quand elles auront atteint l'Elbe. Là, elles attendront les soldats de l'armée Rouge. Elles ne progresseront que vers le sud, vers Leipzig et Dresde. Elles laisseront les Russes livrer la bataille de Berlin et donc s'installer dans la capitale du Reich, et remporter ainsi une immense victoire symbolique !

« L'ensemble des Balkans, à l'exception de la Grèce, va être bolchevisé, dit Churchill, et je ne peux rien faire pour l'empêcher. Les Russes annexeront les régions orientales de la Pologne et celle-ci s'étendra à l'ouest jusqu'à la rivière Neisse, au détriment de l'Allemagne. »

Des millions d'Allemands seront chassés vers l'ouest !

Il faut satisfaire Staline !

À Yalta, Churchill et Roosevelt accepteront même d'intensifier les attaques aériennes sur l'Allemagne.

Et Dresde sera réduite en cendres les 13 et 14 février, au lendemain de Yalta.

Churchill lui-même s'est donc laissé entraîner à faire de larges concessions à un Staline retors, bonhomme, lâchant ici pour mieux retenir là. Et persuadé surtout que dès lors que l'armée Rouge occupe ces nations, on peut tout promettre.

« Le maréchal Staline et les dirigeants soviétiques désirent vivre dans une amitié et une égalité honorables avec les démocraties occidentales, pense Churchill. Je crois aussi qu'ils n'ont qu'une parole. »

Il lui suffira de quelques semaines pour découvrir que la réalité est pire que ce qu'il a craint. Partout, les Russes et leurs affidés règnent en maîtres.

« Ici, écrit à Churchill un Yougoslave qui a été ministre de Tito, ce n'est pas un État, c'est un abattoir. »

Un mois après la fin de Yalta, le 13 mars 1945, Churchill écrit à Roosevelt :

« Je serai certainement obligé d'expliquer que nous nous trouvons en présence d'un immense échec, d'un écroulement complet de tout ce qu'il a été convenu à Yalta. »

Churchill répète à Roosevelt – et à Eisenhower : « Il me paraît hautement important de serrer la main aux Russes le plus à l'est possible. » Mais il se heurte à la naïveté mêlée de froid réalisme du président des États-Unis affaibli par la maladie et paraissant suivre les discussions de l'autre rive du fleuve de la vie.

« Un homme tellement gentil, mais si malade, si malade », murmurent en pleurant les femmes de chambre qui servent le président dans sa résidence de Yalta – le palais Livadia, en granit blanc, que le tsar avait fait construire en 1911.

Staline lui-même, après s'être rendu au chevet de Roosevelt, dit, interrogeant Molotov du regard :

« Pourquoi la nature l'a-t-elle ainsi puni ? Il n'est pas pire que les autres hommes, n'est-ce pas ? »

Chacun peut constater que Roosevelt, hors des discussions, « ne paraît plus s'intéresser réellement au déroulement de la guerre ».

Il pose pour les photographes, blotti dans sa cape, assis entre le rubicond Churchill et l'énigmatique Staline.

Et Churchill comme Roosevelt doivent bien prendre en compte la réalité militaire qui modèle les rapports de force entre Churchill et Roosevelt d'un côté et Staline de l'autre. Edward Stettinius, conseiller de Roosevelt, écrit ainsi :

« Étant donné la situation militaire de février 1945, il ne s'agissait pas de ce que l'Angleterre et les États-Unis permettraient aux Russes de faire en Pologne, mais de ce que ces deux nations pourraient faire accepter à l'Union soviétique… Nos troupes avaient à peine recouvré le terrain perdu dans la bataille des Ardennes, elles n'avaient franchi le Rhin qu'en quelques points. En Italie, notre avance s'enlisait dans les Apennins. Au contraire, les troupes soviétiques, après avoir envahi presque toute la Pologne et la Prusse-Orientale, avaient atteint l'Oder. La Pologne et la plupart de l'Europe orientale, à l'exception d'une grande partie de la Tchécoslovaquie, étaient aux mains de l'armée Rouge. »

À Yalta, Staline, fort de la situation militaire, peut donc faire des concessions dont il sait bien que personne ne viendra, dans cette Europe centrale occupée par l'armée Rouge lui demander raison de leur non-application.

Il loge dans l'immense palais du prince Youssoupov. Il se rend, escorté par une centaine de membres du NKVD, à la résidence de Churchill, le palais du prince Vorontsov, il visite Roosevelt au palais Livadia.

Il préside les banquets somptueux dans Yalta que les services de la police secrète dirigés par Beria ont vidé de sa population.

Staline, facétieux et cynique, dit, montrant Beria :

« Lui, c'est notre Himmler ! »

Tous les convives étrangers regardent Beria ; petit, gros, et les verres épais de son pince-nez lui donnent « un air sinistre mais diaboliquement intelligent ».

Qui saura que Beria est un obsédé sexuel, qu'on soupçonne d'enlever dans les rues de Moscou de très jeunes filles qu'il repère en circulant lentement dans sa voiture aux vitres opaques ?

Staline, durant ces dîners dans les palais de Yalta, apparaît, selon le général anglais Alan Brooke, « au mieux de sa forme, drôle et de très bonne humeur ».

Il se dépeint comme un « vieux bavard naïf », multiplie les toasts aux alliés, aux généraux « que l'on apprécie seulement pendant la guerre, mais après la bataille leur prestige s'éteint et les femmes ne les regardent plus ».

Quand Churchill suggère que « nous pourrions nous faire un allié du pape », Staline sourit, répond :

« On mène une guerre avec des soldats, des canons et des tanks. Le pape, combien de divisions ? S'il nous le dit, il pourra peut-être devenir notre allié. »

Mais ces reparties ne sont qu'un leurre. Dès qu'il s'agit de négocier, Staline argumente âprement.

Sur le sort de la Pologne, il ne cède rien.

Il obtient, en échange de la promesse d'entrée en guerre contre le Japon, l'île de Sakhaline – perdue par la Russie en 1904 – et les îles Kouriles.

Après cela, il peut se lever et porter un toast chaleureux et admiratif à Churchill :

« Un homme comme vous ne naît que tous les cent ans, dit-il. Voici un homme qui a brandi bien haut et avec courage la bannière de l'Angleterre ! Je parle du fond du cœur et vous dis ce que je ressens au plus profond de moi-même ! »

Évoquant les élections prochaines en Angleterre, il se dit assuré que Churchill les remporterait.

« Le vainqueur de la guerre n'est-il pas le mieux placé pour diriger son pays ? »

À Churchill qui lui rappelle qu'il y a deux partis politiques en Grande-Bretagne, Staline secoue la tête :

« Un seul parti, c'est beaucoup mieux », murmure-t-il.

Churchill, dans les semaines qui suivent la conférence de Yalta, constate que c'est ce système – parti unique de fait, violences contre ceux qui tentent de résister aux communistes – qui se met en place en Europe de l'Est, mais que peut-il ?

Il essaie d'obtenir un changement de plan d'Eisenhower, à propos de Berlin, mais le commandant en chef s'obstine à vouloir laisser les Russes conquérir la capitale du Reich.

Quant à Roosevelt, il répond à Churchill le 11 avril :

« Je suis enclin à minimiser autant que possible l'ensemble des problèmes soviétiques, parce que ces problèmes ont tendance à se poser chaque jour sous une forme ou sous une autre et la plupart finissent par s'arranger tout seuls. »

Churchill n'a ni le temps de répondre ni celui de se désoler de l'aveuglement de Roosevelt.

Le lendemain, 12 avril 1945, Roosevelt meurt d'une congestion cérébrale dans sa résidence de Warm Springs, en Géorgie.

Churchill fond en larmes.

« Je viens de perdre un grand ami, confie-t-il à son garde du corps. Personne ne se rend compte de ce qu'il a fait pour notre pays et pour le monde. Il nous a apporté une aide inestimable au moment où nous en avions le plus besoin... »

Ce 12 avril 1945, les armées américaines atteignent l'Elbe. Berlin est à moins de 100 kilomètres à l'est.

Mais l'ordre d'Eisenhower, approuvé par Roosevelt, s'applique.

C'est l'armée Rouge qui doit livrer bataille et prendre Berlin.

49.

« Les Allemands sont archi-foutus ! » s'exclame Louis-Ferdinand Céline, à la mi-mars 1945.

L'écrivain fait partie des Français « kollabos » exilés à Sigmaringen.

« Alors eux, bouchés, aveugles… continue Céline. Y pigent pas que les Américains et les Anglais vont les cueillir comme des fleurs et les mettre au poteau… Valsez, fantoches, à la ballade des fusillés. »

Céline méprise ceux qu'il appelle des « révolutionnaires fonctionnaires ». En décembre 1944, et durant ces premières semaines de 1945, ils ont cru à nouveau à la victoire allemande. À les entendre, les Allemands, avec cette contre-offensive des Ardennes, allaient renouveler le « coup » de mai 1940 !

Ils se félicitaient d'avoir choisi le bon camp. Ils répétaient les propos des officiers SS.

« Les Français qui auront eu confiance en nous toucheront leur récompense ! »

Ils se voient ministres. Ils se partagent les « fromages ». Ils « s'épurent » entre eux avant de participer en France à l'« épuration nécessaire ».

Mgr Mayol de Lupé, aumônier de la brigade Charlemagne qui combat les Russes aux côtés des SS, estime qu'il faudra fusiller 70 % de ses « légionnaires » si l'on veut que le retour en France se fasse dans l'ordre.

Et tous menacent de représailles, du peloton d'exécution les Français qui ont pactisé avec les Alliés.

Quant à ces derniers, le Führer prophétise :

« Pas un Américain ne retournera chez lui, la France jouera son rôle d'immense souricière où seront prises les armées de Roosevelt et de Churchill ! »

Le Führer l'a répété à Jacques Doriot, le chef du Comité de Libération qui prétend être à la tête des contre-maquis qui opèrent en France !

Mais l'offensive allemande des Ardennes échoue.

Les Américains attaquent le Rhin. La débandade des Allemands est telle qu'ils en oublient de faire sauter le pont de Remagen, qui permet aux tanks américains de passer tranquillement le Rhin !

Cependant, les Français de Sigmaringen rêvent des « armes secrètes » et continuent de se quereller à propos des ministères à venir dans une France réoccupée !

Marcel Déat jalouse Jacques Doriot.

Et les rivalités dérisoires opposent Darnand à Déat, Abel Bonnard à Lucien Rebatet !

La France collaboratrice se déchire sur quelques mètres carrés, dont se tiennent éloignés le maréchal Pétain et Pierre Laval qui répètent aux Allemands qu'ils ne participent plus à la vie politique, puisqu'ils se considèrent comme « prisonniers », conduits hors de France contre leur volonté !

Ainsi, les « fantoches » de Sigmaringen vivent entre eux !

Et brutalement le voile se déchire.

La voiture du « chef » Doriot, fondateur du Parti Populaire Français (PPF), est prise pour cible par un avion allié. Doriot n'est plus qu'un cadavre déchiqueté par 32 balles. Sa secrétaire indemne hurle, trempe dans le sang du chef son brassard PPF et suit la route, en répétant : « Le chef, le chef ! »

C'est le 22 février 1945.

Les obsèques de Doriot sont la dernière cérémonie de la collaboration. On y parle de « sacrifice suprême » ! On jette sur le cercueil une poignée de terre « française » qu'un milicien avait emportée avec lui.

Symboliquement, on ensevelit la collaboration en terre allemande.

« Mais j'suis pas fou, je fous le camp ! s'écrie Louis-Ferdinand Céline. Qu'ils crèvent s'ils veulent... Moi je quitte le bled... Adieu Sigmaringen... J'en ai assez pour mon compte, terminé le ballet des crabes... J'fous le camp en Norvège... Là-bas, je ne verrai plus leurs faces de Pierrot et de Jean-Foutre... Adieu les gens de la Kollabo... Je m'en vais au pays des lacs... »

Céline sait que son talent, sa notoriété d'écrivain ne le sauveront pas.

De Gaulle, en dépit des appels de nombreux écrivains – dont François Mauriac, le symbole même de l'engagement dans la résistance intellectuelle aux nazis –, n'a pas gracié Robert Brasillach, condamné à mort le 19 janvier 1945, exécuté le 6 février.

« Ce qu'il y a de meilleur en France, dit Mauriac, ne se console pas de la destruction d'une tête pensante, aussi mal qu'elle ait pensé. N'existe-t-il donc aucune autre peine que la mort ? Les seules exécutions que l'Histoire ne pardonne pas à la Terreur, ce sont celles des philosophes et des poètes. »

Mais Brasillach, dans *Je suis partout*, a exigé qu'on envoie au poteau les « traîtres » : Blum, Mandel, Reynaud. Il a justifié les rafles et les persécutions des Juifs, fussent-ils des enfants !

Et Céline a fait le même « voyage au bout de la nuit », a évoqué ces « bagatelles pour un massacre » !

Robert Brasillach lors de son procès pour collaboration en 1945.

On dit que de Gaulle se souvenant de Jean Moulin et Pierre Brossolette, des écrivains, des professeurs morts sous la torture, aurait lancé : « Eh quoi, Brasillach a été fusillé comme un soldat. »

De ce privilège, Céline se moque. Il veut rester en vie. Et puisque « l'affaire est dans le sac », les « Allemands archifoutus », il « fout le camp ».

Sauver sa peau est d'ailleurs la préoccupation de bien des dirigeants nazis.

Ils rêvent d'une paix séparée à l'Ouest. Les combats continuant contre les Russes, à l'Est. Un jour viendrait où, contre le bolchevisme, les Anglo-Américains rejoindraient les Allemands pour sauver l'Europe.

Mais il fallait donner des gages à Roosevelt et à Churchill.

Himmler et Walter Schellenberg, chef du service d'espionnage nazi, organisent ainsi le transfert en Suisse de 1 700 Juifs hongrois, et de 1 200 Juifs du camp de Theresienstadt. L'ancien président de la Confédération helvétique – Jean-Marie Musy – négocie avec Himmler et Schellenberg et sert d'intermédiaire avec le Comité américain des réfugiés de guerre (War Refugee Board).

De ces négociations, les Français de Sigmaringen ignorent les détails et l'ampleur.

Mais ils apprennent que des trains de la *Deutsche Reichsbahn*, chargés de Juifs, franchissent la frontière suisse.

Ils savent que les troupes américaines encerclent Stuttgart et qu'une 1re armée française, commandée par le général de Lattre de Tassigny, avance vers le lac de Constance. Ces « Kollabos » après la bataille des Ardennes avaient encore cru à la reconquête de Strasbourg par les troupes allemandes. Ils s'étaient esclaffés en apprenant qu'Eisenhower voulait évacuer la ville. Puis de Gaulle était intervenu, appuyé par Churchill, et la 2e DB de Leclerc en Alsace avait défendu Strasbourg et les Vosges. Et l'offensive allemande avait été brisée en janvier.

Et dès la fin du mois de février, le temps n'est plus aux illusions. On évoque encore des armes secrètes, le retournement des alliances, mais c'est la panique qui saisit les « émigrés ».

Tous veulent quitter l'Allemagne, le Grand Reich, qui sombre et dont ils refusent de partager le tombeau.

C'est la fuite, la débâcle dérisoire de quelques milliers d'hommes et de femmes, la débandade.

Les membres du Parti Populaire Français se rassemblent à Innsbruck, obtiennent des passeports pour l'Italie et doivent se retrouver à Vérone.

Le fascisme républicain et mussolinien semble encore gouverner l'Italie du Nord avec l'aide des divisions SS.

Passent aussi en Italie Darnand et ses miliciens, Bucard et ses francistes, puis panique : à Innsbruck, on ne délivre plus de visas !

Marcel Déat et sa femme ont disparu. On affirme qu'ils sont en Italie et ont bénéficié de l'aide d'un réseau organisé par le Vatican.

Pierre Laval rêve de Suisse, d'Espagne.

Mais Ribbentrop tarde une dizaine de jours avant de l'autoriser à quitter l'Allemagne.

Lorsque Laval obtient le visa allemand, le 16 avril, les Suisses lui refusent le droit d'asile. Et le Liechtenstein fait de même.

Laval est épuisé, anxieux, pris au piège.

Il télégraphie au ministre des Affaires étrangères espagnol, Lequerica, qui fut ambassadeur d'Espagne à Vichy. Il demande l'autorisation « de pouvoir pénétrer en Espagne, en attendant des jours meilleurs ».

« C'est un vieillard usé et fatigué qui vous écrit. Et en souvenir de notre longue amitié, je vous dis à l'avance merci. »

Lequerica ne répond que dix jours plus tard.

Long calvaire pour Laval, insomnies, angoisses, tentation de briser l'ampoule de poison cachée dans sa pelisse.

Lequerica accorde un droit de séjour de trois mois, dans l'enceinte de la forteresse de Montjuic. Il ne sera pas livré aux autorités françaises, si celles-ci le réclament, mais il sera remis… aux autorités alliées si elles l'exigent !

On sait bien que celles-ci le remettront… à leur allié français.

Le 2 mai 1945, un Junker 38 de la Wehrmacht est mis à la disposition de Laval. Il doit décoller de l'un des derniers aérodromes contrôlés par les Allemands.

Laval et sa femme, leur ami Maurice Gabolde ont pris place à bord.

Il reste deux places. Abel Bonnard, dont le départ est prévu, pleure, implore, supplie, éructe, pour qu'on embarque son frère et non le journaliste Hérold-Paquis, l'un des plus virulents éditorialistes de la collaboration.

Scène sordide, au terme de laquelle l'ancien ministre de l'Éducation nationale l'emporte.

L'avion atterrit à Barcelone, dans l'après-midi de ce 2 mai 1945. Laval sait qu'il n'a obtenu qu'un sursis.

L'Espagne franquiste fascisante, à laquelle Mussolini et Hitler ont apporté leur aide, est restée prudente tout au long de la guerre. Elle ne peut se permettre d'être solidaire d'un vaincu, si les vainqueurs le réclament.

L'Espagne franquiste, le maréchal Pétain la connaît bien ! Il a été, à la fin de la guerre civile espagnole, nommé ambassadeur de France à Madrid parce qu'on connaît l'estime que se portent réciproquement le général Franco et le Maréchal.

Et cependant Pétain, en ce printemps 1945, ne désire en rien se réfugier en Espagne – ou en Suisse.

Il a appris que son procès s'ouvrirait à Paris. Il veut y être présent.

Il s'adresse à Hitler, « chef de l'État grand-allemand » pour que celui-ci l'autorise à regagner la France par la Suisse.

« Je veux défendre mon honneur de chef et protéger par ma présence tous ceux qui m'ont fait confiance », écrit-il au Führer.

Il va célébrer le 24 avril 1945 son quatre-vint-neuvième anniversaire.

« À mon âge, conclut-il, on ne craint qu'une chose : c'est de n'avoir pas fait tout son devoir et je veux faire le mien. »

Les Allemands redoutent une poussée alliée. Ils connaissent les ordres donnés par de Gaulle à de Lattre :

« Mon général, écrit de Gaulle, il faut que vous passiez le Rhin même si les Américains ne s'y prêtent pas, et dussiez-vous le passer sur des barques. Il y a là une question du plus haut intérêt national. Karlsruhe et Stuttgart vous attendent si même ils ne vous désirent pas. »

Hitler ne veut pas que Pétain tombe aux mains des Alliés. La décision est prise de lui faire quitter Sigmaringen, en direction du sud-est. Pétain refuse.

« S'il faut passer des menottes au Maréchal, je le ferai », avertit l'Obersturmführer SS Boemelburg. Et Pétain ne peut que s'incliner.

Les routes sont couvertes par le flot de l'exode qui charrie femmes, enfants, soldats, prisonniers, déportés, SS qui tuent.

Et les chars américains sont seulement à une vingtaine de kilomètres. Ils se sont emparés d'Ulm.

Le diplomate allemand qui accompagne Pétain prend sur lui de contacter les autorités suisses.

Le 24 avril, le Maréchal entre en Suisse.

Il devra se présenter le 26 avril à 19 heures à la frontière française à Vallorbe.

Un mandat d'amener a été lancé contre lui. La Maréchale sera placée en résidence surveillée.

À Paris, dans son bureau de président du Gouvernement Provisoire de la République française, rue Saint-Dominique, au ministère de la Guerre, de Gaulle reçoit Jules Jeanneney, ministre d'État, Tixier, ministre de l'Intérieur, René Mayer, ministre des Transports, et le général Koenig.

Il les regarde l'un après l'autre. Il soupire. Il se sent accablé.

Pétain va donc rentrer en France le 26 avril. De Gaulle aurait tant voulu éviter cela. Il pense depuis des semaines que « l'heure de la réconciliation est venue, qu'il n'est plus temps de mettre en relief les raisons que les Français ont de ne pas s'entendre ».

« Pétain n'est pas mon ennemi personnel, dit-il en se levant, en marchant dans la pièce. Je veux rassembler les Français, pas tout à fait jusqu'à Pétain, mais presque, à la limite extrême… »

Il revient à son bureau. Il jette un coup d'œil à ces télégrammes en provenance de Suisse.

« Le gouvernement helvétique ne peut s'opposer à la volonté du maréchal Pétain de regagner la France. »

Il soupire à nouveau. Le procès ne pourra pas être évité, et la procédure n'aboutira qu'à ranimer les divisions des Français, à nuire à l'unité nationale.

Comme si la nation encore exsangue avait besoin de cela !

Il soulève légèrement les bras :

« Alors, ils nous le rendent, dit-il, il va revenir. »

Il veut examiner avec chacun des ministres les conditions du retour de Pétain. Le voyage se fera en train, précise-t-il en regardant René Mayer.

Koenig ira accueillir Pétain à Vallorbe. Le service d'ordre doit empêcher toute manifestation hostile.

Il reste quelques minutes silencieux. Pourquoi ces destins étrangement croisés entre lui et Pétain, depuis le début, quand il est arrivé à Arras en 1912, dans le 33e régiment d'infanterie que commandait le colonel Pétain, et puis ce mois de juin 1940, « l'avènement de l'abandon dans l'équivoque d'une gloire sénile » ?

Il se sent étreint par la tristesse, peut-être même le désespoir.

« Échéance lamentable, reprend-il d'une voix sourde. Le Maréchal s'abritait de l'illusion de servir l'intérêt national, sous l'apparence de la fermeté et à l'abri de la ruse. Il n'était plus qu'un jouet, qu'une proie offerte aux intrigues... Que tous les hommes coupables de Vichy soient arrêtés, mais le Maréchal, je ne tenais pas à le rencontrer... Quel dommage... »

Il secoue les épaules.

« Il nous aura embêtés jusqu'au bout ! » lance-t-il.

Il baisse la tête.

« Il possédait tant de qualités... Pourquoi a-t-il fait tout ce qu'il a fait sous l'Occupation ? C'était un grand homme. Ah ! la vieillesse est un naufrage. Il ne faut pas se laisser vieillir aux affaires. »

Il écoute Mayer et Tixier préciser les mesures qu'ils envisagent. Il hoche la tête, se lève, retient un instant Koenig.

« Je ne veux pas de choses médiocres, dit-il. Qu'il ne lui arrive rien. »

À Vallorbe, le 26 avril 1945, la barrière qui marque la ligne frontière se lève et les voitures entrent en France.

Dans l'une d'elles, il y a Pétain, maréchal de France.

Les soldats et les gendarmes hésitent à présenter les armes. Le général Koenig invite Pétain à descendre de voiture. Pétain s'exécute, dévisage ce général qu'il ne connaît pas, lui tend la main.

Koenig la refuse.

50.

Pétain, dans ces derniers jours d'avril 1945, roule vers sa prison, son procès, sa condamnation.

Mais si cette période est historique, ce n'est pas à cause de cette fin sans gloire d'un maréchal de France.

Ces jours marquent la fin du Reich de Hitler. La fosse est ouverte, elle attend le Führer qui, le 20 avril 1945, célèbre son cinquantième anniversaire.

Il n'est plus qu'un homme malade que la tension à laquelle il a été soumis tout au long de sa vie a vieilli prématurément.

Il se bourre de médicaments que lui administre le docteur Morell.

L'explosion de la bombe du 20 juillet 1944 a crevé ses deux tympans. Il est sujet à des vertiges. Il chancelle. Ses membres tremblent.

À Berlin, il vit dans l'atmosphère confinée du bunker construit sous le bâtiment de la Chancellerie, qui n'est plus qu'un amas de décombres. Il n'en sort pas.

Il a songé le 20 avril à se réfugier dans son nid d'aigle de l'Obersalzberg. Il a rêvé d'y créer un dernier bastion, un *réduit national*. Trop tard.

Les troupes alliées sont déjà enfoncées au cœur de l'Allemagne et de l'Autriche.

Vienne est tombée le 13 avril.

Nuremberg, la ville des « triomphes » nazis, le 16 avril.

Le 25 avril, à 16 h 40, moment historique, à Torgau-sur-l'Elbe, à 110 kilomètres au sud de Berlin, les patrouilles américaines rencontrent les éléments avancés russes, et les soldats se donnent l'accolade.

L'Allemagne est coupée en deux.

La chimère d'une rupture de l'alliance russo-américaine n'est qu'unc poussière que les hourras des Russes et des Américains dispersent.

Dans l'après-midi du 27 avril, les « Ivans » du maréchal Joukov et ceux des divisions de Koniev et de Tchouikov, qui se sont élancés depuis leurs têtes de pont sur l'Oder, atteignent les faubourgs de Berlin.

Adolf Hitler au fond de son bunker est encerclé.

Le Führer n'a plus aucune prise sur la bataille qui, dans Berlin en ruine, oppose 500 000 soldats allemands à 2 millions de Russes.

D'un côté des unités disparates, où se côtoient les combattants expérimentés et épuisés de la Wehrmacht, les SS fanatiques qui défendent la Chancellerie – et parmi eux les Français de la division Charlemagne –, des vieillards et des adolescents de la Volkssturm. Pas d'artillerie, quelques blindés, des munitions qui se font rares.

De l'autre côté, la déferlante russe et ses 50 000 canons et mortiers, ses 8 000 chars, ses 9 000 avions. Et des millions d'« Ivans » soulevés par l'enthousiasme de la victoire.

Staline a, habilement, mis en concurrence ses maréchaux, ses généraux : qui de Koniev, de Joukov, de Tchouikov, hissera le drapeau rouge sur la porte de Brandebourg, au sommct dcs ruines de la Chancellerie ?

Les combats acharnés au cours desquels tombent des centaines de milliers d'hommes – tués, blessés, disparus – vont durer plus de dix jours.

« Printemps de fer après les années de fer de la guerre », écrit Vassili Grossman.

L'écrivain et correspondant de guerre est entré dans Berlin avec les patrouilles avancées :

« J'avais envie de crier, d'appeler tous les frères combattants qui gisent dans la terre russe, ukrainienne, biélorusse et polonaise, qui dorment du sommeil éternel au champ d'honneur : "Camarades, vous nous entendez, nous y sommes !" »

Le Führer, terré au fond de son bunker, n'est plus capable que de se laisser emporter par des colères hystériques quand, par bribes, ses généraux tentent de dresser un état de la situation.

Le général Guderian, chef d'état-major général, qui exige l'évacuation par mer de plusieurs divisions isolées sur la côte de la mer Baltique, subit l'une de ces colères quasi démentes :

« Le poing levé, les joues empourprées, tremblant de tout son corps, le Führer se tenait en face de moi ; fou de colère et complètement déchaîné.

« Après chaque éclat, continue Guderian, Hitler se mettait à arpenter la pièce, puis soudain il s'arrêtait devant moi et m'accablait d'accusations. Il hurlait presque, les yeux lui sortaient de la tête et de grosses veines se gonflaient sur ses tempes. »

Puis le Führer s'effondre, exténué :

« Tous ses mouvements sont ceux d'un vieillard décrépit, note un jeune capitaine qui le voit pour la première fois.

« Dans les yeux du Führer brille une flamme étrangement vacillante qui crée une impression d'épuisement total. »

Hitler semble retrouver quelque vigueur lorsque Goebbels de sa voix saccadée de fanatique évoque le destin de Frédéric le Grand durant la guerre de Sept Ans. La mort « miraculeuse » de son ennemie la tsarine le sauva du désastre et donc du suicide.

Goebbels compare les thèmes astrologiques de Frédéric le Grand et de Hitler. Dans ses appels aux troupes, il les exhorte à résister, à ne pas reculer, car un « miracle » va se produire.

« Le Führer a déclaré qu'au cours de cette année le sort tournera... C'est le destin qui nous a envoyé cet homme afin que dans nos terribles épreuves extérieures et intérieures nous puissions porter témoignage de ce miracle. »

Ce miracle, c'est la mort de Roosevelt le 12 avril, dont la nouvelle parvient à Goebbels le vendredi 13 avril, quelques minutes après minuit.

Berlin est sous les bombes, mais au téléphone Goebbels s'écrie :

« Mon Führer ! Je vous félicite ! Roosevelt est mort ! Il est écrit dans les étoiles que la seconde moitié du mois d'avril verra le tournant de notre destin. Nous sommes le vendredi 13 avril ! L'heure a sonné. »

On sable le champagne.

Le 15 avril, Eva Braun, la maîtresse de Hitler depuis douze ans, arrive à Berlin venant du Berghof où elle réside habituellement, célébrant le culte d'Adolf Hitler.

Mais la mort de Roosevelt, c'est un signe donné par l'« Ange de l'Histoire ».

« Nous sentîmes autour de nous le frémissement de ses ailes. N'était-ce pas le moment tant attendu où devait tourner la roue du sort ? » écrit le nazi Schwerin von Krosigk.

Eva Braun en ces heures cruciales veut vivre aux côtés du Führer.

Mais elle sait qu'il s'agit non pas de vivre, mais de mourir.

Les Russes, heure après heure, nuit et jour attaquent, approchant de la Chancellerie dont ils ne sont plus qu'à quelques centaines de mètres.

Et Hitler évoque souvent la défaite, sa mort, et celle de l'Allemagne. Il ne doit laisser que des ruines et des cadavres.

« Si la guerre est perdue, la nation doit périr, dit-il. Le Destin le veut ainsi. Inutile d'envisager pour elle des moyens de vie, même primitifs. Il est préférable de procéder aux destructions nous-mêmes parce que notre nation aura prouvé sa faiblesse, l'impuissance du peuple allemand à donner sa mesure devant l'Histoire. Il ne mérite que l'anéantissement. De plus, les individus qui resteront une fois la guerre finie seront des êtres inférieurs car l'élite se sera fait tuer. »

Albert Speer, ministre de l'Armement et de la Production de guerre, s'opposera à cette politique de la « terre brûlée », comme aux déplacements de population voulus par Martin Bormann.

« C'eût été une incroyable marche de la faim », souligne Speer.

Ainsi, Hitler découvre qu'il ne gouverne que les quelques centaines de personnes qui vivent dans le bunker, et qui sont prêtes à mourir comme lui.

Mais il se méfie même de ces derniers fidèles.

« On me ment de tous côtés, dit-il, je ne peux avoir confiance en personne. »

Il hurle devant l'Obergruppenführer SS Gottlieb Berger :

« Tout le monde m'a trahi, nul ne m'a dit la vérité. Les militaires m'ont menti… »

Le visage de Hitler devient violacé, son bras et sa jambe tremblent, sa tête dodeline. Il ne cesse de répéter :

« Qu'on les fusille tous ! Qu'on les fusille tous ! »

Hitler en 1939-1940.

Le 23 avril, il destitue Hermann Goering, accusé de haute trahison pour avoir dans un télégramme écrit au Führer :

« C'est à moi de prendre en main, pour le mieux, les intérêts de notre pays et de notre peuple. Vous connaissez mes sentiments à votre égard, en cette heure la plus grave de ma vie. Les mots me manquent pour exprimer ce que je ressens. Que Dieu vous protège et vous permette de nous rejoindre au plus vite, en dépit de tout.

« Votre fidèle

« Hermann Goering. »

« Goering ? Un être corrompu, un drogué », commente Hitler dont le mépris et la colère sont attisés par Martin Bormann, qui ambitionne de succéder à Goering.

Car les dirigeants nazis, en ces heures ultimes, s'entre-dévorent, intriguent auprès du Führer.

Et celui-ci, tout à coup indifférent, murmure :

« Eh bien, que Goering négocie quand même la capitulation. Peu importe qui s'en charge ! »

Mais Martin Bormann a donné l'ordre aux SS de Berchtesgaden d'arrêter le maréchal du Reich.

Hitler pourtant méfiant n'imagine pas que Himmler, le ministre de l'Intérieur, l'un des acteurs majeurs de la « Solution finale », le maître des SS, Reichsführer, négocie avec le comte Bernadotte, au consulat suédois de Lubeck.

Le « *Der treue Heinrich* » – le *fidèle Henri* comme l'appelle Hitler – dit au comte suédois : « La vie grandiose du Führer touche à sa fin. » Et Himmler offre de remettre à Eisenhower la capitulation des armées allemandes sur le front ouest.

C'est la vieille chimère du renversement des alliances à laquelle veut encore croire Himmler.

Au bunker, on capte une dépêche de l'agence Reuter révélant ces négociations secrètes.

Hitler pousse un hurlement aigu.

« Il était comme fou. Son teint vira au pourpre, raconte un témoin, ses traits devinrent presque méconnaissables... Après sa longue crise de colère, Hitler tomba dans un morne abattement et, pendant un moment, le silence régna dans le bunker tout entier. »

Puis Hitler ordonne qu'on abatte l'agent de liaison de Himmler, le général SS Fegelein. Il est tué dans les jardins de la Chancellerie. Il est marié à la sœur d'Eva Braun, mais celle-ci n'intercède pas en sa faveur.

« Pauvre Adolf, pauvre Adolf, dit-elle. Abandonné et trahi par tous. Mieux vaut la mort de 10 000 hommes que la perte du Führer pour l'Allemagne. »

Le lendemain, 29 avril, entre 1 heure et 3 heures du matin, Hitler épouse Eva Braun, Goebbels et Bormann sont les témoins du mariage.

Les deux futurs époux jurent qu'ils sont de « purs aryens ».

La cérémonie est présidée par un conseiller municipal qui combattait dans les rangs de la Volkssturm, à quelques dizaines de mètres de la Chancellerie.

On boit du champagne avec tous ceux qui vivent dans le bunker. Beaucoup pleurent et se retirent.

Hitler, isolé dans une pièce voisine, dicte son testament.

51.

En cette aube du dimanche 29 avril 1945, Adolf Hitler parle vite, d'une voix sourde, et sa secrétaire Frau Gertrude Junge ne peut le suivre que parce qu'il lui semble non pas découvrir ces phrases, mais les reconnaître.

Elle les a lues dans *Mein Kampf*, elle les a entendues lors des discours que tout au long de cette décennie les radios – et les journaux – ont diffusés chacun plusieurs fois.

Le Führer n'a pas changé, mais Himmler et Goering le trahissent, les Russes sont à quelques centaines de mètres de la Chancellerie, les Américains sont sur les rives de l'Elbe et ils fraternisent avec les Russes.

Frau Gertrude Junge est émue aux larmes quand Hitler, dans ce qu'il appelle son « Testament politique », dit : « Depuis trente années, seuls mon amour pour mon peuple et ma fidélité envers lui ont guidé mes pensées, mes actes et ma vie... »

Il répète qu'après « les horreurs de la Première Guerre mondiale », il n'a jamais « désiré qu'il s'en produisît une autre contre l'Angleterre ou l'Amérique... ».

Il dénonce les responsables : « La juiverie internationale et ses adeptes. »

Frau Gertrude Junge est bouleversée lorsqu'elle entend le Führer déclarer :

« Après six ans d'une guerre qui, malgré ses revers, s'inscrira un jour dans l'Histoire comme la plus glorieuse et la plus héroïque manifestation du désir de vivre d'une nation, je ne puis abandonner la ville qui est la capitale de notre pays… Je tiens à partager le sort des millions d'êtres qui ont accepté de rester ici. De plus, je ne veux pas tomber aux mains de l'ennemi qui cherche à s'offrir un nouveau spectacle, présenté par les Juifs, dans le seul but de divertir ses masses hystériques.

« Par conséquent, j'ai décidé de rester à Berlin et d'y choisir volontairement la mort, au moment où je jugerai que la position du Führer et de la Chancellerie ne peut être tenue plus longtemps.

« Je meurs la joie au cœur, conscient des accomplissements immenses de notre peuple, paysans, ouvriers, et de l'apport incomparable qu'a fait à l'Histoire notre jeunesse qui porte mon nom. »

Frau Gertrude Junge ne veut pas douter de son Führer, et l'émotion, la concentration que la prise de ce texte exige l'empêchent de penser à ces villes qui ne sont plus qu'amas de ruines, à ces millions de cadavres laissés, le plus souvent, sans sépulture, à ces enfants jetés dans la fournaise de la guerre, à la manière dont elle avait tourné la tête pour ne pas voir ces familles qu'on poussait dans les trains, qui avaient la mort pour destination.

Elle en est sûre : il est innocent, on a trompé le Führer, on l'a trahi. Il le sait et il a raison de décider de condamner les traîtres.

« Avant ma mort, dit-il, j'exclus du Parti l'ex-maréchal du Reich Hermann Goering et je lui retire tous les droits que lui conférait le décret du 20 juin 1941… À sa place, je nomme l'amiral Doenitz président du Reich et commandant suprême des forces armées.

« Avant ma mort, j'exclus du Parti et je relève de toutes ses charges l'ex-Reichsführer des SS et ministre de l'Intérieur Heinrich Himmler.

« En plus de leur manque de loyauté envers moi, Goering et Himmler ont attiré sur la nation tout entière une honte ineffaçable, en négociant secrètement avec l'ennemi, à mon insu et contre ma volonté, et aussi en essayant de s'emparer illégalement du pouvoir. »

Ces deux « traîtres » avaient été, avec Goebbels, ses camarades de parti les plus proches depuis les années 1920 ! Et ils l'avaient trahi !

Le Führer indiquait à l'amiral Doenitz, président du Reich, qu'il devait choisir Goebbels comme Chancelier.

Hitler laissait en outre une consigne :

« Avant tout, je recommande au gouvernement et au peuple de garder en vigueur les lois raciales et de résister impitoyablement à cet empoisonneur de toutes les nations qu'est le Juif. »

Hitler ne renie donc rien, ni la guerre et ses monceaux de cadavres, ni l'extermination de millions d'humains pour la seule raison qu'ils étaient juifs !

Ce fou a donc gouverné avec cynisme, et souvent habileté, l'une des plus grandes puissances du monde.

Ce fou a fait partager sa folie à des dizaines de millions de personnes.

Ce fou a répandu cette « peste brune ».

Et ce fou jouait, avec grandiloquence, au héros, à l'amant fidèle. Il dit dans son « Testament personnel » :

« Bien que durant les années de lutte je n'aie pu assumer les responsabilités d'un mariage, maintenant – avant la fin de ma vie – j'ai décidé de prendre pour épouse la femme qui, après des années de fidèle amitié, est venue librement me rejoindre dans cette ville déjà presque encerclée, afin de partager mon sort. Elle entrera dans la mort avec moi, selon son propre souhait en tant que ma légitime épouse. Ce sera pour nous une compensation de ce dont nous ont privés les exigences de ma mission au service de mon peuple. »

Goebbels a pris connaissance de ces textes qu'avec Bormann et deux généraux – Krebs et Burgdorf – il a paraphés. Il se retire dans sa chambre et, en larmes, écrit son testament, « Appendice au Testament politique du Führer ».

« Le Führer m'a ordonné de quitter Berlin… et de participer en tant que membre dirigeant au gouvernement désigné par ses soins.

« Pour la première fois de ma vie, je dois refuser catégoriquement d'obéir à un ordre du Führer. Ma femme et mes enfants se joignent à moi dans ce refus. En dehors du fait que des sentiments d'humanité et de fidélité personnelle nous interdisent d'abandonner le Führer en cette heure suprême, je craindrais de passer pour un traître infâme, pour un misérable jusqu'à la fin de mes jours ; de plus, je perdrais tout respect de moi-même et le respect de mes concitoyens…

« Dans le cauchemar de trahison qui enveloppe le Führer, en ces jours très critiques de la guerre, quelqu'un doit demeurer auprès de lui, sans réserve, jusque dans la mort…

« Je suis donc persuadé de rendre le plus grand service au peuple allemand par ma conduite. Dans l'avenir difficile qui nous attend, les exemples prendront plus d'importance que les hommes…

« Pour cette raison, en accord avec ma femme, et de la part de mes enfants qui sont trop jeunes pour exprimer une opinion personnelle mais qui approuveraient sans réserve cette décision s'ils étaient en âge de la comprendre, j'exprime mon inébranlable résolution de ne pas quitter la capitale du Reich, même en cas de défaite, et de préférer rester aux côtés du Führer pour terminer une existence qui n'aura plus de valeur si je ne puis la passer au service du Führer et près de lui. »

Il est 5 h 30 ce dimanche 29 avril 1945.

Goebbels vient de prendre l'engagement de précipiter dans l'abîme de la mort ses six enfants.

52.

La mort est là, aux aguets, à quelques pas, ce dimanche 29 avril 1945.

Pour ces soldats russes survivants de Stalingrad et de cent attaques et qu'une rafale tirée par un adolescent de 15 ans, membre du bataillon des Jeunesses hitlériennes, va faucher, à Berlin, à une centaine de mètres du bunker où le Führer se prépare à mourir.

Hier, le Führer a fait empoisonner son chien-loup préféré, Biondi, pour s'assurer que les capsules d'acide prussique sont efficaces.

Chacun des habitants du bunker en a reçu quelques-unes, afin de ne pas tomber vivant aux mains des Russes.

On sait ce qu'ils sont capables de faire, leur volonté de se venger.

Et Hitler, en regardant le cadavre raidi de l'animal, est saisi par l'inquiétude.

Et si la capsule d'acide prussique n'agissait pas ? S'il était fait prisonnier par les Russes ? Voilà ce qu'il doit éviter à tout prix.

Précisément, dans cet après-midi du dimanche 29 avril 1945, Hitler apprend que Mussolini et sa maîtresse Clara Petacci ont été abattus le 27 avril par des partisans italiens sur une route des bords du lac de Côme par laquelle le Duce, une poignée de fascistes et de soldats allemands tentaient de passer en Suisse.

Mussolini et sa maîtresse ont été tués d'une rafale, puis le chef des partisans proches des communistes, le colonel Valerio, a donné l'ordre d'exécuter quinze autres prisonniers dans la petite ville de Dongo.

Les corps ont été jetés dans un camion et transportés à Milan, là où au printemps 1919, à la fin mars, l'ancien socialiste Benito Mussolini a créé le premier *Fascio*, « Faisceau de Combat », inventé le fascisme ! Et Adolf Hitler avait pris Mussolini pour modèle.

Et maintenant, on jette les corps piazza Loreto.

Corps de Mussolini et Clara Petacci en place publique en 1945.

La foule se rassemble, crie, crache, pisse, profanant ces corps, les pend par les pieds aux poutrelles d'un garage, là même où les nazis ont fusillé le 14 août 1944 quinze otages.

Des écriteaux insultants sont accrochés aux corps de Mussolini et de Clara Petacci, un sceptre dérisoire est placé dans les mains de celui qui fut le Duce flamboyant et tonitruant.

Pauvre dépouille de celui qui se voulait César et avait lancé son pays dans la guerre en juin 1940.

« Il a mérité de mourir comme un chien galeux », hurle quelqu'un, et l'on crache, et l'on pisse, et l'on dénude, et on donne des coups de pied dans la tête sanguinolente de Clara Petacci.

Ces deux pantins sanglants n'ont eu ni assez de fidèles ni assez de courage personnel pour choisir leur mort.

Éviter ce lynchage posthume.

Hitler ne commente pas la mort de celui qu'il a considéré longtemps comme son mentor.

Il dicte son dernier message au grand amiral Doenitz.

« Les efforts et les sacrifices du peuple allemand dans cette guerre, dit-il, ont été incommensurables, je ne peux croire qu'ils aient été vains. Le but demeure : conquérir des terres à l'est pour le peuple allemand. »

Ainsi, il répète ce qu'il avait déjà écrit dans *Mein Kampf*, il y a vingt ans, comme si la guerre n'avait pas démontré que cette obsession était vaine et folle, ce but, au regard des millions de morts, dérisoire et sénile.

C'est la dernière nuit qui commence.

À 2 h 30, il sort avec Eva Braun de ses appartements privés et se rend à la salle à manger.

Là sont rassemblées une vingtaine de personnes, pour la plupart des femmes. Elles pleurent. Il leur murmure des mots inaudibles. Ses yeux sont remplis de larmes.

Frau Gertrude Junge l'observe.

« Il semblait regarder au loin, au-delà des murs du bunker », dit-elle.

Voûté, traînant les pieds, s'appuyant de la main gauche à l'épaule d'Eva Braun, Hitler se retire dans son bureau. Il est un peu plus de 15 heures, ce lundi 30 avril 1945.

Dans la salle à manger, les femmes tout à coup – celles-là mêmes qui pleuraient – commencent à danser. C'est une sarabande endiablée, sensuelle, comme si chacun des danseurs perdait la raison, ou affirmait son désir de vivre.

Et quelques-uns déjà quittent la pièce, se dirigeant vers les galeries qui débouchent dans le métro.

Ceux-là espèrent franchir les lignes russes, qui sont à proximité de la Chancellerie.

Devant la porte du bureau de Hitler, Goebbels, Bormann et quelques autres attendent.

Ce lundi 30 avril, à 15 h 30, un coup de feu.

Puis le silence.

On ouvre la porte.

Sur le sofa gît le Führer, le visage fracassé. Il s'est tiré une balle dans la bouche ou dans la tempe. Il n'a pas eu confiance dans le poison. Eva Braun près de lui, exhalant une odeur d'amande amère, le visage apaisé, un revolver près d'elle, tombé à terre. Elle a utilisé le poison.

On porte les cadavres dans un cratère d'obus au jardin de la Chancellerie. Erich Kempka, le chauffeur de Hitler, a rassemblé 180 litres d'essence. On les verse sur les corps.

Les flammes s'élèvent. Par la porte entrebâillée du bunker, Goebbels, Bormann et quelques autres regardent les corps se consumer. Ils saluent, bras levé, et se retirent précipitamment alors qu'une salve d'artillerie russe tombe sur le jardin.

Les Russes ne sont plus qu'à quelques dizaines de mètres, le mardi 1er mai 1945.

Des messagers ont quitté le bunker pour apporter au grand amiral Doenitz copie du Testament politique de Hitler et lui annoncent la mort du Führer.

Bormann et la centaine d'hommes et de femmes présents dans le bunker fuient par les galeries vers les tunnels du métro.

Certains – comme les généraux Krebs et Burgdorf – se suicident.

En Allemagne, ils seront des milliers à les imiter.

Pour Goebbels et son épouse Magda, ce début de soirée du mardi 1er mai 1945 est le moment de la rencontre avec la mort.

Magda Goebbels a fait part de ses inquiétudes « au sujet des enfants ». Elle dit :

« Ils appartiennent au IIIe Reich et au Führer et, si tous deux disparaissent, il n'y a plus de place pour eux au monde. Ma plus grande crainte est de faiblir au dernier moment. »

Elle explique à son fils, né d'un premier lit, sa résolution.

« Le monde qui viendra après le Führer et le national-socialisme ne vaudra pas la peine d'être vécu. Et j'ai donc décidé d'en retirer mes enfants. Ils me sont trop chers pour subir ce qui va se produire ensuite, et un Dieu miséricordieux comprendra mes intentions de les en délivrer.

« Nous n'avons maintenant qu'un seul but : fidélité au Führer jusque dans la mort.

« Pouvoir finir nos vies avec lui est une grâce du destin que nous n'aurions jamais osé espérer. »

On arrête en riant, en les embrassant, les jeux des enfants.

Une piqûre les endort. Une capsule de poison qu'on écrase dans leur bouche les tue. Joseph et Magda Goebbels demandent à un SS de les accompagner dans le jardin de la Chancellerie. Ils mordent leurs capsules de poison. Et le SS tire deux coups de feu dans chaque corps.

On verse sur les cadavres ce qui reste d'essence après l'incinération de Hitler et d'Eva Braun.

Rien sinon peut-être une prothèse dentaire n'était resté d'Adolf et Eva Hitler. Les Russes identifient les corps à demi calcinés de Joseph et Magda Goebbels.

Ce mardi 1er mai 1945, dans une pièce du bunker du Führer incendié gisent les corps de six enfants.

Hela, 12 ans, Hilda, 11 ans, Helmut, 9 ans, Holde, 7 ans, Hedda, 5 ans, Heide, 3 ans.

Six enfants parmi des centaines de milliers d'autres, assassinés par la guerre voulue par Hitler.

« Total Krieg », avait martelé Goebbels.

Il est l'assassin de ces six enfants-là – les siens ! –, victimes du fanatisme, symboles de la folie d'un système politique : le nazisme.

Dans son carnet, Vassili Grossman, qui avance avec les soldats de l'armée Rouge, note :

« Dans le bourg de Landsberg, près de Berlin, des enfants jouent à la guerre sur un toit plat.

« À Berlin, au même instant, on porte les derniers coups à l'impérialisme allemand, tandis qu'ici, avec des épées et des lances en bois, des gamins aux longues jambes, nuques rasées, franges blondes, poussent des cris perçants et se transpercent les uns les autres, sautant et bondissant comme des sauvages.

« Ici, une nouvelle guerre est en train de naître.

« C'est éternel, indéracinable. »

53.

Alors que les cadavres de Joseph et de Magda Goebbels, ce 1er mai 1945, demeurent à demi calcinés dans les jardins de la Chancellerie commence la mise au tombeau du IIIe Reich.

Radio Hambourg, après un roulement de tambour, diffuse le communiqué suivant :

« Notre Führer, Adolf Hitler, luttant jusqu'à son dernier souffle contre les forces bolcheviques, est tombé pour l'Allemagne, cet après-midi, à son QG de la Chancellerie du Reich. Le 30 avril, le Führer avait désigné le grand amiral Doenitz pour lui succéder. Le grand amiral et successeur du Führer va maintenant s'adresser au peuple allemand. »

À 22 h 20, le nouveau président du Reich évoque la « mort héroïque du Führer » puis déclare :

« Mon premier devoir est de sauver l'Allemagne de la destruction par l'ennemi bolchevique qui continue son avance. Dans ce seul but, la lutte militaire continue. Tant que ce résultat sera contrarié par les Britanniques et les Américains, nous serons obligés de les combattre également. Dans ces conditions, les Anglo-Américains se battront non pour leur peuple, mais pour la propagation du bolchevisme en Europe. »

Doenitz dévoile sa stratégie : permettre aux soldats qui se battent contre l'armée Rouge de se replier vers l'ouest, de déposer les armes entre les mains des Anglo-Américains et d'éviter ainsi d'être faits prisonniers par les Russes.

En Italie du Nord, en Autriche et en Bavière, en Allemagne du Nord-Ouest, au Danemark et aux Pays-Bas, le général SS Wolff – pour l'Italie –, le Feldmarschall Kesselring négocient – avec l'accord de Doenitz – la capitulation de leurs armées, que les Anglo-Américains acceptent.

Cette attitude entraîne les protestations des Russes qui exigent une capitulation totale, inconditionnelle. Eisenhower, fidèle à l'alliance russo-américaine et aux accords de Téhéran et de Yalta, adresse un ultimatum au général Jodl :

« Je dis au général Smith d'informer Jodl que, s'il ne cessait pas son petit jeu de mesures dilatoires, je bloquerais tout le front allié, ce qui interdirait l'entrée de nos lignes à tous les réfugiés allemands. Je ne voulais plus supporter de délais. »

Mais 1 800 000 soldats allemands ont pu se rendre aux Anglo-Américains plutôt qu'aux Russes et des millions de réfugiés des régions de l'Est ont gagné l'Ouest.

Cependant, l'heure est venue de la mise au tombeau.

Elle a lieu dans une petite école de Reims en brique rouge, siège du Grand Quartier Général d'Eisenhower. Le général François Sevez représente la France.

L'Allemagne capitule sans condition le 7 mai 1945, à 2 h 41 du matin.

Jodl demande à prononcer quelques mots.

« Par cette signature, dit-il, le peuple allemand et les forces armées se remettent – pour le meilleur ou pour le pire – entre les mains de leurs vainqueurs… En cette circonstance, je ne peux qu'exprimer mon espoir de voir le vainqueur les traiter généreusement. »

Staline a le sentiment d'avoir été berné.

Il veut bien considérer la signature de Reims comme les préliminaires de la « vraie » reddition qui sera signée à Berlin-Karlshorst, le 8 mai 1945, siège du Grand Quartier Général de Joukov.

Les armes doivent se taire le 8 mai à 23 heures. La capitulation inconditionnelle du Reich, de l'État allemand doit intervenir le 5 juin 1945.

Pour les nations vaincues, humiliées par la victoire allemande de 1940, violentées par l'occupation nazie, souillées par la collaboration, cette mise au tombeau du IIIe Reich marque le signe de leur renaissance.

Et d'abord pour la France, que les Américains et Staline ont voulu tenir à l'écart.

La 2e DB de Leclerc est à Berchtesgaden. Et Leclerc offre à de Gaulle… le sabre de Hitler.

De Gaulle veille à ce que la France soit représentée lors de la signature – à Reims d'abord puis à Berlin – des actes de reddition.

Il dicte un télégramme pour le général de Lattre :

« Je vous ai désigné pour participer à l'acte solennel de la capitulation à Berlin. Il est prévu que seuls le général Eisenhower et le représentant du commandement russe signeront comme parties contractantes. Mais vous signerez comme témoin. Vous devrez en tout cas exiger des conditions équivalentes à celles qui seront faites au représentant britannique, à moins que celui-ci ne signe pour Eisenhower. »

Sa voix n'a pas tremblé, et pourtant il lui semble que tout son corps frissonne. La France est à la table des vainqueurs !

Combien étaient-ils, autour de lui, le 18 juin 1940 ?

Il revoit ces premières heures. Il retrouve les mots de Churchill.

Quels que soient les péripéties et les conflits qui ont suivi, il n'oubliera pas.

Jamais.

Il est ému. Il a la gorge nouée. Il dicte d'une voix rauque un télégramme pour Churchill.

« Au moment où le canon cesse de tonner sur l'Europe, je tiens à vous adresser ma pensée fidèle d'amitié et d'admiration. Ce qui a été fait ne l'aurait pas été sans vous… »

Stump, Keitel et von Friedeburg *(de gauche à droite)* s'apprêtent à signer la capitulation allemande à Berlin le 8 mai 1945.

C'est le 8 mai 1945.

Il y a cinq ans jour pour jour, les divisions de panzers se concentraient à la veille de l'attaque qui allait décider du sort de la bataille de France.

Et maintenant, le maréchal Keitel s'écrie, en voyant le général de Lattre présent dans la pièce où il va signer la capitulation de l'Allemagne :

« Quoi ? Les Français aussi ?! »

Oui, la France est là, surgie de l'abîme ! De Gaulle écrit le texte du message qu'il va adresser aux Français et il a dans l'oreille les phrases qu'il prononçait le 18 juin 1940 :

« La guerre est gagnée ! Voici la victoire ! C'est la victoire des nations unies et c'est la victoire de la France !

« L'ennemi allemand vient de capituler… Le commandement français était présent et partie à l'acte de capitulation.

« Honneur ! Honneur pour toujours ! À nos armées et à leurs chefs ! Honneur à notre peuple que les épreuves terribles n'ont pu réduire ni fléchir… Ah ! Vive la France ! »

Épilogue

« Il nous reste à nous assurer que les mots "liberté", "démocratie" et "libération" garderont leur vrai sens, celui que nous leur attribuons. »

Winston CHURCHILL
Discours radiodiffusé par la BBC,
13 mai 1945

« Une barrière de fer coupe ces pays – de l'Europe orientale – du reste de l'Europe. »

Winston CHURCHILL
s'adressant à Staline,
lors de la conférence de Potsdam,
24 juillet 1945

« Les États-Unis ont testé une nouvelle bombe d'une puissance destructrice jamais égalée. »

Le président des États-Unis Harry TRUMAN
révélant à Staline,
lors de la conférence de Potsdam,
la mise au point de la bombe atomique,
24 juillet 1945

« Voilà, c'en est fini de ce salaud », s'est exclamé Staline en apprenant la mort de Hitler.

Et il ajoute à cette brève oraison funèbre : « Dommage qu'on ne l'ait pas pris vivant ! »

Lors d'un dîner, quelque temps plus tard, répondant à un convive qui lui demande s'il pense que Hitler était un fou ou un aventurier, le maréchalissime Joseph Staline déclare :

« C'était sûrement un aventurier, mais je ne crois pas qu'il était fou. Hitler avait du talent et il fallait du génie pour unifier le peuple allemand. Qu'on le veuille ou non... l'armée soviétique a envahi l'Allemagne et est arrivée à Berlin sans que la classe ouvrière allemande ait bougé le petit doigt contre le régime fasciste. Une union nationale aussi forte n'était pas l'œuvre d'un fou. »

Peuple allemand ? Classe ouvrière ?

Ces mots, les soldats de l'armée Rouge les ignorent.

En ce mois de juin 1945, ils s'étonnent de la richesse de ce pays. Les grosses fermes de Poméranie ont l'eau courante, l'électricité, des toilettes.

« Pourquoi des gens qui vivaient si bien se sont-ils mis à nous envahir, *nous* ? » s'interrogent-ils.

Ils violent, ils pillent, ils saccagent, dépouillent de leurs montres ces réfugiés, ces rescapés des bombardements qui campent sur les places des villes détruites.

« Les Allemands rampent, ils sont polis, ils ont la frousse, ils sont tranquilles, commente un autre soldat portant la médaille de Stalingrad.

« Seulement j'ai perdu un tas de copains ici... Les filles nous balançaient des grenades à la main par les fenêtres. Personne n'était sûr d'arriver vivant à Berlin. »

Ces soldats côtoient les étrangers venus en Allemagne par centaines de milliers, prisonniers, déportés ou « travailleurs » obligatoires.

Vassili Grossman écoute le récit de leurs souffrances, leurs chants, leurs cris et leurs menaces à l'adresse des soldats allemands.

« Un jeune homme français m'a dit – rapporte Grossman : "Monsieur, j'aime votre armée et c'est la raison pour laquelle il m'est douloureux de regarder la façon dont elle se comporte envers les femmes. Cela va être très nuisible à votre propagande." »

Grossman décrit la « foire au butin » :

« Des tonneaux, des piles d'étoffes, des chaussures, des peaux, du vin, du champagne, des robes, tout cela est chargé à bord de véhicules ou porté sur les épaules.

« Et toujours devant ces "richesses", ces autoroutes, ce gaz de ville dans les maisons de banlieue, l'interrogation pleine de colère des soldats : "Pourquoi sont-ils venus chez nous, de quoi avaient-ils besoin ?" »

Grossman croise aussi les déportés qui ont survécu aux camps de concentration ou d'extermination.

Leurs os qui déchirent leur peau, leurs yeux enfoncés dans les orbites sont des cris de désespoir, des actes d'accusation qui appellent justice.

Et un tribunal va être mis en place à Nuremberg pour juger les criminels nazis, leurs massacres.

Mais parmi les Alliés, les procureurs, il y a les Russes.

Et naturellement le crime monstrueux de Katyn – la tuerie des élites polonaises par les policiers du NKVD – ne sera pas évoqué.

Mais les Polonais savent, mais Churchill et le nouveau président des États-Unis Truman savent que les Allemands ne sont pas responsables de ces crimes de masse, comme le prétendent les Russes.

Seulement, en ces premières semaines de l'été 1945, on feint de croire que la Grande Alliance va se prolonger.

Churchill, lors de la conférence interalliée qui se tient à Potsdam du 17 juillet au 2 août 1945 et doit décider du sort de l'Allemagne, confie :

« Staline est fort aimable, mais il ouvre très largement la bouche. »

W. Churchill, H. Truman et J. Staline *(de gauche à droite)* à la conférence de Potsdam en novembre 1945.

Car si les soldats de l'armée Rouge violent, pillent les maisons, et arrachent colliers, montres, bagues aux Allemands, leur Maréchalissime démonte les usines et enferme les États d'Europe orientale derrière une « barrière de fer ».

À l'Ouest, la démocratie revit ou se renforce.

À l'Est, le totalitarisme – ce mot, ce régime inventés dans les années 1930 par les fascistes italiens – change de couleur : il vire du brun au rouge.

Chaque jour qui passe dans cet été 1945 sépare un peu plus les Russes de leurs alliés de l'Ouest.

Le sort du peuple allemand – de l'Allemagne – devient l'enjeu majeur de l'après-guerre européenne.

Celui qui tient l'Allemagne tient l'Europe !

Churchill est le plus soucieux d'établir de nouveaux rapports avec les Allemands.

Dès le 4 juin 1945, il écrit à Montgomery :

« La perspective de l'hiver en Allemagne m'inquiète. [...] Je vous tiens pour responsable de l'approvisionnement des Allemands en vivres. [...] Ce ne serait pas considéré comme une bonne conclusion de la guerre si vous aviez un Buchenwald en Allemagne cet hiver, avec des millions de morts plutôt que des milliers. »

Lorsque Churchill se rend à Potsdam en compagnie de Truman, il est déjà résolu à résister à Staline. Et d'autant plus que Truman n'a pas les naïvetés de Roosevelt auquel il a succédé.

En traversant Berlin, le 16 juillet 1945, Churchill est sensible à l'accueil des Allemands.

« La ville n'était plus qu'un amas de décombres, dit-il. Bien entendu, notre visite n'avait pas été annoncée, et il n'y avait dans les rues que des passants ordinaires. Mais sur la place devant la Chancellerie, je trouvai un rassemblement considérable. Lorsque je descendis de voiture et traversai cette foule de gens, tous se mirent à m'acclamer, à l'exception d'un vieil homme qui hochait la tête d'un air désapprobateur. Ma haine s'était éteinte avec leur reddition, et je fus profondément ému par leurs manifestations de sympathie, ainsi que par leurs visages hâves et leurs vêtements élimés. »

La guerre est bien finie, même si à Potsdam on fixe au 8 août l'entrée en guerre de la Russie contre le Japon, ainsi qu'il en avait été décidé à la conférence de Yalta.

Mais la guerre européenne – *le cœur de la guerre mondiale* – est close.

Les Berlinois acclament Churchill, l'homme qui a voulu ou autorisé la destruction de Berlin et de toutes les villes allemandes. Et est responsable du malheur de ces Berlinois qui l'entourent avec ferveur !

La guerre européenne est close.

Et ses principaux acteurs sont morts ou vont mourir condamnés à la pendaison par le tribunal de Nuremberg.

Et des milliers d'Allemands plus ou moins complices du nazisme se sont suicidés.

Mort, Roosevelt dès le 12 avril 1945.

Mort, Mussolini, mort, Hitler, mort, Bormann, mort, Himmler, et promis à la mort, Goering, Ribbentrop, Rosenberg, les généraux Jodl, Keitel et de nombreux autres officiers, dignitaires nazis, bourreaux, commandants des camps de concentration et d'extermination.

En France, le procès du maréchal Pétain se déroule du 23 juillet au 15 août 1945. Pétain est condamné à mort et aussitôt gracié par le général de Gaulle, mais voué à la détention à perpétuité.

Pierre Laval, livré par les Espagnols le 31 juillet 1945, est promis à la mort.

De Gaulle n'a que du mépris pour Laval :

« Le prestige du Maréchal, écrit-il, a été utilisé par ce maquignon de la politique qu'était Pierre Laval. »

De Gaulle regrette que Pétain n'ait pas choisi de demeurer en Suisse.

« Comment Pétain n'a-t-il pas senti que ce procès était inévitable, dit-il, qu'il valait mieux qu'un maréchal de France n'y soit pas physiquement au banc des accusés ? Une condamnation par contumace n'aurait pas eu la même portée. »

De Gaulle sent bien que les temps changent.

Il a suffi de quelques semaines pour que la guerre européenne soit refoulée loin dans les mémoires alors que les déportés survivants des camps continuent d'arriver. De Gaulle accueillant les femmes du camp de Ravensbrück ne peut retenir ses larmes devant ces visages émaciés, ces corps décharnés.

Et il sait par les confidences de sa nièce, Geneviève de Gaulle, déportée, ce qu'a été la vie de ces femmes héroïques.

Comment oublier ce qu'a été cette guerre contre un système qui incarnait le mal ?

De Gaulle continue donc ses visites dans les différentes régions de France. L'accueil est partout chaleureux.

« Ah, si l'on pouvait croire aux lendemains féconds de ces enthousiasmes ! » s'exclame-t-il.

Mais à Paris, le climat est lourd dans cet été 1945.

La ville est comme assoupie.

De Gaulle lit les rapports des commissaires de la République. Ce n'est pas l'enthousiasme qu'ils évoquent, mais, surtout dans les départements ouvriers, la lassitude des plus pauvres qui se transforme déjà, ici et là, en colère.

Et naturellement, les partis politiques, les communistes d'abord attisent ces premiers foyers de protestation.

Les communistes sont à la tête des anciens prisonniers de guerre qui, depuis trois semaines, manifestent.

Et des responsables de la Fédération nationale des prisonniers, par opportunisme, approuvent les défilés, haranguent les anciens prisonniers, oublient qu'ils devraient défendre la politique gouvernementale.

De Gaulle convoque l'un de ces hommes.

Il reconnaît ce François Mitterrand qu'il a reçu à Alger, bien qu'il fût un ancien pétainiste devenu naturellement « giraudiste ». Henri Frenay, ministre des Prisonniers, a fait de lui le secrétaire général du ministère.

Mitterrand, malgré sa superbe, est pâle. Il se soumet, accepte, sous la menace d'être emprisonné, d'écrire une lettre condamnant les manifestations. De Gaulle le suit des yeux lorsqu'il s'éloigne.

Il fait entrer peu après l'ambassadeur Léon Noël, un ancien de la France Libre. Il dit au diplomate :

« Noël, cet homme que vous venez de voir sortir est méprisable : c'est lui qui a organisé les manifestations de prisonniers, bafouant ainsi l'autorité de l'État et trahissant celui qui fut son ministre, Henri Frenay. J'ai exigé que lui et ses comparses, soit donnent leur démission, soit s'engagent par écrit devant moi à mettre fin aux manifestations manipulées par les communistes. Il a cédé, en signant une note invitant les anciens prisonniers à arrêter leur mouvement. »

Mais les communistes s'obstinent.

Ils préparent les élections qui ont été fixées au 21 octobre. Ils contestent la décision qu'a prise de Gaulle, malgré l'hostilité de l'Assemblée consultative, de procéder en même temps que l'élection des députés à un référendum comportant deux questions :

« L'Assemblée élue sera-t-elle constituante – oui ou non (si le oui l'emporte, cela signifie la fin de la IIIe République) –, et aura-t-elle des pouvoirs limités par le gouvernement dont le chef est élu par l'Assemblée – oui ou non ? »

Il l'a répété :

« Je souhaite pour ma part que la majorité des Français réponde oui aux deux questions. » Et ça a été une levée de boucliers des partis de « gauche » contre la procédure du référendum.

Alors, c'est la guerre contre lui, déjà.

De Gaulle allume une cigarette. Il plisse les yeux. Il poursuit la lecture des rapports. Il a un sentiment de dégoût et de mépris.

« Certains partis veulent, et ne s'en cachent plus, discréditer le président du Gouvernement Provisoire en lui imputant le marasme économique dans lequel le pays se débat… Ils n'hésitent pas à l'accuser d'avoir refusé d'appliquer le programme du Conseil de la Résistance. »

Il s'arrête. Les comités d'entreprise, la nationalisation du transport aérien, des houillères, du crédit, les allocations familiales, la Sécurité sociale, les hausses de salaire, qu'est-ce donc que tout cela à leurs yeux ?

Ils l'accusent d'être « un homme des trusts et de la réaction » et de « chercher par le référendum à se faire plébisciter ».

Il faut, disent-ils, qu'il soit « balayé aux prochaines élections ».

Il lit, relit. L'amertume remplit sa bouche.

« Certains, poursuit le rapport du commissaire du département du Nord, reprennent même les arguments du Parti communiste contre le général de Gaulle avant le revirement de la Russie : “Thorez nous l'avait bien dit en 1941 : de Gaulle est l'agent du capitalisme international.” »

En Haute-Marne, en Moselle, « des maires demandent le retrait du portrait du général de Gaulle ainsi que des croix de Lorraine se trouvant sur les drapeaux ».

De Gaulle se lève, marche lentement dans le bureau.

N'est-ce pas Blum qui a dit : « Nous avons le droit à l'ingratitude » ?

Il pense à Churchill qui vient d'être contraint de démissionner, le 26 juillet, après la victoire des travaillistes, et c'est Attlee, le leader de ce parti, qui lui a succédé.

Il murmure : « Pauvre Churchill. »

Il ne ressent ni colère ni indignation. Il n'est pas surpris. Tout cela est « conforme à l'ordre des choses humaines ». Commence « le temps de la médiocrité ». Pourquoi de Gaulle serait-il épargné ?

Churchill avait craint, alors qu'il participait à la conférence de Potsdam, que l'opposition travailliste conduite par Clement Attlee ne l'emporte.

« Je ne serai que la moitié d'un homme avant le résultat de ces élections… Elles planent au-dessus de moi comme un vautour d'incertitude. »

Staline était persuadé que Churchill l'emporterait à la fois parce qu'il était celui qui, à la tête de la Grande-Bretagne, avait dirigé en grand capitaine la nation jusqu'à la victoire, mais aussi parce qu'il avait « arrangé » ces élections.

En fait, c'est un triomphe travailliste, ce 25 juillet 1945 (393 sièges contre 210 aux conservateurs).

Et Clement Attlee remplace Churchill à la conférence de Potsdam.

Churchill, qui depuis cinq ans est au cœur du cyclone mondial, se trouve tout à coup privé de pouvoir, d'activité.

« À mon âge, il ne saurait être question d'un retour aux affaires, dit-il. Des pensées désespérées me viennent en tête… Je n'arrive pas à m'habituer à la pensée de ne rien faire pour le reste de ma vie. Il aurait mieux valu que je sois tué dans un accident d'avion ou que je meure comme Roosevelt. »

En fait, c'en est fini des « Grands ».

Pour le meilleur, quand disparaissent Hitler, sa clique et Mussolini.

Ne restent que Staline et de Gaulle. Mais la coalition des petits hommes, des petits partis commence à harceler de Gaulle, afin de s'emparer à nouveau des rênes de l'État… comme avant 1940, la guerre n'étant qu'une parenthèse.

Quant à Staline, la victoire le grise, et il exerce son pouvoir en tsar qui n'accepte aucune contrainte. Il évalue avec mépris un Harry Truman, un Clement Attlee. Truman n'est qu'un boutiquier du Missouri ! « Comment le comparer à Roosevelt ? Il n'est ni intelligent ni instruit », jauge Staline.

Mais ce « boutiquier » annonce que son pays possède la bombe atomique qui bouleverse le rapport des forces militaires entre l'Est et l'Ouest.

La guerre européenne accouche ainsi dès juillet 1945 du risque d'une nouvelle guerre.

Alors même que la guerre contre le Japon n'est pas achevée.

Après la vague des défaites (les Japonais ont conquis en six mois Hong Kong et Singapour, une partie de la Birmanie, les Philippines), les Américains, en mai 1942, ont remporté des victoires (Midway) et réussi le 24 avril à bombarder Tokyo.

Ce coup d'arrêt annonce un renversement : d'île en île, de débarquement en débarquement, les Marines, les porte-avions refoulent les Japonais.

Les combats sont acharnés, les Japonais luttant jusqu'à la mort.

Ainsi, du 19 février au 17 mars 1945, 20 000 soldats japonais résistent dans l'île d'Iwo-Jima à 250 000 Américains soutenus par 900 navires – dont 16 porte-avions.

Les Américains remportent la victoire. Elle leur a coûté 6 000 morts, mais ne survivent que 216 Japonais.

L'acharnement de ces combats, le chiffre élevé des pertes américaines – minime si l'on pense aux grands affrontements de la guerre européenne – conduisent l'état-major américain à envisager l'utilisation de l'arme atomique pour briser le refus japonais de la capitulation.

Mais il s'agit aussi et peut-être d'abord de montrer à Staline la force que représentent les États-Unis.

Le 6 août, la première bombe atomique est larguée sur Hiroshima.

Le 8 août, l'URSS déclare la guerre au Japon.

Le 9 août, une deuxième bombe atomique frappe Nagasaki.

Dans la nuit du 9 au 10 août, l'empereur japonais Hiro-Hito recommande d'engager des pourparlers de paix.

Le 2 septembre 1945, l'armistice sera signé à bord du cuirassé américain *Missouri*, armé dans la baie de Tokyo. Le général MacArthur le paraphe au nom des États-Unis.

Et le général Leclerc au nom de la France.

Hiroshima après l'explosion atomique, le 6 août 1945.

Combien de morts à Hiroshima et à Nagasaki ?

Combien d'humains condamnés à une mort lente due aux irradiations ?

Combien d'enfants portent en eux la mort, alors qu'ils n'étaient pas encore nés, parce que leur mère a été irradiée ?

Sur la pierre d'un pont de Hiroshima, on aperçoit une forme noire : image inscrite dans la pierre d'un homme que la lueur atomique a « photographié », ne laissant de lui que cette forme anonyme.

À Moscou, en cette mi-août 1945, Staline grogne, jure, utilise, comme dit le jeune diplomate Gromyko, « un langage bien corsé ».

Puis Staline, de sa voix sourde, détachant chaque mot comme s'il voulait l'inscrire à jamais dans la mémoire de ceux qui l'écoutent :

« Les Américains et les Anglais, dit-il, espèrent que nous ne serons pas capables de produire la bombe tout seuls... Ils veulent nous imposer leurs plans. Eh bien, cela ne se passera pas comme ça ! »

La guerre « froide » s'annonce ainsi, alors que la guerre européenne vient à peine de se terminer.

On se souvient de Vassili Grossman qui, voyant près de Berlin des enfants jouer à la guerre, avait écrit :

« Ici, une nouvelle guerre est en train de naître.

« C'est éternel, indéracinable. »

Pessimisme désespéré ou lucidité amère ?

Vassili Grossman a marché sur les cendres des Juifs exterminés par dizaines de milliers à Treblinka.

Il a participé aux combats de Stalingrad et Berlin.

Et sa mère a disparu, comme les ghettos des villes de Pologne, d'Ukraine et de Russie.

Vassili Grossman sait qu'au moins 4 millions de Juifs ont été exterminés.

Et que la Deuxième Guerre mondiale a fait périr 50 millions d'humains.

Vassili Grossman est le témoin de ces massacres.

Il a dit son effroi et son désespoir, et en même temps sa volonté de défendre l'humain.

Moi, je n'étais qu'un enfant pendant la Deuxième Guerre mondiale.

Mais j'ai vu pendre par les Allemands, près de chez moi, deux Francs-Tireurs et Partisans Français.

Mon père a été résistant dès 1940.

Cette guerre est aussi la mienne.

Et ce livre est à sa manière mon témoignage et mon salut reconnaissant à Vassili Grossman, à ces millions d'hommes qui ont risqué, donné leur vie pour le *triomphe de la liberté*.

2008, lundi 13 décembre 2010,
et décembre 2011

Table

Du même auteur

Romans

Le Cortège des vainqueurs, Robert Laffont, 1972.
Un pas vers la mer, Robert Laffont, 1973.
L'Oiseau des origines, Robert Laffont, 1974.
Que sont les siècles pour la mer, Robert Laffont, 1977.
Une affaire intime, Robert Laffont, 1979.
France, Grasset, 1980 (et Le Livre de Poche).
Un crime très ordinaire, Grasset, 1982 (et Le Livre de Poche).
La Demeure des puissants, Grasset, 1983 (et Le Livre de Poche).
Le Beau Rivage, Grasset, 1985 (et Le Livre de Poche).
Belle Époque, Grasset, 1986 (et Le Livre de Poche).
La Route Napoléon, Robert Laffont, 1987 (et Le Livre de Poche).
Une affaire publique, Robert Laffont, 1989 (et Le Livre de Poche).
Le Regard des femmes, Robert Laffont, 1991 (et Le Livre de Poche).
Un homme de pouvoir, Fayard, 2002 (et Le Livre de Poche).
Les Fanatiques, Fayard, 2006 (et Le Livre de Poche).
Le Pacte des Assassins, Fayard, 2007 (et Le Livre de Poche).
La Chambre ardente, Fayard, 2008 (et Le Livre de Poche).
Le Roman des rois, Fayard, 2009 (et Le Livre de Poche).
Caïn et Abel, le premier crime, Fayard, 2011.

Suites romanesques

LA BAIE DES ANGES :

I. *La Baie des Anges*, Robert Laffont, 1975 (et Pocket).
II. *Le Palais des Fêtes*, Robert Laffont, 1976 (et Pocket).
III. *La Promenade des Anglais*, Robert Laffont, 1976 (et Pocket).
(Parue en un volume dans la coll. « Bouquins », Robert Laffont, 1998.)

LES HOMMES NAISSENT TOUS LE MÊME JOUR :

I. *Aurore*, Robert Laffont, 1978.
II. *Crépuscule*, Robert Laffont, 1979.

La Machinerie humaine :

La Fontaine des Innocents, Fayard, 1992 (et Le Livre de Poche).
L'Amour au temps des solitudes, Fayard, 1992 (et Le Livre de Poche).
Les Rois sans visage, Fayard, 1994 (et Le Livre de Poche).
Le Condottiere, Fayard, 1994 (et Le Livre de Poche).
Le Fils de Klara H., Fayard, 1995 (et Le Livre de Poche).
L'Ambitieuse, Fayard, 1995 (et Le Livre de Poche).
La Part de Dieu, Fayard, 1996 (et Le Livre de Poche).
Le Faiseur d'or, Fayard, 1996 (et Le Livre de Poche).
La Femme derrière le miroir, Fayard, 1997 (et Le Livre de Poche).
Le Jardin des Oliviers, Fayard, 1999 (et Le Livre de Poche).

Bleu blanc rouge :

I. *Mariella*, XO Éditions, 2000 (et Pocket).
II. *Mathilde*, XO Éditions, 2000 (et Pocket).
III. *Sarah*, XO Éditions, 2000 (et Pocket).

Les Patriotes :

I. *L'Ombre et la Nuit*, Fayard, 2000 (et Le Livre de Poche).
II. *La flamme ne s'éteindra pas*, Fayard, 2001 (et Le Livre de Poche).
III. *Le Prix du sang*, Fayard, 2001 (et Le Livre de Poche).
IV. *Dans l'honneur et par la victoire*, Fayard, 2001 (et Le Livre de Poche).

Morts pour la France :

I. *Le Chaudron des sorcières*, Fayard, 2003 (et J'ai Lu).
II. *Le Feu de l'enfer*, Fayard, 2003 (et J'ai Lu).
III. *La Marche noire*, Fayard, 2003 (et J'ai Lu).
(Parus en un volume, Fayard, 2008.)

L'Empire :

I. *L'Envoûtement*, Fayard, 2004 (et J'ai Lu).
II. *La Possession*, Fayard, 2004 (et J'ai Lu).
III. *Le Désamour*, Fayard, 2004 (et J'ai Lu).

LA CROIX DE L'OCCIDENT :

I. *Par ce signe tu vaincras*, Fayard, 2005 (et J'ai Lu).
II. *Paris vaut bien une messe*, Fayard, 2005 (et J'ai Lu).

Politique-fiction

La Grande Peur de 1989, Robert Laffont, 1966.
Guerre des gangs à Golf-City, Robert Laffont, 1991.

Histoire, essais

L'Italie de Mussolini, Librairie académique Perrin, 1964, 1982 (Marabout ; coll. « Texto », Tallandier, 2011).
L'Affaire d'Éthiopie, Le Centurion, 1967.
Gauchisme, Réformisme et Révolution, Robert Laffont, 1968.
Histoire de l'Espagne franquiste, Robert Laffont, 1969.
Cinquième Colonne, 1939-1940, Éditions Plon, 1970, 1980 ; Éditions Complexe, 1984.
Tombeau pour la Commune, Robert Laffont, 1971.
La Nuit des longs couteaux, Robert Laffont, 1971, 2001 (coll. « Texto », Tallandier, 2010).
La Mafia, mythe et réalités, Seghers, 1972.
L'Affiche, miroir de l'histoire, Robert Laffont, 1973, 1989.
Le Pouvoir à vif, Robert Laffont, 1978.
Le XXe Siècle, Librairie académique Perrin, 1979.
La Troisième Alliance, Fayard, 1984.
Les idées décident de tout, Galilée, 1984.
Lettre ouverte à Robespierre sur les nouveaux muscadins, Albin Michel, 1986.
Que passe la justice du roi, Robert Laffont, 1987 ; Éditions Complexe, 2011.
Les Clés de l'histoire contemporaine, Robert Laffont, 1989, Fayard, 2001 (et Le Livre de Poche éd. mise à jour, 2005).
Manifeste pour une fin de siècle obscure, Odile Jacob, 1989.
La gauche est morte, vive la gauche, Odile Jacob, 1990.
L'Europe contre l'Europe, Éditions du Rocher, 1992.

Jè. Histoire modeste et héroïque d'un homme qui croyait aux lendemains qui chantent, Stock, 1994 (et Mille et Une Nuits).
L'Amour de la France expliqué à mon fils, Le Seuil, 1999.
Fier d'être français, Fayard, 2006 (et Le Livre de Poche).
L'Âme de la France : une histoire de la nation des origines à nos jours, Fayard, 2007 (J'ai Lu, 2 volumes).
La Grande Guerre (préface à…), XO Éditions, 2008.
Histoires particulières, CNRS Éditions, 2009.

RÉVOLUTION FRANÇAISE :

I. *Le Peuple et le Roi*, XO Éditions, 2009.
II. *Aux armes, citoyens !*, XO Éditions, 2009.

Dictionnaire amoureux de l'Histoire de France, Plon, 2011.
Une histoire de la Deuxième Guerre mondiale, 5 volumes, XO Éditions, 2010-2012.

Biographies

Maximilien Robespierre, histoire d'une solitude, Librairie académique Perrin, 1968 (et Pocket, et Tempus, 2008).
Garibaldi, la force d'un destin, Fayard, 1982.
Le Grand Jaurès, Robert Laffont, 1984, 1994 (et Pocket, et coll. « Bouquins », Robert Laffont, 2011).
Jules Vallès, Robert Laffont, 1988 (et coll. « Bouquins », Robert Laffont, 2011).
« Moi, j'écris pour agir. » Vie de Voltaire, biographie, Fayard, 2008.
Jeanne d'Arc, jeune fille de France brûlée vive, XO Éditions, 2011.

NAPOLÉON :

I. *Le Chant du départ*, Robert Laffont, 1997 (et Pocket).
II. *Le Soleil d'Austerlitz*, Robert Laffont, 1997 (et Pocket).
III. *L'Empereur des rois*, Robert Laffont, 1997 (et Pocket).
IV. *L'Immortel de Sainte-Hélène*, Robert Laffont, 1997 (et Pocket).

DE GAULLE :

I. *L'Appel du destin*, Robert Laffont, 1998 (et Pocket).
II. *La Solitude du combattant*, Robert Laffont, 1998 (et Pocket).

III. *Le Premier des Français*, Robert Laffont, 1998 (et Pocket).
IV. *La Statue du Commandeur*, Robert Laffont, 1998 (et Pocket).

ROSA LUXEMBURG :

Une femme rebelle, vie et mort de Rosa Luxemburg, Fayard, 2000.

VICTOR HUGO :

I. *Je suis une force qui va !*, XO Éditions, 2001 (et Pocket).
II. *Je serai celui-là !*, XO Éditions, 2001 (et Pocket).

LES CHRÉTIENS :

I. *Le Manteau du soldat*, Fayard, 2002 (et Le Livre de Poche).
II. *Le Baptême du roi*, Fayard, 2002 (et Le Livre de Poche).
III. *La Croisade du moine*, Fayard, 2002 (et Le Livre de Poche).

CÉSAR IMPERATOR, XO Éditions, 2003 (et Pocket).

LES ROMAINS :

I. *Spartacus, la révolte des esclaves*, Fayard, 2006 et J'ai Lu.
II. *Néron, le règne de l'antéchrist*, Fayard, 2006 et J'ai Lu.
III. *Titus, le martyre des Juifs*, Fayard, 2006 et J'ai Lu.
IV. *Marc Aurèle, le martyre des chrétiens*, Fayard, 2006 et J'ai Lu.
V. *Constantin le Grand : l'empire du Christ*, Fayard, 2006 et J'ai Lu.

LOUIS XIV :

I. *Le Roi-Soleil*, XO Éditions, 2007 (et Pocket).
II. *L'Hiver du grand roi*, XO Éditions, 2007 (et Pocket).

Conte

La Bague magique, Casterman, 1981.

En collaboration

Au nom de tous les miens de Martin Gray, Robert Laffont, 1971 (et Pocket).

Crédits photographiques

PHOTO12

p. 76 : Photo12/Coll-DITE/USIS • p. 85 : Photo12 •
p. 107 : Photo12/Coll-DITE/USIS • p. 134 : Photo12/Ullstein Bild •
p. 141 : Photo12/Hachedé • p. 149 : Photo12 •
p. 158 : Photo12/Ann Ronan Picture Library • p. 165 : Photo12 •
p. 181 : Photo12/Keystone Pressedienst • p. 186 : Photo12.com/Ullstein Bild •
p. 196 : Photo12/Hachedé • p. 211 : Photo12/Ullstein Bild •
p. 218 : Photo12/Coll-DITE/USIS • p. 224 : Photo12 •
p. 234 : Photo12/Coll-DITE/USIS • p. 255 : Photo12 • p. 282 : Photo12 •
p. 302 : Photo12/Coll-DITE/USIS • p. 313 : Photo12/Coll-DITE/USIS •
p. 343 : Photo12/Ann Ronan Picture Library •
p. 351 : Photo12/Collection Bernard Crochet •
p. 355 : Photo12/Coll-DITE/USIS • p. 384 : Photo12 •
p. 392 : Photo12/Coll-DITE/USIS • p. 399 : Photo12 •
p. 407 : Photo12/Ullstein Bild.

ROGER-VIOLLET

p. 20 : Roger-Viollet • p. 33 : Roger-Viollet
• p. 40 : Jacques Boyer/Roger-Viollet •p. 43 : Alinari/Roger-Viollet •
p. 52 : LAPI/Roger-Viollet • p. 68 : Roger-Viollet •
p. 71 : TopFoto/Roger-Viollet • p. 81 : LAPI/Roger-Viollet •
p. 90 : Roger-Viollet • p. 100 : Ullstein Bild/Roger-Viollet •
p. 113 : Roger-Viollet • p. 203 : Roger-Viollet • p. 245 : TopFoto/Roger-Viollet •
p. 249 : Musée Carnavalet/Roger-Viollet • p. 278 : Roger-Viollet •
p. 289 : LAPI/Roger-Viollet • p. 318 : Roger-Viollet •
p. 328 : Heinrich Hoffmann/Ullstein Bild/Roger-Viollet •
p. 363 : TopFoto/Roger-Viollet.

CORBIS

p. 268 : Yevgeny Khaldei/CORBIS •
p. 306 : Hulton-Deutsch Collection/CORBIS •
p. 375 : KPA/ZUMA/CORBIS.

Mise en pages : Edita sarl, Tours

Achevé d'imprimer
sur Roto-Page
par l'Imprimerie Floch
à Mayenne
en décembre 2011

N° d'édition : 2108/01 – N° d'impression : 81294
Dépôt légal : décembre 2011

Imprimé en France